Psicoterapia Psicoanalítica de Pareja

Carles Pérez Testor (comp.)

Psicoterapia Psicoanalítica de Pareja

Herder

Diseño de la cubierta: Dani Sanchis

© 2019, *Fundació Vidal i Barraquer*
© 2019, *Herder Editorial, S. L., Barcelona*

ISBN: 978-84-254-4332-9

Imprenta: Sagrafic
Depósito legal: B-20.672-2019
Printed in Spain - Impreso en España

Herder

www.herdereditorial.com

A nuestros maestros Antoni Bobé, Josep Beà, Jorge Thomas y Guillermo Teruel, in memoriam. *Por lo que hemos compartido y por todo lo que nos han enseñado.*

A Jordi Font Rodon, por su pasión en la comprensión de los conflictos conyugales y en el desarrollo de la psicoterapia psicoanalítica de pareja.

Índice

PARTE IV: INTERVENCIÓN

PARTE V: INVESTIGACIÓN Y FORMACIÓN

Los autores

Compilador

CARLES PÉREZ TESTOR. Es doctor en Medicina (UAB), especialista en psiquiatría. Es psicoterapeuta de pareja y familia de la Fundació Vidal i Barraquer (FVB), director del Instituto Universitario de Salud Mental Vidal i Barraquer (IUSM-URL) y del Grupo de Investigación en Pareja y Familia (GRPF-URL). Es Catedrático de la Universidad Ramon Llull (URL) en la Facultad de Psicología, Ciencias de la Educación y del Deporte Blanquerna.

Autores

INÉS ARAMBURU. Es doctora en Psicología (URL), psicóloga general sanitaria. Es máster en Psicopatología Clínica y máster en Psicoterapia Psicoanalítica por el IUSM Vidal i Barraquer (URL). Actualmente, es profesora del Máster Universitario en Psicología General Sanitaria (URL), psicoterapeuta infantil del Centro Médico Psicológico de la FVB y miembro de la ICIF de la FVB.

BERTA AZNAR MARTÍNEZ. Es doctora en Psicología (URL), máster en Psicoterapia Psicoanalítica (URL). Es psicoterapeuta de la Fundació Vidal i Barraquer y profesora de la Facultad de Psicología, Ciencias de la Educación y del Deporte Blanquerna (URL) y del Instituto Universitario de Salud Mental Vidal i Barraquer (URL).

José A. Castillo Garayoa. Es doctor en Psicología (URL), especialista en Psicología Clínica. Actualmente, es profesor titular de la Facultad de Psicología, Ciencias de la Educación y del Deporte Blanquerna (URL), psicólogo clínico de l'Associació Invia y miembro del Grupo de Investigación en Pareja y Familia (GRPF).

Maria Rosa Coca. Es licenciada en Psicología por la Universidad de Barcelona (UB), psicóloga especialista en Psicología Clínica y psicóloga especialista en Psicoterapia (EFPA). Actualmente, es profesora del Máster de Terapia Familiar (URL) y psicoterapeuta de la Unidad de Psicoterapia de Adultos de Sant Pere Claver, Fundació Sanitaria.

Eva de Quadras Ayuso. Es psicóloga (UB), máster en Psicodiagnóstico por la Universidad Pompeu Fabra (UPF) y máster en Psicoterapia Psicoanalítica (IUSM-URL). Ha realizado el posgrado en Grupos (FVB), es escenoterapeuta y terapeuta de pareja y familia en la Unidad de Atención a la Mujer (UNADOM-FVB). Asimismo, es profesora del Máster de Terapia Familiar (URL) y terapeuta psicoanalítica individual (FVB).

Pilar Medina. Es doctora en Psicología. Actualmente, es profesora de la Facultad de Comunicación (Universidad Pompeu Fabra) y directora del grupo de investigación «Critical Communication» (Criticc), especializada en el análisis de la comunicación desde la perspectiva de género.

Josep Mercadal. Es doctor en Psicología y psicoterapeuta. Actualmente, es profesor del Máster Universitario en Psicología General Sanitaria (URL), coordinador de Metodología de la Investigación del Instituto Universitario de Salud Mental Vidal i Barraquer (URL) y terapeuta del Centro Médico Psicológico (FVB). Asimismo, es miembro del Grupo de Investigación de Pareja y Familia (GRPF-URL).

VINYET MIRABENT. Es psicóloga clínica, psicoterapeuta, especialista en adopción. Actualmente, es directora del Centro Médico Psicológico de la FVB y profesora del Máster de Terapia Familiar del Instituto Universitario de Salud Mental Vidal i Barraquer (URL).

RAMON M.ª NOGUÉS. Es doctor en Biología (UB) y catedrático de Antropología Biológica (UAB). Ha realizado estudios de pedagogía, filosofía y teología, y se ha especializado en la investigación en Genética de poblaciones humanas, evolución genética del cerebro y análisis molecular de gliomas. Es miembro de diversas Comisiones Nacionales de Bioética.

CRISTINA NOFUENTES. Trabaja en la Fundación Vidal i Barraquer como psiquiatra y psicoterapeuta individual y de pareja y familia, tanto en la asistencia pública como privada. Es profesora del Máster en Terapia Familiar (IUSM-URL).

MYRIAM PALAU. Es licenciada en Psicología, máster en Psicopatología Clínica (URL). Ha realizado el posgrado en Psicoanálisis de Pareja y Familia. Trabaja como psicóloga en la Unidad Especializada de Atención a personas Sordas (UEAS-FVB).

SUSANA PÉREZ TESTOR. Es doctora en Psicología (URL), máster en Investigación Psicológica (URL). Actualmente, es profesora de la Facultad de Psicología, Ciencias de la Educación y del Deporte Blanquerna (URL), profesora del Institut del Teatre y profesora colaboradora de la Universidad Autónoma de Barcelona.

Agradecimientos

Como compilador de este libro titulado *Psicoterapia Psicoanalítica de Pareja,* deseo expresar mi agradecimiento a todos los autores que han participado en él. Gracias por su trabajo y su compromiso con esta obra. Gracias a Victor Cabré, director de la colección, por su interés en publicar este libro. Gracias por su pasión y tenacidad al frente de la Colección de Temas de Salud Mental, así como por su paciencia con el ritmo de nuestro trabajo. También quisiera agradecer a la editorial Herder por haber confiado en nuestro proyecto.

A todo el equipo asistencial, a los terapeutas de pareja y al personal de secretaría del Centro Médico Psicológico de la Fundació Vidal i Barraquer por el trabajo desarrollado estos últimos 43 años, desde que se creó la Unidad de Pareja y Familia y a los estudiantes del Máster de Terapia Familiar que dan sentido a nuestro trabajo de investigación.

De forma destacada quiero agradecer la labor realizada por nuestros maestros. Muchos de ellos nos han dejado, aunque siguen muy presentes en nuestra memoria: Antoni Bobé, Pere Castellví, Josep Beà, Guillermo Teruel y Jorge Thomas. Otros como Jordi Font y Antoni Gomis siguen entre nosotros (¡y por muchos años!). Su trabajo y supervisión nos han permitido aprender y poder trabajar en este apasionante ámbito.

Un agradecimiento especial a Anna Maria Nicolò y a David Scharff por su cariñoso prólogo y a Anna Pérez Gassió por su paciente labor de supervisión bibliográfica.

Y por último, a nuestros pacientes y consultantes; este libro ha sido posible gracias a todas las parejas que han confiado en nosotros. Gracias.

Carles Pérez Testor

Prefacio

Esta edición de *Psicoterapia Psicoanalítica de Pareja* de Carles Pérez Testor se suma significativamente a lo que nosotros, como terapeutas de pareja, debemos tener en cuenta para comprender las últimas y actuales cuestiones en nuestro ámbito: la validación de los métodos de trabajo psicodinámicos, los enfoques de diagnóstico inicial y la técnica clínica contrastada para mejorar la vida de las parejas que buscan nuestra ayuda.

La terapia de pareja es un campo relativamente nuevo. Freud había advertido que el mayor problema de sus pacientes eran sus familias. Pero no tenía manera de entender a las familias ni de tratarlas desde el psicoanálisis. El único ejemplo de colaboración familiar fue el caso de Little Hans, en el cual el padre ejercía acertadamente de terapeuta, reportando a Freud de manera regular para mantenerlo al tanto del desarrollo y crecimiento del niño y también de la validación de sus teorías.

Cuando Enid Balint creó el grupo The Family Discussion Bureau, el cual pasó a formar parte en la década de 1940 del «Tavistock Institute of Human Relations», el estudio sistemático de las parejas se hizo posible. Las obras que surgieron de este grupo de investigación clínica fueron fundamentales para nuestro campo. Paralelamente, en el otro lado del edificio de la Clínica Tavistock, Henry Dicks publicó, en la década de 1960, su innovador trabajo *Marital Tensions*, en el cual se basa exitosamente este manual. La nomenclatura de Dicks y su intento de comprender los procesos de colusión trazaron los caminos más exitosos para entender a las parejas y pusieron los cimientos para que en años posteriores muchos investigadores psicodinámicos ampliaran y profundizaran en su trabajo.

El grupo de investigación de Pérez Testor en Barcelona, junto con otros compañeros españoles y latinoamericanos, ha contribuido a profundizar en esta línea de trabajo y, además, relacionarlo con otra tradición paralela iniciada en Buenos Aires por Enrique Pichon-Rivière sobre la teoría de «El vínculo». Este manual cita a los herederos de ambas tradiciones en la construcción de su propio conjunto de principios y estrategias de intervención para trabajar con parejas.

He tenido el placer de trabajar con varios miembros del Grupo de Investigación de Pareja y Familia (GRPF) que son coautores de este libro. Siempre los he considerado reflexivos, creativos y profundamente implicados en la comprensión de las dificultades que encuentran las parejas en el mundo moderno.

Doy la bienvenida a este nuevo libro, que representa una enorme contribución al estudio de las parejas, especialmente a las que sufren dificultades y buscan nuestra ayuda. Ellas merecen nuestros mejores esfuerzos para entenderlas. Este libro hace una enorme contribución a este objetivo. Lo recomiendo de todo corazón.

David E. Scharff, MD

Chair of the Board of The International
Psychotherapy Institute, Washington, DC;
Chair, the International Psychoanalytic
Association's Committee on Couple and Family Psychoanalysis.

Prólogo

Este libro de Carles Pérez Testor y su equipo trata sobre el psicoanálisis de pareja, es decir, nos muestra cómo se puede aplicar el psicoanálisis en distintas configuraciones de la relación dual. Este campo tiene raíces antiguas, pero sin duda mira hacia el futuro, abriendo amplios horizontes clínicos y teóricos. Ha adquirido una importancia y una difusión cada vez mayor gracias al hecho de que determinados tipos de patologías, como los pacientes graves, ya sean psicóticos o trastornos límites, o edades específicas de la vida, como la infancia y la adolescencia, han hecho imprescindible una intervención sobre la relación que conecta al individuo con su mundo relacional.

En este *setting*, el centro del trabajo clínico es la articulación de un diálogo entre lo intrapsíquico y lo interpersonal, que actualmente es uno de los temas más estudiados en psicología y psicoanálisis. Freud, como todos los genios, fue muy contradictorio. Nos mostró un hombre aislado solo en relación con sus propias representaciones, pero también afirmó que los procesos inconscientes pasan de una persona a otra y, observando el funcionamiento de la pareja conyugal, describió cómo la pareja permite una «curación original» de los problemas individuales.

El estudio del inconsciente se ha complejizado, y hoy podemos describir diferentes niveles y extensiones; por ejemplo, a nivel temporal, con los descubrimientos en lo transgeneracional, y, en el plano espacial, destacando las relaciones inconscientes entre las personas. Recientemente Kaës ha hablado de un inconsciente ubicado fuera del propio sujeto, colocado «en un lugar *ectópico* o *extratópico*, en un *topos* externo, impensable para las categorías de metapsicología que se construyeron sobre el tratamiento clásico e inaccesible con las herramientas habituales de su método».

Por lo tanto, el estudio de los organismos como la familia y la pareja en muchas partes del mundo es hoy un tema de actualidad, y este trabajo de Carles Pérez Testor es un libro moderno que se inserta en la tradición más coherente de estos estudios. El concepto de colusión que Pérez Testor y sus colegas discuten hace referencia a Laing y Dicks y a los trabajos desarrollados en esta extraordinaria forja de ideas que en aquella época representó la Clínica Tavistock.

La mayoría de los autores de este libro utilizan el concepto de «colusión» e ilustran cómo este mecanismo de funcionamiento crea una personalidad conjunta integrada de la pareja. Este es, precisamente, el aspecto revolucionario del que derivan muchas consecuencias, una de las cuales muestra cómo, desde esta perspectiva observacional, ya no es posible hablar de patología del individuo, sino que necesitamos hablar de la patología de la relación.

Carles Pérez Testor y los otros autores del libro investigan profundamente los diversos tipos de contratos colusivos de la pareja y nos ayudan a definir su funcionamiento. Sus hallazgos, describiendo varios tipos de vínculos conyugales, son, por lo tanto, de gran valor clínico.

Conozco desde hace muchos años a Carles Pérez Testor y considero que este libro se basa en su larga experiencia. El compromiso, la coherencia y la pasión clínica son sin duda cualidades del autor, así como la seriedad profesional, heredada de Antoni Bobé, fallecido en 2014, a quien está dedicado este libro.

Al leer estos trabajos, se pone en evidencia que este enfoque no es simplemente una técnica específica o un *setting* donde superponer los métodos del psicoanálisis clásico. El trabajo con la pareja o la familia no se puede improvisar. Reunir a los miembros de la familia o de la pareja en una consulta y trabajar individualmente con cada uno, o, al contrario, considerarlos solo como un grupo terapéutico, está lejos de ser una herramienta eficaz para este tipo de tratamiento. Este es otro de los méritos del libro: observar cómo trabaja y reflexiona un analista con las parejas en terapia. Tales temáticas complejas podrían necesitar un «modelo de la mente» y un «modelo relacional» diferente de los utilizados en el *setting* dual. Conceptos nuevos o dotados de un nuevo significado, como el de «colusión» o el de «conyugalidad y parentalidad», nos desafían, pero también abren nuevos horizontes.

Podemos concluir que las herramientas refinadas o incluso la formación compleja del psicoanalista son solo una condición básica, que necesita una especialización adicional, como también sucede en el trabajo en las diferentes edades evolutivas.

Anna Maria Nicolò Corigliano, MD

Neuropsiquiatra infantil, presidenta de la Società Psicoanalitica Italiana (SPI) y psicoanalista didáctica de la International Psychoanalytical Association (IPA).

Presidenta de la Società italiana di Psicoanalisi della coppia e della famiglia y Directora de la revista *INTERAZIONI. Clinica e ricerca psicoanalitica su individuo-coppia-famiglia.*

Introducción
Carles Pérez Testor

Hace 25 años, en 1994, los terapeutas de la Unidad de Pareja y Familia de la Fundació Vidal i Barraquer publicamos el libro *Conflictos de pareja: diagnóstico y tratamiento*. Llevábamos 18 años trabajando en la clínica de pareja y familia y algunos años menos impartiendo docencia, pero la necesidad de publicar un trabajo que explicara nuestra forma de trabajar a los profesionales que se formaban con nosotros, se nos impuso como un imperativo ético.

Esa publicación supuso un antes y un después para nuestra Unidad de Pareja y Familia, ya que empezó a ser conocida en España y en Latinoamérica. El libro se agotó y el equipo emprendió una revisión completa, que se publicó en 2006, con el título *Parejas en conflicto*. Esa publicación coincidió con la creación oficial en Montreal de la Asociación Internacional de Psicoanálisis de Pareja y Familia (AIPCF) y abrió el conocimiento de nuestro grupo a otros colectivos internacionales, recayendo en nosotros la responsabilidad de la celebración del Congreso Internacional de la AIPCF en Barcelona en 2008.

Ya han pasado 13 años desde la publicación de ese libro, que también acabó agotándose. Hace un par de años decidimos revisarlo y escribir este nuevo trabajo, *Psicoterapia Psicoanalítica de Pareja*, que diera a conocer cómo ha ido evolucionando nuestra técnica y nuestro marco teórico con las influencias de muchos compañeros y compañeras, que tanto desde el psicoanálisis como desde el modelo sistémico nos han ayudado a comprender el sufrimiento de las parejas que consultan.

En efecto, maestros como David Scharff y Anna Maria Nicolò, que nos han honrado con su prefacio y prólogo, respectivamente, y que han trabajado con nosotros en Barcelona, serían dos referentes fundamentales para nuestra actual Unidad. Pero también muchos otros con los que hemos colaborado todos estos años, como Guillem Salvador, del Centre Emili Mira de Barcelona, o Vittorio Cigoli, Rosa Rosnati, Raffaella Iafrate y todo el equipo investigador de la Università Cattolica del Sacro Cuore de Milán; Ana Martínez Pampliega, Leire Iriarte, Susana Corral y todo su grupo de la Universidad de Deusto; Fernando Vidal, Ana Berástegui y Carlos Pitillas de la Universidad Pontificia de Comillas; Miguel Garrido, Valentín Escudero, José Antonio Ríos, Iñigo Ochoa de Alda, Alberto Espina y tantos compañeros y compañeras con quienes hemos compartido horas y horas de trabajo en la AEI+DTF, así como Juan Luis Linares, José Soriano y Anna Vilaregut del Máster de Terapia Familiar de la URL, o Pere Llovet de la EFPP; y Rosa Jaitín, Juan González, Paloma de Pablos, Daniela Lucarelli, Massimiliano Sommantico, Cristopher Clulow, Alberto Eiguer, Sonia Kleiman, Philippe Robert, Irma Morosini, Ezequiel Jaroslavsky, Luciano Tonellato, André Carel, Roberto Losso, Eduardo Grinspon, Marcellino Vetere, David Maldavsky, Rodolfo Moguillansky, Jill Savege de Scharff, Elisabeth Palacios, Tim Keogh, Pierre Benghozy y tantos compañeros y compañeras vinculados o cercanos a la AIPCF con los que hemos debatido la teoría y la técnica del psicoanálisis de pareja y familia. Todos ellos y muchos más, que deberíamos citar, nos han ayudado e influido en nuestra práctica actual.

En efecto, han pasado 43 años desde que se creó, en 1976, la Unidad de Pareja y Familia para atender a las parejas que nos consultaban por presentar trastornos relacionales, patologías del vínculo, que aconsejaban un tratamiento específico y especializado. La unidad se creó en la sección de adultos del Centro Médico-Psicológico, hecho que nos diferenció de la mayor parte de unidades interesadas en la pareja y la familia que provenían de los equipos de psicología infantil. La unidad formada por psiquiatras, psicólogos y trabajadores sociales de orientación psicoanalítica trabajó en la creación de un marco común a partir de los textos que diversos autores habían publicado sobre la psicoterapia psicoanalítica de pareja.

Seguramente, la publicación que tuvo un mayor impacto en la unidad fue *Diagnóstico y tratamiento de los conflictos de pareja*, de Guillermo Teruel. Este psicoanalista venezolano, que trabajó en la Unidad Matrimonial que dirigía Henry V. Dicks en la Clínica Tavistock influyó en nuestra manera de atender a las parejas y nos permitió conocer el estilo de trabajo que H. V. Dicks publicó en *Tensiones matrimoniales*, libro de culto para los terapeutas de orientación psicoanalítica. Otros autores que influyeron en esa primera década fueron Jean Lemaire, Jürg Willi, Anny Speier, Isidoro Berenstein, Janine Puget, Anna Maria Nicolò, Donald Meltzer y Otto Kernberg.

Un primer grupo de terapeutas se organizó en 1976, en un seminario permanente de estudio y supervisión, al que se denominó Seminario de Pareja y del que fue primer supervisor Josep Beà, compartiendo con Jordi Font, Antoni Bobé, Pere Castellví, Antoni Gomis, Enrique de la Lama, José Manuel Díaz Munguira, Ana Garre y Roser Font la primera etapa de este seminario, que iría de 1976 a 1985, más o menos. En esos años el Seminario de Pareja se caracterizó por un trabajo interno, en el que se desarrolló una fértil reflexión acerca del diagnóstico y abordaje de los conflictos de pareja y se describió una técnica de intervención propia de orientación psicoanalítica basada en la «técnica a tres» de Guillermo Teruel y en la «técnica a cuatro» de H. V. Dicks.

En una segunda etapa se fueron integrando en el grupo compañeros y compañeras como Miguel Álvarez, Carme Armant, Carles Pérez Testor, Alex Escarrà, Maria Rosa Coca, Anna Romagosa y Josep M. Andrés, etapa que abarca entre 1985 y 1998, lo que significó la apertura hacia fuera del grupo. En efecto, en esa época se publicaron diversos artículos, se participó en congresos, se organizaron jornadas, se impartieron conferencias y, ante la demanda de formación, apareció la necesidad de mantener una línea de docencia permanente creándose en 1991 la asignatura de Diagnóstico y abordaje de los conflictos de pareja en el Máster en Psicopatología Clínica y pocos años después el Curso de posgrado de Pareja y Familia. En esos momentos nos pareció conveniente dar a conocer de forma más amplia la técnica que utilizábamos y publicamos en 1994 el libro *Conflictos de pareja: diagnóstico y tratamiento,* donde se explicaban las bases de las que partía nuestro grupo para tratar a las parejas con dificultades. Al año siguiente publicamos *Nous models de família en l'entorn urbà (Nuevos modelos de familia en el entorno urbano)* donde con terapeutas de orientación psicoanalítica de instituciones como el Centro Emili Mira o de la Fundación Orienta dábamos a conocer nuestra manera de trabajar con parejas y familias.

Empezó entonces una tercera etapa, desde 1998 hasta nuestros días. El grupo se especializó y se organizaron dos unidades, una dedicada a la clínica, la Unidad Asistencial de Pareja y Familia (UAPF), y otra dedicada a la investigación, la Unidad de Investigación de Pareja y Familia (URPF).

La UAPF se organizó a su vez en dos grupos de trabajo. El primero supervisado por Antoni Bobé y el segundo supervisado por Jordi Font, al que se incorporaron nuevos terapeutas como Cristina Nofuentes, Lola Vilató, Eva de Quadras y Myriam Palau.

La URPF se organizó como espacio de investigación y contó con el trabajo de Manel Salamero, José A. Castillo, Susana Pérez Testor, Pilar Medina, Pilar Mariné, Concepció Palacín, Montserrat Davins, Marta San Martino, Eva van der Leuw, Lorena López Ciré y Carles Pérez Testor. Algunos de estos investigadores siguen con nosotros y otros se han incorporado a otros grupos de investigación. Se diseñaron diversas líneas de investigación y se consiguieron distintas subvenciones que han permitido al grupo desarrollar diversas publicaciones. Ese mismo año, la Unidad de Investigación de Pareja y Familia junto con el Grupo de Estudios e Investigación de la Familia de la Facultad de Psicología, Ciencias de la Educación y del Deporte Blanquerna (FPCEE) constituyeron el Grup de Recerca de Parella i Família (GRPF) (Grupo de investigación de Pareja y Familia) de la Universidad Ramon Llull. Esto significó multiplicar el número de investigadores hasta los 45 actuales, coincidiendo con la creación del Institut Universitari de Salut Mental Vidal i

Barraquer, que agrupaba el Departamento de Investigación y el Departamento de Docencia de la Fundació Vidal i Barraquer y que se integró en la Universidad Ramon Llull. Ya como GRPF, en 2001 publicamos *La familia: nuevas aportaciones* y en 2005 *Violencia en la familia*.

Se constituyó una Xarxa Temàtica de Violència Familiar (XTVF) (Red de Investigación sobre la Violencia Familiar), junto con la Universidad de Sevilla, la Universidad de A Coruña, la Universidad del País Vasco y el Centro Stirpe de Madrid. Nuestro grupo se integró también en la REDIF, Red Europea de Institutos de la Familia, a las que pertenecen el Instituto Universitario de la Familia (Universidad Pontificia de Comillas, Madrid); el Institut des Sciences de la Famille (Université Catholique de Lyon), el Instituto Superior de Ciencias de la Familia (Universidad Pontificia de Salamanca), el Centro di Ateneo di Studi e Ricerche sulla Famiglia (Università Cattolica del Sacro Cuore de Milán), y el Family Deusto Psych de la Universidad de Deusto.

Durante esta época se fueron incorporando más investigadores a la URPF integrada en el GRPF, como Vinyet Mirabent, Victor Cabré, Inés Aramburu, José Miguel Ribé, Berta Aznar, Josep Mercadal, Jordi Artigue, Mark Dangerfield, Claudia Vásquez o Judith Lorente. Asimismo, otros profesores e investigadores se fueron incorporando al GRPF desde la FPCEE Blanquerna: Ana Vilaregut, José A. Castillo, Elisabeth Ballús, Julieta Piastro, Berta Aznar, Bernardo Celso García Romero, Clara Valls, Clara Mateu, Elisabetta D'Agatta, Elisa Saccinto, Meritxell Campreciós, Cristina Günther, Lourdes Artigas, Eduard Carratalà, Berta Vall, Iker Burutxaga, Laura Mercadal, Mariona Roca, Lorena Sozzi, Francesc Maestre, etc. y otros investigadores que llegaron desde otras instituciones, como Juan Luis Linares, Marta Golanó, Cristina Vidal, Marta Gomà, Eva Jiménez, Esther Verdaguer, Berta Tarragona, etc.

El GRPF ha desarrollado una fructífera capacidad de investigación con más de 30 tesis doctorales defendidas y decenas de artículos y libros publicados, incluida la verificación de la eficacia de nuestra psicoterapia psicoanalítica de pareja. Nos hemos incorporado a distintas redes temáticas, como la de adopción, liderada por la Universidad Pontificia de Comillas, en Madrid, la de divorcio, liderada por la Universidad de Deusto, o la de jóvenes adultos liderada por la Ludwig-Maximilians-Universität de Múnich.

Desde 2016-2017, el Curso de Experto en Psicoanálisis de Pareja y Familia que organizábamos junto a la Università Cattolica del Sacro Cuore, de Milán, y la Fundació Orienta, se convirtió en Máster de Terapia Familiar, título propio de la URL, coorganizado desde entonces por el IUSM Vidal i Barraquer con la FPCEE Blanquerna y la Escuela de Terapia Familiar de Sant Pau. Este cambio ha representado un nuevo reto docente y asistencial, dado que hemos creado una nueva unidad, la Unidad Docente de Intervención Familiar (UDIF), donde con el permiso y consentimiento informado de los pacientes se han grabado en vídeo las sesiones de diagnóstico y tratamiento de las parejas y familias para que dichas grabaciones puedan ser utilizadas con fines docentes y de investigación.

Gracias a la colaboración entre clínica, docencia e investigación presentamos este libro, que, como decíamos al principio, es heredero de los publicados en 1994 y 2006, pero actualizado por la experiencia y por los resultados de nuestras investigaciones.

El libro está estructurado en 5 partes y 14 capítulos, más la bibliografía utilizada. Así como en el primer libro, *Conflictos de pareja: diagnóstico y tratamiento* (2004), contamos con el prólogo de Josep Beà y en el segundo, *Parejas en conflicto* (2006), con el prefacio de Guillermo Teruel y el prólogo de Antoni Bobé, nos sentimos profundamente halagados y orgullosos, como decíamos al principio de esta introducción, de contar con el prefacio de David Scharff y el prólogo de Anna Maria Nicolò. Los dos son psicoanalistas reconocidos internacionalmente y los dos han dedicado parte importante de su tiempo al tratamiento psicoanalítico de parejas en conflicto. Nos sentimos deudores de su docencia y magisterio.

Esperamos que este libro pueda ayudar a los actuales y futuros terapeutas de pareja a interesarse por el tratamiento de orientación psicoanalítica que utilizamos en nuestra Unidad Asistencial.

PARTE I: LA PAREJA

1. La relación de pareja: apego y calidad de vínculo

José A. Castillo Garayoa y Pilar Medina Bravo

Las próximas páginas están dedicadas a presentar los principales resultados de la investigación sobre la **calidad de la relación de pareja** heterosexual. Para ello nos basamos sobre todo en revisiones narrativas y metaanalíticas publicadas en la última década, poniendo especial énfasis en las aportaciones de la teoría del apego. Este marco teórico, el del apego, proviene de la tradición psicoanalítica y nos ayuda a entender mejor cómo la imagen de uno y del otro se estructuran a partir de las experiencias infantiles, cómo a partir de ahí se generan expectativas sobre las relaciones y cómo, finalmente, el apego pasa a ser la base constitutiva de la intimidad en la relación de pareja.

Con ello en mente, el capítulo se inicia con un repaso de los indicadores de calidad relacional que destaca la investigación reciente y prosigue con la exposición de las aportaciones de la teoría del apego a la comprensión de las dinámicas internas de la pareja. Tras repasar el impacto de la parentalidad sobre la relación de pareja, finalizamos el capítulo señalando algunas de las amenazas que en estos tiempos erosionan dicha relación.

1.1. Relación de pareja: indicadores de calidad

Desde hace años es conocida la dificultad para investigar la calidad de la relación de pareja. Los instrumentos de medida eran y son limitados, se usan en exceso autoinformes y resulta problemático definir conceptos como «ajuste», «satisfacción» o «calidad» (Medina, Castillo & Davins, 2006). A todo ello, Sabatelli (1988) añadía, además, que se habían dejado de lado conceptos como «compromiso» o «dependencia». Así pues, ¿a qué se refiere la investigación cuando habla de «calidad de una relación de pareja»? ¿Y qué indicadores de calidad se desprenden de esas investigaciones? Farooqi (2014) intenta responder a esta pregunta, señalando que, en realidad, se trata de una percepción de calidad y que dicha percepción tiene que ver con los sentimientos que la relación estimula, es decir, con el bienestar, el afecto, la intimidad y el cuidado mutuo, la confianza y el sentimiento de seguridad. Por tanto, una relación de calidad genera sentimientos positivos, mientras que la predominancia de sentimientos negativos (enfado, rivalidad, rabia, culpa, tristeza, vacío) remite a una relación de baja calidad. Un desafío para la investigación psicológica es el estudio riguroso de estas «percepciones de calidad» relacional, ya que el hecho de que sea una «percepción» implica sesgos, puntos ciegos y dificultades para contactar con una realidad que puede ser dolorosa. A lo largo de este libro se presentarán ejemplos de relaciones donde prima la confusión, la ambivalencia, la negación o el maltrato.

Para Gabb y Fink (2018), se habla de amor, de pasión, de sexo, de compromiso, de intimidad, de conexión y vínculo en la relación de pareja, de crecimiento personal, pero un indicador, quizá más prosaico aunque tangible y mensurable, de la calidad de la relación de pareja tiene que ver con acciones cotidianas, con aquello que forma parte del día a día compartido por la pareja y que aleja el núcleo de interés de una visión idealizada del nido de amor romántico. Por ejemplo, compartir las responsabilidades domésticas (tarea no siempre grata y desde luego poco poética) genera un fuerte sentido de unión y de compromiso. En las entrevistas realizadas por los autores aparece que tanto los hombres como las mujeres valoran que la pareja cocine, y lo consideran tanto literal como metafóricamente una forma de alimentar la relación. Lo mismo se diría del tiempo compartido en casa viendo un programa de TV, una serie, escuchando música, jugando juntos al ordenador; todo ello es percibido por muchas parejas como indicadores reales de una auténtica relación de calidad. Más que en las actividades en sí, la clave está en el tiempo y el espacio compartido. La mayoría de las parejas destaca la importancia de la comunicación para la solidez y duración de su relación, incluyendo las bromas, el humor, la risa y el hablar y escuchar como camino y posibilidad de conseguir intimidad. Otra cuestión sería qué tipo de comunicación es óptima para cada pareja, cuáles son las expectativas o qué grado de autorrevelación, por ejemplo, facilita o entorpece la relación (Gabb & Fink, 2018).

El matrimonio Gottman ha investigado durante décadas la relación de pareja (Gottman & Gottman, 2017) y ha desarrollado un modelo teórico que da relevancia a la amistad en la pareja, así como a los siguientes aspectos:

a) conocer el mundo interno del otro y seguir interesado en conocerlo;

b) cultivar el sistema de admiración y cariño, comunicar afecto y respeto;

c) hacer propuestas de conexión, pedir la atención de la pareja, compartir humor, afecto, contacto sexual, calidez, apoyo, etc. Para este tercer componente de la relación se requiere que cada miembro de la pareja se dé cuenta de esas propuestas y responda de manera favorable;

d) crear un clima relacional que permita hablar de los propios sueños, valores y aspiraciones, y sentir que la relación apoya la búsqueda de esas aspiraciones, que además se pueden compartir;

e) construir confianza, compromiso y lealtad; y

f) saber resolver conflictos.

Sobre este último aspecto, la resolución de conflictos, Gottman y Gottman (2017) delimitan otro indicador de calidad: la ratio de emociones positivas frente a las negativas que aparecen cuando se le da la consigna a la pareja de que dialogue sobre una situación conflictiva o dolorosa. Concluyen que las parejas con una buena relación (a las que denominan «máster») tienen la capacidad de mantener y expresar emociones positivas incluso en un diálogo conflictivo, mientras que las parejas con mala relación (denominadas «desastre» por los autores) se caracterizan por expresar una ratio mayor de emociones negativas y por su dificultad para preservar las emociones positivas. Otra aportación importante de los autores es que no todas las emociones negativas son corrosivas por igual, ya que las «parejas desastre» introducen en sus discusiones lo que John Gottman denomina «los cuatro jinetes del apocalipsis», predictores muy fiables de divorcio: crítica, actitud defensiva, desprecio y bloquear/cerrarse en banda *(stonewalling)*.

Los indicadores de calidad a los que nos acabamos de referir (conocer al otro, construir intimidad, saber resolver conflictos, etc.) necesitan de un tiempo que va organizando la vida de la pareja en diferentes fases. Los años iniciales —sobre todo en el caso de las parejas jóvenes— son un período clave porque hay que establecer conexión emocional con el otro, seguir desarrollando la propia identidad y avanzar en la carrera profesional (Gabb & Fink, 2018). Gottman y Gottman (2017) plantean tres fases fundamentales en la construcción de la relación de pareja:

1. *Enamoramiento:* caracterizado por una actividad psicofisiológica intensa, excitación, obsesión y pensamientos intrusivos asociados a la persona amada, excitación sexual, esperanza y miedo al rechazo.

2. *Construcción de confianza:* implica responder fundamentalmente a la pregunta de si él/ella estará disponible, de manera que en esta fase se construye el sistema de apego mutuo, donde cada uno se convierte en figura de apego del otro. En este período, situado en los dos primeros años de relación, pueden aparecer sentimientos como la frustración, la tristeza o la ira. Como se verá en el apartado siguiente, estos sentimientos son indicadores de que la pareja no responde o no se muestra sensible a las propias necesidades emocionales.

3. *Construcción de compromiso y lealtad:* un indicador de cómo se está desarrollando esta tarea es la comparación que hace cada miembro de la pareja con otras relaciones

de su entorno, de manera que las comparaciones negativas (mi pareja es peor que las demás) puede conducir fácilmente al deterioro del compromiso y a la infidelidad. En esta tercera fase, o se aprecia lo que uno tiene y aparece la gratitud y el deseo de satisfacer las necesidades propias y del otro o, por el contrario, empiezan las dudas, se siente que debe haber alguna pareja mejor por ahí, un «mejor partido», se evita expresar necesidades, aparecen los secretos y se cultiva el resentimiento por lo que no se tiene.

Más allá de las fases por las que transita la relación de pareja, otro interés de la investigación ha sido el proceso de evolución de la calidad de la relación a lo largo del tiempo. En un inicio se pensaba que dicha evolución tenía forma de U: mayor calidad al inicio, especialmente antes del nacimiento de los hijos, toca fondo en los años de crianza y de nuevo al alza cuando los hijos son mayores y cuando los miembros de la pareja llegan a la jubilación. Estudios más recientes demuestran una tendencia a cierto descenso en la calidad con el transcurso de los años, pero también observan variabilidad y diversidad de trayectorias entre las parejas. Proulx, Ermer y Kanter (2017) se refieren a dos modelos explicativos de esta evolución de la calidad relacional: los *modelos de estabilidad* y los *modelos de acomodación/afrontamiento*. Los *modelos de estabilidad* subrayan la importancia de las creencias, actitudes y conductas con las que se inicia la relación: si se empieza bien, conociendo y asumiendo los defectos del otro, se mantendrá la calidad relacional; lo contrario sucede si el inicio no es bueno. En los *modelos de acomodación/afrontamiento* se pone más énfasis en la capacidad de la pareja para adaptarse a los desafíos internos y externos, se hace énfasis en las vulnerabilidades individuales y de la pareja, en los procesos adaptativos y en las estrategias de afrontamiento.

A partir de los estudios revisados, Proulx *et al.* (2017) concluyen la pertinencia de ambos modelos para entender la evolución de la calidad relacional, ya que esta declina cuando se inicia la relación desde niveles no óptimos *(modelo de estabilidad)* y/o también puede declinar en los tránsitos vitales significativos, como la maternidad/paternidad *(modelo de acomodación/ afrontamiento)*. Que se pierda calidad no implica que se incremente el conflicto, ya que la pareja puede quedar estancada en una situación de emocionalidad aplanada. De hecho, sobre la evolución de este último aspecto, los resultados de la investigación no son concluyentes.

Planteados los principales indicadores de calidad de la relación de pareja y su evolución temporal, en el próximo apartado plantearemos las aportaciones de la teoría del apego, modelo que explica la génesis de los patrones de relación que toman forma en la intimidad amorosa.

1.2. Apego y relación de pareja

Como es sabido, Bowlby (1988a) afirma que para la supervivencia es fundamental la búsqueda de proximidad a una figura de apego. El vínculo de apego es la base a partir de la cual el niño inicia su exploración del mundo físico y relacional, y es también el refugio al que acudir buscando protección cuando ese niño (y después el adulto) se siente amenazado. Las experiencias infantiles generarán un estilo de apego predominante en función de cómo las figuras de apego han sido sensibles y receptivas a las necesidades del niño, y también unos modelos operativos internos (MOI). Los MOI son creencias y expectativas sobre uno y sobre el otro que se activan en las relaciones de intimidad (Bretherton & Munholland, 1999).

Desde la infancia, el vínculo de apego está asociado a intensas emociones, tanto positivas (alegría, seguridad) cuando dicho vínculo se confirma, como negativas (tristeza, ira) cuando el vínculo se pierde o está amenazado. A partir de la formulación de estas primeras relaciones, Shaver y Hazan (1988) aplican la teoría del apego a la comprensión de la relación de pareja, que conceptualizan como la integración de tres sistemas conductuales: apego, cuidado y sexualidad. En la relación de pareja, sobre todo en sus inicios, las emociones intensas también están muy presentes. Se tiene poca información de la persona a la que se está conociendo, por lo que es más probable que se activen los MOI, predominando entonces las expectativas de cuidado y apoyo —*apego seguro*—, o los temores de desaprobación y de rechazo —*apego inseguro*— (Mikulincer & Shaver, 2007). Aunque es un ámbito de investigación poco desarrollado, se plantea la existencia de MOI que se activan específicamente en la relación de pareja. Dichos MOI partirían de los modelos operativos generales sobre el *self* y el otro, y comportarían creencias y asunciones específicas sobre la pareja y sobre uno mismo como pareja (Hall, 2015).

Desde la perspectiva del apego, la calidad de la relación se fundamenta en el apoyo mutuo, el cuidado y la capacidad para la intimidad. Una relación de pareja satisfactoria comporta conseguir proximidad física y emocional respecto del otro, y que esa relación actúe como puerto y refugio cuando aparece el temor y la ansiedad, así como base segura para explorar e implicarse en actividades más allá de la pareja. La autorrevelación adquiere aquí especial importancia: la expresión libre de pensamientos y sentimientos de manera afectuosa es una variable clave para mantener relaciones de pareja duraderas y de calidad (Mikulincer & Shaver, 2007). Como veremos enseguida, los diferentes tipos de apego difieren en su capacidad para la expresión de los aspectos más íntimos.

Las personas de *apego seguro* (que han experimentado a figuras de apego próximas y sensibles a sus necesidades) tienen facilidad para formar vínculos emocionales sólidos y confían en la posibilidad de mantener una relación duradera. La satisfacción con la relación de pareja es mayor entre las personas de *apego seguro,* incluso en relaciones posteriores a un divorcio (Diamond, Brimhall & Elliott, 2017). Por el contrario, las personas de *apego inseguro* hiperactivan *(apego ansioso)* o desactivan *(apego evitativo)* la búsqueda de proximidad. Por tanto, en las personas de *apego seguro* predomina la regulación de los afectos que se generan en la experiencia de la disponibilidad y proximidad respecto de la pareja. En las personas de *apego ansioso,* en cambio, priman los esfuerzos por mantener la proximidad y controlar la relación, porque uno mismo no se considera merecedor de esa relación, y hay dificultades para atender al otro, dado que se está demasiado centrado en los propios pensamientos y sentimientos; la empatía puede estar presente, pero de manera parcial, circunscrita a confirmar las propias expectativas (por ejemplo, que soy una carga para el otro y/o que se plantea abandonarme). En el otro extremo, las personas de *apego evitativo* tienen poco interés por la intimidad, inhiben la búsqueda de proximidad y sobredimensionan la necesidad de distancia e independencia. La *inseguridad* en el apego, en definitiva, supone un riesgo de desajuste y de ruptura de la pareja, y ello se ha comprobado tanto en estudios con parejas heterosexuales como en estudios con parejas homosexuales (Butzer & Campbell, 2008; Mikulincer & Shaver, 2007).

La perspectiva categorial nos remite a tipos de apego *(seguro, ansioso o evitativo)*, mientras que la perspectiva dimensional se centra en la *ansiedad* que suscita la intimidad y en la *evitación* o distancia que provoca dicha intimidad. En las personas de *apego seguro*, la relación de pareja no despierta ansiedad ni promueve tomar distancia emocional, en las personas de *apego ansioso* la *ansiedad* es alta y la *evitación* baja (buscan proximidad), mientras que en las personas de *apego evitativo*, la *ansiedad* es baja y la *evitación* alta (se alejan del otro).

Teniendo en cuenta estas dimensiones *(ansiedad y evitación)*, Li y Chan (2012) realizan una revisión metaanalítica centrada en el impacto específico de ambas sobre la calidad de la relación de pareja. Tanto la *ansiedad* como la *evitación* presentan una asociación entre débil y moderada con la mayoría de aspectos de la calidad relacional, de manera que a mayor *ansiedad* y mayor *evitación* disminuyen los aspectos positivos, la percepción de apoyo y las interacciones constructivas y aumentan el conflicto y las interacciones destructivas. Ahora bien, la percepción de la insatisfacción es diferente según predomine una u otra dimensión. En el caso de la *evitación*, la persona se sentirá menos conectada con su pareja, percibirá menos apoyo y, en general, valorará menos los aspectos positivos que hay en la relación; tenderá a desactivar las emociones, a poner distancia respecto de su pareja y, en consecuencia, se sentirá insatisfecho con la relación. Si la *ansiedad* es elevada, aunque la persona sea capaz de detectar los aspectos positivos, es más proclive a centrarse en lo que no funciona, a hiperactivar las emociones negativas, a sentir y mostrar dolor con más intensidad y a entrar en conflicto con su pareja. La *ansiedad* del apego implica gestionar el intenso deseo de proximidad y, simultáneamente, la percepción de que esa proximidad está amenazada, lo cual desestabiliza el sentimiento de estar en conexión con el otro.

En otra revisión metaanalítica, Haden, Smith y Webster (2014) confirman que la *ansiedad* y la *evitación* del apego tienen efectos más negativos a medida que pasan los años. Los autores plantean tres hipótesis explicativas: a) las características entorpecedoras del *apego inseguro (ansioso* o *evitativo)* se potencian o se acumulan con el paso de los años, desgastando los elementos positivos que pudiera haber en el vínculo; b) la fase de enamoramiento enmascara temporalmente los afectos negativos provocados por la inseguridad del apego, afectos que reaparecen cuando se supera dicha fase; o c) la presencia de *ansiedad* o *evitación* en la relación impide el desarrollo de una relación de pareja de calidad.

Sandberg, Bradford y Brown (2017) proponen que los estilos de apego *(seguro, ansioso, evitativo)* y las conductas de apego son variables relacionadas pero no idénticas, y que ambas se asocian con la calidad de la relación de pareja. Las conductas de apego se refieren a comportamientos específicos que uno percibe (o no) en el otro: ser accesible, dar respuesta a las necesidades del otro y estar implicado en la relación. Mientras que el *estilo* de apego se evalúa a través de entrevistas específicas o de autoinformes, las *conductas* de apego se evalúan tanto desde la perspectiva de uno (cuánto apoyo creo que ofrezco a mi pareja) como desde la percepción del otro (cuánto apoyo percibo de mi pareja). Aquí aparece una diferencia de género interesante, ya que las conductas de apego son más relevantes para las mujeres que para los hombres a la hora de valorar la calidad de la relación de pareja.

En la misma línea de investigación (las conductas específicas de apego), Sesemann, Kruse, Gardner, Broadbent y Spencer (2017) hallan una correlación positiva entre conductas de apoyo y proximidad y los sentimientos positivos que se generan en el otro (interés, alegría, afecto). A la inversa, conductas como centrarse en las propias emociones y distanciarse del otro se correlacionan con sentimientos negativos del otro (hostilidad, desdén, enfado o miedo).

En este estudio aparecen también diferencias de género: el estilo de apego de las mujeres tiene más peso que el de los hombres en el funcionamiento de la pareja. Así, el *apego seguro* de las mujeres determina en mayor medida que el de los hombres que la pareja se relacione con menor negatividad afectiva y mejor regulación de los afectos: se puede contactar con sentimientos de enfado o malestar, pero experimentarlos durante menos tiempo. Si el apego de la mujer es *ansioso*, las parejas viven con mayor frecuencia y durante más tiempo sentimientos negativos y también conversaciones de apoyo de mayor duración, lo que lleva a concluir a los autores que dicho apoyo no acaba de ser suficientemente tranquilizador para las mujeres de *apego ansioso*. En el caso de las mujeres de *apego evitativo*, el afecto negativo queda fijado con mayor profundidad, dificultando que se promuevan afectos positivos. Volveremos más adelante a referirnos a las diferencias de género en las relaciones de pareja (véase Del Giudice, 2011) pero, como señalan Sesemann *et al.* (2017), los procesos de crianza y socialización diferenciados generarían que las mujeres establezcan autoconceptos de naturaleza más interdependiente que los hombres, que busquen más dialogar sobre los problemas y que, en definitiva, se impliquen más en la relación de pareja. Añadiríamos que este estudio permite plantear la hipótesis de que los procesos de crianza y las expectativas sociales sobre los roles de género en la relación de pareja promueven más *apego ansioso* en las mujeres y más *apego evitativo* en los hombres.

1.3. Apego y conflicto en la relación de pareja

No es pensable una relación de pareja sin tensiones ni conflictos. De hecho, la calidad de la relación se pone a prueba cuando aparecen dificultades o se afrontan desacuerdos, incompatibilidades y momentos adversos de la vida. Experiencias como sufrir una pérdida, por ejemplo, requieren un trabajo emocional de apoyo mutuo y de compartir el dolor, que puede fortalecer el vínculo de la pareja (Gabb & Fink, 2018). Gottman y Gottman (2017) se refieren a que los conflictos hay que «gestionarlos», más que «resolverlos», ya que son —como decíamos— inevitables y además pueden ayudar a contactar con los sentimientos y deseos del otro. Buena parte de los problemas de relación tienen que ver con temas de difícil resolución, como diferencias en la personalidad o preferencias que no cambian. De ahí la importancia de la elección de pareja: fijémonos bien en qué aspectos del otro no nos gustan (o no nos acaban de gustar), ya que deberemos aprender a vivir con ellos. Y vivir con ellos implica aceptar la personalidad de la pareja, dialogar y comprender la posición del otro.

La intimidad, que debería ser inherente a toda relación de pareja, implica asumir la mutua interdependencia, pero también genera la posibilidad de conflicto y maltrato. El conflicto en la relación (sobre todo cuando es grave o persistente) activa el sistema de apego, de modo que cada miembro de la pareja afronta dicho conflicto desde su estilo de apego predominante, ya sea desde el *apego seguro* o *inseguro (ansioso* o *evitativo)*, y en este último caso desde su estrategia de hiperactivación o desactivación emocional, y predominando la *ansiedad* o la *evitación*. A partir de ahí se abre una triple posibilidad (Feeney & Karantzas, 2017; Mikulincer & Shaver, 2007):

a) *Apego seguro:* en el caso de que el otro miembro de la pareja se muestre accesible, disponible y que responda a nuestras necesidades afectivas, se negociarán mejor las cuestiones de proximidad y distancia y el conflicto tenderá a resolverse de manera constructiva, dando pie a la revelación de sentimientos, la empatía y la aceptación de la propia responsabilidad.

b) *Apego ansioso:* si el otro miembro de la pareja no es emocionalmente accesible permanecerá la ansiedad, aparecerá el miedo al rechazo, la dependencia y el deseo de máxima proximidad.

c) *Apego evitativo:* se evita la proximidad emocional, la intimidad se vive con incomodidad, no se ofrece ni se busca apoyo y se sobrevalora la independencia respecto del otro, mermando el compromiso.

En los casos de *apego inseguro,* el conflicto comportará confrontación o evitación y distancia, y tenderá a cronificarse.

El modelo teórico que acabamos de describir se confirma en algunos aspectos (no en todos) en la revisión de estudios empíricos de Feeney y Karantzas (2017). Los datos señalan que el *apego inseguro* tiene efectos negativos sobre los conflictos de pareja, que la dimensión de *ansiedad* del apego se asocia a la hiperactivación y que la dimensión de *evitación* se asocia a la desactivación y la no expresión de emociones (Velotti, Balzarotti, Tagliabue, English & Gross, 2015). Sin embargo, el estilo de apego de la pareja y la variable género pueden potenciar o amortiguar esas tendencias: la supresión de las emociones (inhibirlas o no expresarlas) impacta más negativamente en las mujeres que en los hombres.

En síntesis, cuando la dimensión *ansiedad* es alta, la persona quiere y a la vez teme la proximidad, busca seguridad pero se siente incapaz de conseguirla o mantenerla, exacerbándose así el temor al abandono y, por tanto, siendo poco proclive a separarse (Mikulincer & Shaver, 2007; Seedall & Whampler, 2016). La relación se tiñe de malestar y de la necesidad de repetir conversaciones que confirmen el compromiso del otro con el vínculo, lo que puede acabar agotando e irritando a la pareja. Por tanto, el propio *apego ansioso* puede llegar a funcionar como profecía autocumplida de fracaso. Si la dimensión de *evitación* es alta, la persona se aleja porque las emociones del otro son vividas como desbordantes e invasivas, sintiéndose incapaz de contenerlas y aumentando la propensión a abandonar la relación.

Cuando uno de los miembros de la pareja tiene *apego ansioso* y el otro tiene *apego evitativo,* tienden a construir relaciones de pareja destructivas, ya que la necesidad de gran proximidad de uno *(apego ansioso)* se combina con la necesidad de gran distancia por parte del otro *(apego evitativo)*. Ello genera frustración y —potencialmente— violencia (Mikulincer & Shaver, 2007). Cuando las características atribuidas al género coinciden con las propias del estilo de apego (mujer *ansiosa*–hombre *evitativo*), los resultados relacionales empeoran, de manera que las mujeres de ese perfil son más demandantes y los hombres son más *abandónicos* (Li & Chan, 2012). Mikulincer y Shaver (2007) señalan la ironía de ese resultado, ya que se podría pensar que una pareja conformada por un «hombre-masculino» y una «mujer-femenina» sería exitosa, cuando la investigación demuestra claramente que causa dolor en ambos miembros de la relación, aunque ese dolor se exprese de manera diferente.

Queda pendiente estudiar de manera más específica y focalizada qué sucede si los dos miembros de la pareja son *evitativos* o si ambos son *ansiosos*.

1.4. Apego, pareja y sexualidad

Si bien hay un capítulo específico en este manual dedicado al tema, señalemos que en las parejas que funcionan, el sexo se enmarca en el ámbito del compromiso y de la lealtad. El sexo en la pareja es lo opuesto a la pornografía: en ella el sexo tiene bastante de impersonal, mientras que en la pareja el sexo tendría que ser personal, íntimo y específico con esa persona (Gottman & Gottman, 2017).

La sexualidad también tiene que ver con el sistema de apego. Tengamos presente que las parejas consideran la infidelidad sexual como una ruptura de la confianza y seguridad en la relación (Gabb & Fink, 2018). Ya nos hemos referido en el apartado anterior a la conceptualización de la pareja como un vínculo en el que intervienen tres sistemas conductuales: apego, cuidado y sexualidad. La relación entre apego y sexualidad está sólidamente establecida a través de numerosos estudios empíricos. Así, Butzer y Campbell (2008) hallan que altos niveles en las dimensiones de *ansiedad* y, sobre todo, de *evitación* se asocian a niveles más bajos de satisfacción sexual. Por tanto, la dificultad con la proximidad y la intimidad que afecta a las personas de *apego evitativo* se traslada al ámbito de la sexualidad, que puede ser vivida como una experiencia incómoda y poco gratificante. Por su parte, las personas con elevada *ansiedad* del apego también experimentan dificultades en las relaciones sexuales, en este caso asociadas a su temor al rechazo y al abandono. Un dato interesante de este estudio es que la sexualidad con una pareja de alto componente *evitativo*, distante, incómoda con la proximidad, implica insatisfacción en las relaciones sexuales para ambos miembros de la pareja; pero ello no necesariamente sucede si la relación se establece con una persona con alta *ansiedad* de apego: en este caso puede que no se resienta la satisfacción sexual porque la necesidad de confirmar el vínculo puede propiciar la búsqueda del contacto sexual.

Del Giudice (2011) realiza una revisión metaanalítica centrada en las diferencias de género en relación con el apego romántico. El estudio pone de manifiesto que los hombres presentan más *evitación* y menos *ansiedad* que las mujeres. La *evitación* se asocia a bajo compromiso y mayor promiscuidad en las relaciones sexuales, mientras que la *ansiedad* se asocia a actitudes sexuales impulsivas, inicio más temprano de las relaciones sexuales (especialmente en las mujeres), mayor posibilidad de implicarse en sexo no deseado para mantener la proximidad con la pareja, e intenso deseo de intimidad y compromiso en las relaciones.

1.5. Pareja y parentalidad

Es importante concebir la relación de pareja y la parentalidad como elementos interrelacionados: algunas investigaciones demuestran que el apego de cada miembro de la pareja y su interacción afectan a la calidad de la relación y que esta impacta después en la coparentalidad (Young, Riggs & Kaminski, 2017). La relación de pareja necesita tiempo propio, y la crianza tiende a absorber en exceso. Por tanto, en lógica consecuencia, la calidad de la relación es inferior en las parejas con hijos (Gabb & Fink, 2018; Kluwer, 2010; Urbano Contreras, Martínez González & Iglesias García, 2017). En estudios longitudinales se comprueba que la calidad declina de manera ligera aunque significativa, en efecto, con el nacimiento de los hijos, y más entre las mujeres que entre los hombres (Kluwer, 2010). Esta diferencia de género corroboraría las advertencias de Sharon Hays (1998) sobre la maternidad intensiva, modelo dominante en los países occidentales y que se caracteriza porque la madre pasa a ser la principal (en muchas ocasiones la única) responsable de la salud emocional, el éxito académico y el progreso social de sus hijos.

Ante la firmeza de los resultados de las investigaciones, conviene dejar claro que es absolutamente desaconsejable buscar un embarazo «para arreglar la relación» o porque «eso nos unirá más». No, no será así. Otra cosa es que la relación de pareja sea satisfactoria antes de que lleguen los hijos, ya que una mirada más detallada de los datos permite observar que en un 20% de las parejas la aparición del hijo mejora la relación. En síntesis, siguiendo a Kluwer (2010):

- Un 50% de las parejas viven un deterioro de su relación, en algunas se observa un declinar lento y en otras un descenso acelerado, mientras que el 50% restante se mantiene igual o, como decíamos, mejora;
- la transición a la maternidad/paternidad activa e intensifica conflictos que ya estaban presentes en la pareja, probablemente debido a que la capacidad de autorregulación se ve disminuida por el estrés y el cansancio asociados a la tarea de ser padre y, sobre todo, de ser madre;
- se observa un mayor deterioro de la relación de pareja si aparece la depresión posparto, si los padres/madres tienen *apego inseguro* o si no se llega a un equilibrio entre la crianza y la actividad profesional;
- el nacimiento de una hija tiende a afectar más a la relación de pareja que el nacimiento de un hijo, lo que se explicaría porque los padres (varones) tienden a impli-

carse más en la crianza cuando tienen hijos que cuando tienen hijas;

- los padres/madres con roles de género igualitarios pueden vivir más conflictos si no consiguen un adecuado reparto de las nuevas tareas que trae consigo la presencia del hijo en comparación con aquellos que mantienen una relación basada en los roles de género tradicionales, en cuyo caso ya se asume que la mujer se hará cargo de esas nuevas tareas. En este sentido, añadiríamos la dificultad que proviene de aquellos varones aparentemente igualitarios en la relación amorosa pero con dificultades para asumir esa igualdad en la tarea de crianza (alargar el permiso de paternidad, organizar los horarios laborales para atender a los hijos, participar activamente en las tareas de gestión familiar, ajustar las expectativas sobre la carrera profesional, etc.).

Vemos, pues, que buena parte de las variables asociadas al deterioro de la relación de pareja provocado por la crianza tienen que ver con cómo el padre transita a esa nueva responsabilidad (González & Jurado Guerrero, 2009). No parece que el modelo social dominante de masculinidad facilite a los hombres la transición a esa nueva responsabilidad, siendo la relación de pareja uno de los elementos más afectados.

La maternidad/paternidad exige adaptarse a una nueva situación vital y requiere también desarrollar un nuevo rol: el de padre/madre. Según Kluwer (2010), hay diversos factores que moderan el impacto: el estatus socioeconómico, el temperamento del niño/a, el *apego seguro* de los padres/madres y su capacidad para resolver problemas interpersonales. Faltaría contemplar, en nuestra opinión, el papel que juega el sistema económico en el estrés al que se ven sometidas las parejas con hijos: ausencia de medidas para la conciliación, pocas plazas de guardería pública, bajas de maternidad y paternidad excesivamente breves, etc.

Aparte de este contexto socioeconómico, Jessee, Mangelsdorf, Wong, Schoppe-Sullivan, Shigeto y Brown (2017) se preguntan si el *funcionamiento reflexivo* puede ser una de esas capacidades que minimizan los posibles impactos negativos de ser padre/madre. Los resultados de su estudio señalan que, en efecto, la *función reflexiva* de la madre —no la del padre— se asocia con mayor calidad de la relación de pareja y de la coparentalidad. La habilidad de la madre para comprender la relación entre la conducta observable y los estados mentales subyacentes (pensamientos, sentimientos, deseos) permitiría rebajar el riesgo de conflicto marital. ¿Y qué ocurre con los padres? ¿Por qué no se observa relación significativa entre *función reflexiva* de los hombres y mejor calidad relacional con la pareja? Los autores del trabajo apuntan como hipótesis que las madres tienen un papel más relevante como constructoras de la relación, ya que la madre sería la cuidadora primaria y la que construiría de forma más relevante el vínculo con el hijo y marcaría la pauta de la interacción en la pareja. Otra posible explicación a estos resultados es que la *función reflexiva* de los padres sea más relevante en otras etapas evolutivas (por ejemplo, la adolescencia). Nosotros, ahondando en esta presunta mayor relevancia de la madre, apuntamos otra posibilidad que no excluye las anteriores: que los modelos de socialización masculina no fomentan el contacto con las emociones y sí el distanciamiento afectivo. Ello comporta no solo mayor dificultad para la proximidad afectiva y la intimidad en la relación de pareja (apuntado en apartados anteriores), sino que obstaculiza también la capacidad para tener resonancia emocional con el bebé y con la madre.

1.6. A modo de conclusión

Llegados al final de este capítulo, algo que suponemos queda claro para el lector es que el *apego seguro* es una de las mejores bases sobre la que construir una relación afectiva satisfactoria, tanto con la pareja como con los hijos. Como se ha ido viendo, el *apego seguro* implica confianza en uno mismo y en el otro, proximidad emocional y capacidad para la intimidad. Konrath, Chopik, Hsing y O'Brien (2014) revisan estudios que evalúan

el apego en diferentes épocas, utilizando un instrumento que
—a diferencia de los tres tipos vistos hasta ahora: *seguro, ansioso*
y *evitativo*— conceptualiza cuatro tipos de apego: *seguro, preocupado, temeroso* y *distante*. Esos cuatros tipos resultarían del
cruce de las dimensiones *ansiedad* y *evitación:* el *apego seguro*
presentaría baja ansiedad y baja evitación, el *apego preocupado*
alta ansiedad y baja evitación, el *apego temeroso* alta ansiedad
y alta evitación, y el *apego distante* baja ansiedad y alta evitación.
Pues bien: los resultados del estudio señalan que entre 1988 y
2011 ha disminuido el porcentaje de estudiantes universitarios
norteamericanos con *apego seguro* (del 48,98% en 1988 al 41,62%
en 2011) y ha aumentado el porcentaje de los estilos de apego en
los que predomina una imagen negativa del otro —*apego temeroso* y *apego distante*— (del 51,02% en 1988 al 58,38% en 2011).
En especial se ha incrementado el *apego distante* (del 11,93% en
1988 al 18,62% en 2011).

Si consideramos que este resultado puede ser generalizado
al conjunto de la población occidental (una hipótesis plausible),
pensaríamos en tres elementos que serían contrarios al desarrollo de un vínculo seguro en la relación de pareja: a) el énfasis
en el individualismo como valor de éxito social; b) el impacto
de las redes sociales, y c) el mantenimiento de una socialización
basada en roles de género tradicionales. Señalaremos a continuación algún comentario sobre cada uno de ellos.

El modelo dominante de individualismo autosuficiente,
narcisista y asociado al éxito y al poder, está dificultando la
empatía y la capacidad de confiar en el otro. Y tal vez no tanto
porque se desconfíe del otro como porque ese otro se convierte
en variable secundaria en las relaciones. Cabe citar en este contexto el estudio de Rihm, Sharim, Barrientos, Araya y Larraín
(2017), que plantea en qué medida el individualismo impregna
las concepciones sobre la pareja.

A través de entrevistas a adultos chilenos, concluyen que la
relación es vivida como refugio, como protección frente al
mundo exterior y posibilidad de obtener reconocimiento, si
bien —en un sentido opuesto y contradictorio— también está
siendo experimentada como una amenaza para el desarrollo de

los propios logros y expectativas. En nuestras sociedades occidentales se plantea la necesidad y, al mismo tiempo, la dificultad de construir un espacio de intimidad que permita tolerar la dependencia sin dejar de ser uno mismo. Quizás una de las dificultades provenga de confundir *autonomía* con *independencia* y *vínculo* con *dependencia* cuando, en nuestra opinión, la base de la intimidad en la pareja implica sentirse autónomo en una mutua relación de interdependencia (Castillo & Medina, 2007).

Las redes sociales son un espacio de encuentro virtual ampliamente utilizado para contactar con potenciales candidatos/as a pareja, y la comunicación a través de las redes sociales forma parte cotidiana de la vida de las parejas, especialmente de las más jóvenes (Sánchez, Muñoz Fernández & Ortega Ruiz, 2017). Turkle (2017) desgrana de qué manera dichas redes están modificando la forma de iniciar relaciones de pareja. Su tesis no es muy optimista. El uso de *Tinder* como aplicación para establecer citas, por ejemplo, altera la experiencia de rechazar y de ser rechazado: se mira la pantalla del móvil y, si el candidato no convence, se pasa pantalla. Si eliges a alguien y ese alguien no te elige a ti, directamente ese alguien ya no aparece en tu pantalla. Rechazar y ser rechazado se hace cómodo, sin pasar por ningún tipo de apuro o dolor. Son relaciones «libres de fricción» (p. 210). Las aplicaciones de citas nos hacen sentir que hay miles de candidatos/as a nuestro alcance y que las posibilidades son ilimitadas. ¿Estamos realmente seguros de que elegimos al mejor de los hombres/mujeres «disponibles»? Y no solo la elección es fácil, sino que dejar una relación también lo es, ya que puede hacerse con un mensaje de whatsapp o de cualquier otra red social (hecho no infrecuente en nuestros días). Se despide al otro sin darle la oportunidad de preguntar, de expresarse y evitando contactar con su dolor. Un mal uso de las redes sociales puede fomentar una inmediatez inadecuada, dificultar la empatía y no facilitar el conocimiento íntimo del otro. El uso del teléfono móvil en presencia de la pareja puede ser vivido como una interferencia: quien está presente, la pareja, es menos interesante que lo que está en la pantalla (McDaniel, Galovan,

Cravens & Drouin, 2018). Otra amenaza a la intimidad de la pareja es la infidelidad en internet, el uso de redes de contactos y el consumo de pornografía (Gabb & Fink, 2018).

Si el énfasis en el individualismo y el uso masivo e inadecuado de las redes sociales son relativamente recientes, un último factor a considerar como amenaza para la calidad de la relación de pareja viene de lejos. Hablamos de la perpetuación de los roles de género en los procesos de socialización de niños y niñas. Hay concordancia entre las investigaciones en que, para las mujeres, una relación de pareja satisfactoria se basa en cómo se resuelven las disputas y se toman las decisiones, en la colaboración y en compartir el poder. En cambio, los hombres dan especial valor al mando y a ofrecer soluciones. Las mujeres buscan sintonía cooperativa con su pareja y son las que cargan con la mayor parte del peso emocional de la relación, mientras que los hombres dan más valor a la resolución operativa de los problemas y tienen más dificultad para atender y responder a las necesidades afectivas de su pareja (Beam, Marcus, Turkheimer & Emery, 2018). Pero los datos también señalan que las mujeres que viven relaciones de pareja caracterizadas por la igualdad y el respeto mutuo informan de mayor satisfacción emocional y sexual. Ello puede ser un aliciente para que los hombres se impliquen más en buscar esa sintonía emocional y la armonía con sus parejas, renunciando a los modelos socializadores que relacionan masculinidad con dominancia y poder.

El individualismo exacerbado, el mal uso de las redes sociales y el mantenimiento de los roles de género tradicionales son tres de las amenazas a una intimidad que podemos calificar de asediada. A pesar de la fuerza de estas amenazas, y de otras que probablemente hay, reafirmamos el valor del *apego seguro* como base de la construcción de relaciones sólidas y confiables.

2. La elección de pareja
Carles Pérez Testor y *Ramon Maria Nogués*

2.1. Introducción

La *elección de pareja* ha sido desde los inicios de nuestra Unidad uno de los temas que más nos ha interesado y al que hemos dedicado más atención. Antoni Bobé, uno de los fundadores de la FVB y supervisor de nuestra Unidad, escribió hacia la década de 1950 un texto sobre los mecanismos inconscientes de la elección de pareja (texto que no hemos podido localizar) y en nuestro libro *Conflictos de pareja. Diagnóstico y tratamiento* le dedicó un capítulo completo (Bobé, 1994).

Si en los anteriores libros nos habíamos centrado en los mecanismos psicológicos de la elección, esta vez hemos querido ampliar el apartado de los mecanismos biológicos introduciendo una exhaustiva revisión de Ramon Maria Nogués para complementar nuestra perspectiva psicológica. A pesar de nuestro interés por el tema, los motivos por los que uno se siente atraído de entrada por su pareja sigue siendo uno de aquellos misterios inescrutables sin aparente solución y que a veces nos produce perplejidad (Salvador, 2009).

¿Por qué elegimos a una persona determinada y no nos sentimos atraídos por su hermano/a o su vecino/a, que en principio y objetivamente pueden tener más atractivos que la persona elegida? Algunos autores creen que la elección se realiza por casualidad, por puro azar, pero cuando observamos la existencia de una cierta «compulsión a la repetición» en personas que se han separado de su primera pareja y eligen a una segunda que presenta tantas características similares con la primera, entonces podemos sospechar que la elección no es azarosa, sino que debe seguir unas leyes, todavía desconocidas pero intuidas, aunque sin validación empírica.

Para aquellas parejas que se eligen libremente, la expresión emocional que nos lleva a la elección es el enamoramiento.

2.2. El enamoramiento

Denominamos «enamoramiento» a la fuerza o impulso que nos lleva hacia el otro y que lo convierte en una persona especial realzándola por encima de los demás. Ya sea una persona conocida o desconocida, con la que hemos departido infinidad de veces, unas cuantas, o no hayamos cruzado palabra alguna, esa persona, de pronto, toma otra identidad, otra significación para nosotros. Una palabra, un gesto, una acción o tan solo una mirada de ella nos provocan un impacto emocional y un deseo irrefrenable. Nos sentimos irremediablemente atraídos y toda nuestra conducta queda alterada ante esa emoción. Como nos recuerda Guillem Salvador, el enamoramiento en inglés se denomina «fall in love», *caer en el amor*, que refleja esa idea de caída como fenómeno central del enamorarse (Salvador, 2009).

Es difícil para la psicología o la psiquiatría definir el concepto **enamoramiento** dado que el lenguaje científico no permite expresar con suficiente propiedad todo el significado de la palabra. Por eso es necesario recurrir a la poesía. Seguramente solo los poetas pueden expresar todo el significado del constructo enamoramiento. Ya en nuestro anterior libro recurrimos a autores como Salinas, Martí i Pol o Joan Maragall.

Salinas, por ejemplo, en 1936 escribió:

¿Serás, amor
un largo adiós que no se acaba?
Vivir, desde el principio, es separarse.
En el mismo encuentro
con la luz, con los labios,
el corazón percibe la congoja
de tener que estar ciego y solo un día.

Amor es el retraso milagroso
de su término mismo:
es prolongar el hecho mágico
de que uno y uno sean dos, en contra
de la primera condena de la vida.
Con los besos,
con la pena y el pecho se conquistan,
en afanosas lides, entre gozos
parecidos a juegos,
días, tierras, espacios fabulosos,
a la gran disyunción que está esperando,
hermana de la muerte o muerte misma.
Cada beso perfecto aparta el tiempo,
lo echa hacia atrás, ensancha el mundo breve
donde puede besarse todavía.

Salinas expresa poéticamente cómo el enamorado siente que se alarga el tiempo o que se ensancha el mundo, cómo la percepción se altera y transforma al enamorado en un ser distinto con una visión mágica de todo lo que lo rodea: «es prolongar el hecho mágico de que uno y uno sean dos» (Salinas, 2007)

Miquel Martí i Pol también se refiere a la percepción de unidad en el siguiente poema de 1956:

Tanmateix sembla
que en nosaltres perdura
i recomença el món
o el poble: tot és u.
De dues cambres n'hem fet una
i estrenarem vaixella i cobrellits.
Caldrà que fem un nou aprenentatge
perquè algun dia arribarem a servir-nos
d'un sol mirall
i d'un sol gest
i d'una sola veu
i puguem ser feliços.

La traducción aproximada sería:

> Asimismo parece
> que en nosotros perdura
> y recomienza el mundo
> o el pueblo: todo es uno.
> De dos habitaciones hemos hecho una
> y estrenaremos vajilla y cubrecama.
> Será necesario un nuevo aprendizaje
> porque algún día llegaremos a servirnos
> de un solo espejo
> y de un solo gesto
> y de una sola voz
> y podremos ser felices.

El «todo es uno» o el «de dos habitaciones hemos hecho una» nos lleva a la unión total que el enamorado percibe con su amor. Dos personas se transforman en una sola y utilizarán un solo espejo, un solo gesto y una sola voz.

El poeta Joan Maragall (1918) escribía en 1911 en Cauterets:

> Nodreix l'amor de pensaments i absència,
> i aixís traurà meravellosa flor;
> menysprea el pas de tota complacència
> que no et vinga per via del dolor.
> No esperis altre do que el de tes llàgrimes
> ni vulles més consol que els teus sospirs:
> la paraula millor la tens a l'ànima,
> i el bes més dolç te'l duen els zèfirs.
> Mai seria l'aimada en sa presència
> com és ara en la teva adoració.
> Nodreix l'amor de pensaments i absència,
> i aixís traurà meravellosa flor.

La traducción aproximada sería:

Nutre el amor de pensamientos y ausencia,
y así florecerá maravillosa flor;
menosprecia el paso de toda complacencia
que no te venga por vía del dolor.
No esperes otro don que el de tus lágrimas
ni quieras más consuelo que el de tus suspiros:
la mejor palabra la tienes en el alma,
y el beso más dulce te lo darán los céfiros.
Nunca será la amada en su presencia
como es ahora en tu adoración.
Nutre el amor de pensamientos y ausencia,
y así florecerá maravillosa flor.

Nunca será más perfecto el enamoramiento que cuando permanece en la fantasía del enamorado. El principio de realidad distorsiona la percepción mágica que siente el enamorado y lo fuerza a aceptar al otro poco a poco en su totalidad.

Cuando el enamoramiento es correspondido, los enamorados presentan niveles de fusión simbiótica muy elevados. Desean estar siempre juntos, desean compartir cada acto y cada minuto.

Joan Vinyoli (1977), en los años 50, lo describía así:

Cercàvem or i vam baixar a la mina.
I la foscor s'il·luminà de sobte
perquè érem dos a contradir la nit.

La traducción aproximada sería:

Buscábamos oro y bajamos a la mina.
Y la oscuridad se iluminó de pronto
porque éramos dos para contradecir la noche.

Los enamorados no soportan la separación y aspiran a verlo todo de la misma manera, armonizando ideas, sensaciones, deseos y funciones biológicas… Hasta el ritmo de sus corazones se acompasan.

La fusión del enamorado suele conducir a cambios profundos: se forman ideas nuevas, valores nuevos y objetivos diferentes. La persona se transforma. Si midiéramos las constantes vitales del enamorado, seguramente las encontraríamos alteradas. Toda esa fuerza descomunal que provoca el enamoramiento está basada en la idealización. En efecto, la idealización permite disociar la visión que tenemos de nuestro objeto de amor y percibir solo sus cualidades, negando todos aquellos aspectos que nos podrían resultar negativos. Establecemos entonces una relación de objeto parcial con el enamorado. Solo vemos y magnificamos lo que nos gusta y a veces hasta recreamos valores que nos gustaría ver en el otro y de los que prácticamente carece. Esta idealización es necesaria para querer conocer al otro. Es gracias a este deseo irrefrenable que nos acercamos al otro y esto nos permite ir conociéndolo en todas sus facetas, de tal manera que con el tiempo podemos conocerlo en su totalidad. Si la idealización había sido tremendamente exagerada, la relación no soporta el principio de realidad, y al establecer una relación total todo aquello que era atractivo queda sepultado por todo lo negativo que descubrimos de pronto. El otro se vuelve insoportable.

Pero si la idealización puede ir cediendo y podemos integrar los aspectos negativos y positivos del otro, entonces el enamoramiento se transforma en amor. El amor es un sentimiento integrador donde aceptamos al otro en su totalidad, conociendo sus puntos fuertes y sus puntos débiles, pero aceptando y deseando la relación con ese otro. Si el enamoramiento era una relación de objeto parcial, el amor es una relación de objeto total.

Como hemos recordado al principio del capítulo, tanto en 1994 (Bobé, 1994) como en 2006 (Pérez Testor, 2006) dedicamos un capítulo a los mecanismos inconscientes de elección de pareja. Como entonces, seguimos pensando que los mecanismos que intervienen en la elección de pareja son de carácter **neurobiológico, psicológico** y **social,** y dentro de los psicológicos seguimos distinguiendo entre los mecanismos conscientes y los inconscientes. Empezaremos con una revisión de los mecanismos biológicos.

2.3. Mecanismos neurobiológicos

2.3.1. La gran herencia

La conducta sexual reproductora constituye un fenómeno central en la vida de la mayoría de especies. La humana es un caso concreto de este importante fenómeno y responde a unos modelos generales de los que es tributario. El estudio de la sexualidad reproductora ha sido objeto de innumerables, brillantes y atractivos estudios, a veces acompañados de acertados tonos de humor, en todo tipo de especies animales y vegetales (Judson, 2003).

Los diversos mecanismos (genéticos, fisiológicos, orgánicos, relacionales y ecológicos) que intervienen en la relación sexual reproductora de los animales están regulados de forma muy destacada por el cerebro, que se constituye naturalmente como el «consejero delegado» de la complejidad sexual, protagonizada por individuos sexualmente definidos de forma «parlamentaria» (a partir de diversos elementos), y que garantiza la continuidad de la especie. La especie humana exhibe al respecto una notable originalidad al intervenir en la conducta sexual a través de la capacidad de reflexionar, razonar y decidir, pero la infraestructura de la sexualidad humana responde, digamos que al menos en un 50%, para evitar engorrosas controversias, a la herencia evolutiva animal recibida por nuestra pertenencia al grupo de los mamíferos primates.

Por otra parte, la diferencia sexual humana en los diversos órganos, aparatos, sistemas y fisiologías está muy bien documentada, más allá de divagaciones más o menos ideológicas, por las ciencias médicas (Glezerman, 2017). El cerebro humano, radicalmente y en primera instancia, está orientado por las conductas de supervivencia (pulsiones de alimentación, sexualidad, agresividad, territorialidad y jerarquía reguladas desde el hipotálamo), todas ellas enriquecidas, como en todos los mamíferos, por potentes respuestas emocionales de origen límbico. A este sustrato fundamental la conducta humana añade la singularidad reflexiva y razonante, con la particularidad de una cierta habilidad electiva a la que denominamos «libertad». Esta singularidad mental lleva a una compleja cultura que se mantiene a través de los diversos sistemas simbólicos que las culturas generan. Por lo que a la sexualidad se refiere, los humanos enriquecemos la relación sexual con una potente dinámica psicológica de alta profundidad que denominamos «amor» y que llega a constituir el elemento principal de la relación sexual, lo que añade singularidad a la conducta sexual humana.

Aunque la conducta sexual humana deba interpretarse a la luz del modelo general de la sexualidad animal, hay que ser muy cauto en las argumentaciones particulares y no olvidar nunca la singularidad de la especie humana. Efectivamente, podemos hallarnos ante inesperadas contradicciones. Pongamos un ejemplo: un estudio de campo reciente sobre sexualidad en primates detectaba que en babuinos la violencia sexual, es decir, la agresión del macho sobre las hembras, incrementa el éxito reproductor y la eficacia biológica del grupo, cosa beneficiosa evolutivamente (Baniel *et al.*, 2017). Una visión «científica» y «progresista» (en la línea de la sociobiología) de la evolución podría llegar a la conclusión de que esto es lo que cabe esperar y admitir en humanos, conclusión completamente opuesta a la que en este tema cabría esperar de cualquier opinión mínimamente progresista sobre lo que debe ser la conducta sexual humana acerca de la igualdad de sexos. Así que los argumentos a tener en cuenta sobre comportamientos humanos a partir de las conductas animales debe moverse con gran cautela y no dar por buenas conclusiones simplistas como las que frecuentemente, y de forma inconsecuente, se deducen de observaciones concretas. Por otra parte, el análisis de conductas sexuales condenadas socialmente con dureza requiere análisis muy afinados que nos permiten comprender las dimensiones complejas y los orígenes animales de la sexualidad humana (Gross, 2017).

2.3.2. La atracción de la pareja

El primer tema sobre el que se plantean cuestiones interesantes desde el punto de vista neurobiológico corresponde al análisis de aquello que puede explicar por qué una pareja se siente atraída sexualmente. Hay análisis acerca de los circuitos neuronales que parecen ser responsables de las preferencias sexuales en humanos. Poeppl y su grupo han concretado estas estructuras en zonas filogenéticamente antiguas del cerebro y concretamente en el área preóptica del hipotálamo, el tálamo anterior y mediodorsal, el área septal y el parahipocampo perirrinal incluyendo el giro dentado (Poeppl *et al.*, 2016). El conjunto de factores que intervienen en el fenómeno del primer enamoramiento (el «flechazo») es complejo y hasta cierto punto reviste características aparentemente arbitrarias, aunque es posible que existan causas que, por sutiles y poco aparentes, resulten indetectables.

Numerosos estudios han analizado las preferencias visuales que determinan la atracción sexual que despierta el cuerpo femenino. Es frecuente el análisis de la proporción cintura-caderas (Del Zotto & Pegna, 2017) así como el análisis de la combinación de proporciones entre cintura-caderas y hombros-cintura y con el índice de masa corporal (Lee *et al.*, 2015). Otros estudios han intentado precisar cómo actúan factores hormonales relacionados con la percepción de la simetría de la cara o el cuerpo, tema que ha sido comprobado en diversos animales. En el caso de la mujer, estas preferencias podrían estar relacionadas con las variaciones hormonales cíclicas (Marcinkowska *et al.*, 2018). En general, se reconoce que hay que tener presente una aproximación multivariada al estudio del tema (Lee *et al.*, 2014). La neuroendocrinología de la atracción sexual en mamíferos está bien estudiada y un buen resumen lo presentan Le Möene y Agmo (2018).

Modernamente, y como no podía ser de otro modo, el imponente avance de la epigenética ha llevado a analizar las posibles (y presumiblemente importantes) influencias de los mecanismos epigenéticos en las preferencias sexuales y en los diversos fenómenos relacionados con el emparejamiento sexual. Ngun y Vilain han estudiado algunos aspectos de este tema en la orientación sexual y el funcionamiento hormonal (Ngun & Vilain, 2014).

En todo caso, la atracción sexual madura debe producirse en el marco de un psiquismo que integre equilibradamente pulsiones, emociones y razones. Los registros neurobiológicos confirman la convicción clásica expresada tanto por la antropología filosófica como por la psicología cuando consideran que la reducción de la persona a objeto, y concretamente en el caso de la relación sexual, la contemplación sexual de la mujer como «objeto sexual», reduce o impide la respuesta empática, lo que abre el camino al trato de la mujer como objeto y, en el límite, a la agresión sexual tan tristemente generalizada en todos los ámbitos culturales (Cogoni *et al.*, 2018).

2.3.3. Neurobiología y amor

Establecida la atracción amorosa, todo el proceso de la relación sexual se estabiliza activando una red de conexiones entre diversos núcleos cerebrales. Como en todas las conductas fundamentales nos encontramos ante activaciones generales del cerebro en las que no resulta fácil determinar concreciones muy específicas. Hay, sin embargo, estudios muy interesantes al respecto. Zeki publicó en 2007 un estudio sobre la implicación hormonal en el amor, tanto en el amor maternal como en el de pareja. Este autor nota que ambos afectan zonas cerebrales muy ricas en receptores de oxitocina y vasopresina (Zeki, 2007). Focalizándose en el amor sexual, De Boer y su grupo propusieron un modelo de progresión de la maduración amorosa en el que, junto con la detección de las zonas ricas en receptores de oxitocina, serotonina, cortisol y testosterona, establecían cuatro fases: inicio amoroso, consolidación pasional, establecimiento del amor y eventual rotura del vínculo amoroso, destacando en cada caso las estructuras y hormonas más destacadas en el proceso (De Boer *et al.*, 2012).

El grupo de Acevedo estudió con técnica de fMRI —resonancia magnética funcional; es una técnica que permite obtener imágenes de la actividad del cerebro mientras realiza una tarea— las áreas cerebrales implicadas en los diversos aspectos del amor maduro y estable (Acevedo *et al.*, 2012). Los datos de este análisis recogían activaciones, por una parte de áreas ricas en dopamina y del sistema de los ganglios basales, y por otra de áreas relacionadas con el amor maternal como el *globus pallidus* la *substantia nigra*, el núcleo del rafe, el tálamo y el córtex insular y cingular. Ordenaba estos registros en cuatro áreas significativas: 1) área tegmental ventral relacionada con el amor maduro y la inclusión del otro en el *self;* 2) activaciones del *globus pallidus* relacionadas con el amor amistoso; 3) respuestas del hipotálamo e hipocampo posterior relacionadas con la frecuencia sexual; y 4) respuestas del caudado, septo/fórnix, cingulado posterior e hipocampo posterior relacionadas con la obsesión.

El grupo de Cacioppo focalizó su atención en el dilema entre el deseo sexual y el amor y el registro de la eventual concreción de la evolución de este dilema en alguna estructura cerebral. Los resultados del análisis revisten un curioso interés. Efectivamente, descubre que el córtex insular presenta el registro de una progresión de la relación de pareja desde el deseo hacia el amor. El amor maduro se edifica asociando los circuitos de la emoción y el placer con las regiones relacionadas con el desvelo personal y la formación de hábitos y la detección de realizaciones. Y el proceso desde el deseo más primario hacia el amor maduro se manifiesta en la ínsula cortical en un patrón que evoluciona desde la zona posterior a la anterior. Esta zona anterior representa la integración de las sensaciones viscerales afectivas orientadas hacia la incorporación de los sentimientos y las expectaciones de plenitud (Cacioppo *et al.*, 2012).

La neurociencia se ha interesado por la comparación entre tres tipos de relación, como son la pareja sexual, el grupo familiar y el grupo de amistad, que se distinguen entre ellos pero también comparten elementos interesantes. Dunbar ha analizado los aspectos emocionales que comparten los tres tipos de relación, precisando el área de la relación de amistad (Dunbar, 2018).

2.3.4. Monogamia y cerebro

Una cuestión principal a propósito de la elección de pareja la constituye el tema de la estabilidad de la misma. Este tema adquiere inusitado interés en el caso de los humanos. En el mundo animal existen todo tipo de fórmulas en el emparejamiento sexual. Se dan monogamias estrictas y otros muchos tipos de pareja. En el mundo de los mamíferos la monogamia estricta parece que solo se da en un 5% de las especies.

En el caso de los humanos, hay un consenso teórico en reconocer que la pareja monogámica estable constituye el modelo ideal en el que mejor se salva la igualdad de género juntamente con la madurez amorosa y la estabilidad emocional necesaria para la prolongada educación de la prole. La observación antropológica descubre, sin embargo, que la pareja humana se produce en condiciones muy distintas en las diversas culturas, siendo frecuente la poliginia en unas o la monogamia sucesiva en otras, casi siempre en detrimento del sexo femenino. Cuando se da la monogamia estable suele aparecer la alteración de esta monogamia por la infidelidad conyugal. Por otra parte, en nuestras sociedades se da con frecuencia la monogamia sucesiva. Desde el punto de vista de la neurobiología de la conducta, la cuestión planteada es si hay algún condicionamiento neural que explique el tipo de emparejamiento sexual.

En el mundo de los mamíferos ha sido estudiada con gran detalle la monogamia de los ratones de pradera (género *Microtus*). En este género, *Microtus ochrogaster* exhibe una conducta estrictamente monógama, mientras que *Microtus pennsylvanicus* es solitario y polígamo. Naturalmente, esta situación ha llevado a la realización de numerosos estudios genéticos y neurológicos en un intento de establecer el origen de la diferenciación de la conducta de emparejamiento. A este respecto ha sido estudiado el papel que, en la monogamia, tienen en este género la oxitocina y la vasopresina (Young & Wang, 2004), la acción de la dopamina en el *Nucleus accumbens* (Edwards & Self, 2006), los fenómenos epigenéticos relacionados con la inhibición de la deacetilasa (Wang *et al.*, 2013) o los niveles de un receptor de la vasopresina (Okhovat *et al.*, 2015). También se ha estudiado la preferencia sexual a través de la manipulación de un gen (Lim *et al.*, 2004). Más recientemente se ha precisado el papel de la dinámica corticostrial en el mantenimiento de la monogamia en esta especie (Amadei *et al.*, 2017). Todos los estudios se refieren a *Microtus* pero sugieren interesantes preguntas acerca de eventuales generalizaciones de los hallazgos.

Los estudios antropológicos han especulado sobre el hipotético proceso de transición de la promiscuidad a la pareja en la evolución humana (Gavrilets, 2012), así como acerca de la relación entre monogamia y cooperación (Dillard & Westneat, 2016). Este tema es recurrente; recientemente ha sido planteado por dos grupos que destacan el papel positivo de la monogamia social como factor evolutivo importante en la evolución humana. Raghanti y su grupo, en el que figura el prestigioso Lovejoy, han estudiado los factores neuroquímicos en los orígenes humanos destacando la significación del papel del estriado en la evolución de la sociabilidad humana de la que la monogamia social forma parte (Raghanti *et al.*, 2018). Meindl, trabajando también con Lovejoy, ha indagado paralelamente en la evolución demográfica centrada en la reducción de la mortalidad femenina que llevó a un enriquecimiento de la sociabilidad de la que la monogamia social forma parte (Meindl *et al.*, 2018).

2.3.5. Cerebro y consolidación amorosa

El mantenimiento de la pareja sexual se realiza obviamente a través de una relación íntima sexual y convivencial que consolida la relación, la modula y, eventualmente, la vuelve conflictiva. La observación neurológica ha ilustrado diversos aspectos de estos condicionamientos de la relación.

El grupo de Kreuder ha realizado un interesante análisis de los mecanismos neurales que en la especie humana pueden considerarse importantes elementos de consolidación de la monogamia a través del enriquecimiento de la intimidad (Kreuder *et al.*, 2017). En este estudio se confirma la riqueza de contacto físico en los humanos y cómo la oxitocina intranasal aumenta la respuesta del compañero en el núcleo *accumbens* y en el córtex cingulado anterior, ambas zonas muy significativas en el establecimiento de una relación física y emocionalmente rica, elemento central en la gratificación que proporciona una relación exitosa que se consolida como estable. En esta relación de pareja, la neurobiología también detecta las diferencias peculiares atribuibles a la diferencia de sexos, precisando, sin embargo, el alcance de estas diferencias que no se expresan en la intensidad afectiva general (que es comparable entre sexos), sino en el modo de esta intensidad, manifestándose en las mujeres más interoceptivas y autocentradas, mientras que los varones aparecen como más exteroceptivos (visuales) y centrados en el mundo (Moriguchi *et al.*, 2015).

Un tema en el que la neurociencia ha investigado, en relación con la pareja sexual, es el de la violencia y la agresividad. Estudios recientes en roedores explican el porqué de una mayor agresividad de los machos en la relación sexual. El fenómeno se debería a las peculiaridades de los receptores de los estrógenos y progesterona en la parte ventrolateral del hipotálamo ventromedial de las hembras. Esta situación es diferente de la que se da en los machos, y explicaría la diferencia de la agresividad en los dos sexos (Hashikawa *et al.*, 2017). Aunque se trata de estudios en roedores, es probable que aspectos importantes del fenómeno se den en humanos y expliquen parcialmente los fenómenos comportamentales impulsivos (Gola *et al.*, 2015) y compulsivos (Schmidt *et al.*, 2017) que aparecen en la relación de pareja.

En el caso de la mujer, dotada de una sexualidad más compleja que la masculina debido a su capacidad gestora del nuevo ser, el estudio del cerebro femenino se centra en el análisis de los resultados de la tormenta hormonal periódica que vive el cerebro femenino y en las modificaciones relativas a la gestación, fenómenos con indudable repercusión en la vida de la pareja. El cerebro femenino se modifica fisiológicamente y orgánicamente a lo largo del ciclo menstrual (Franke *et al.*, 2015). La gestación provoca amplios y duraderos cambios en la estructura del cerebro, cambios que no son ajenos a peculiaridades de la conducta (Hoekzema *et al.*, 2017). Por otra parte, la parentalidad provoca alteraciones notables en los circuitos que conectan la zona hipotalámica con la límbica y la cortical, con la consiguiente modulación de las conductas parentales (Swain, 2011). Estas peculiaridades son especialmente destacadas en el cerebro maternal: las neuronas que expresan la *tiroxin hidroxilasa* del núcleo periventricular anterior del hipotálamo en ratones son mucho más abundantes en madres que en hembras vírgenes o en machos (Scott *et al.*, 2015). Una vez más, se trata de roedores, pero el fenómeno es presumiblemente paralelo y generalizable en mamíferos.

2.3.6. Normalidades más allá de la norma

Frente al normal emparejamiento entre sexo femenino y masculino, se da en los animales el emparejamiento homosexual. El análisis de este fenómeno es relativamente reciente debido en gran parte al hecho de que en épocas pasadas este emparejamiento era considerado como una aberración. Los datos generales sobre conducta animal muestran que el emparejamiento homosexual está presente en muchas especies, aunque no es fácil trasladar a los humanos el sentido de este tipo de emparejamiento. Por otra parte, las sociedades modernas han variado en poco tiempo su valoración sobre la pareja homosexual humana.

Desde el punto de vista del análisis darwiniano aplicado doctrinalmente, no resulta fácil interpretar el sentido del mantenimiento de la atracción homosexual (representaría una inversión no rentable evolutivamente), aunque hay múltiples intentos de valoración al respecto (Barthes *et al.*, 2015; Ciani *et al.*, 2015).

La neurobiología y la genética se han lanzado desde 1990 a la búsqueda de raíces biológicas del fenómeno. Hoy hay pocas dudas de que se dan factores biológicos que explican, al menos parcialmente, la elección homosexual frente a la heterosexual, cosa perfectamente normal que invalidaría presentar la homosexualidad como una «elección mental» (al igual que no lo es la heterosexualidad). Se trataría, pues, de una conducta normal minoritaria, dependiente como cualquier otra de factores múltiples, entre los que (tratándose de algo tan fundamental como el sexo) tienen un importante papel los factores biológicos.

Entre los múltiples factores biológicos analizados en relación con la homosexualidad pueden citarse en publicaciones recientes los genéticos, concretamente el gen SLITRK6 en el cromosoma 13 o el TSHR en el 14, relacionados respectivamente con el desarrollo diencefálico o la función tiroidea (Sanders, 2017), los detectados en la morfología encefálica, concretamente la conectividad funcional de la red cerebral por defecto (Clemens *et al.*, 2017), o en diversas estructuras encefálicas (Manzouri & Savic, 2017), o los atribuidos a reacciones inmunológicas maternas como la que se produce hacia la proteína NLGN4Y ligada al cromosoma Y (Bogaert *et al.*, 2018).

El tema sigue abierto a una amplia gama de posibles análisis que constituyen un interesante reto para la biología evolutiva y también para el análisis psicológico y las consideraciones sociales.

2.4. Mecanismos psicológicos de la elección de pareja

El autor de referencia para nosotros, que ha estudiado profundamente los mecanismos de elección tanto conscientes como inconscientes, ha sido Henry V. Dicks, de la Unidad Matrimonial de la Clínica Tavistock de Londres. Coincidimos con Otto Kernberg, cuando dice que Dicks fue «el pionero más importante de la psicoterapia psicoanalítica de pareja» (Kernberg, 2017) y que «ha proporcionado el marco psicoanalítico más abarcador para el estudio de las características de las relaciones amorosas normales y también psicopatológicas» (Kernberg, 1995).

En su aún vigente *Tensiones matrimoniales*, Dicks cimienta las bases donde se asienta el mundo inconsciente de la pareja. Para este autor, la relación de pareja como sistema de relaciones interpersonales, «es estable y durable según el grado en que llega a las cualidades de una díada integrada a partir de una iniciación como suma de uno más uno» (Dicks, 1967).

En esta interacción, Dicks describe tres niveles fundamentales o subsistemas que están relacionados internamente entre sí, pero que pueden variar de forma independiente y variar de importancia para mantener la cohesión de la díada en diferentes fases:

1. El subsistema de normas y valores sociales.
2. El subsistema de valores personales.
3. El subsistema de fuerzas inconscientes.

El primer subsistema es el de los valores y normas socioculturales. La homogamia en el nivel social (matrimonio entre semejantes) es un factor de cohesión inicial en algunas parejas. El segundo subsistema es el de los *«yo centrales»*. Este es todavía un nivel consciente y corresponde a las normas personales de cada miembro de la pareja. El tercer subsistema trata de las fuerzas inconscientes que existen entre los cónyuges de tipo positivo o negativo, que el autor denomina *«transacciones»*.

Dicks especifica que, a pesar de que los tres niveles son importantes para mantener la cohesión de la pareja, será la mezcla de la interacción más o menos inconsciente de las relaciones objetales en el tercer subsistema la que decidirá la calidad a largo plazo de las parejas (Dicks, 1967).

La elección consciente, además de las bases biológicas ya descritas, está impregnada por la cultura en la que está inmerso el individuo. Las costumbres y los aspectos sociales y culturales modulan el deseo del individuo. Por definición diríamos que la sociedad es conscientemente homogámica. Hay una gran presión para que una persona elija a otra de parecidas características: misma raza, misma religión, misma clase social... La sociedad evita y rehúsa las elecciones heterogámicas por arriesgadas. Hay un acuerdo inconsciente colectivo por el cual la sociedad está convencida, y así lo trasmite, que el emparejamiento de personas de mundos muy distintos (distinta clase social, distinta raza, diferente religión, etc.) producirá, a la larga, dificultades insalvables y fracasos dolorosos. Jürg Willi, en su trabajo *Psicología del amor* ha abordado el tema de la elección de pareja. Para este autor, uno de los aspectos que más influyen en la elección de pareja es la relación que el enamorado mantiene o ha mantenido con la familia de origen:

> Si suponemos que una relación amorosa contribuye a la realización del potencial personal, al elegir la pareja se planteará la cuestión de si el potencial personal se desarrollará de forma más adecuada si se sigue la tradición paternal y familiar o si se crean nuevos caminos. Con frecuencia, tanto la relación con los padres como con los hermanos influyen en gran medida en la elección de pareja. (Willi, 2004: 142)

Para Willi, todavía hoy es frecuente que los padres promuevan o favorezcan los matrimonios. De esta manera se acogerá en la familia a alguien que desea romper con su familia de origen y que estará obligado a mostrar su agradecimiento y no traerá consigo ninguna dependencia familiar, siendo acogido por los padres como un hijo, o una hija, propios. Sin embargo, es más frecuente lo contrario: que se aspire a un distanciamiento de los padres mediante la elección de pareja. Entonces, al elegir pareja, los padres «perderán» a su hijo. Unos padres pueden entristecerse y otros pueden encolerizarse obstaculizando la relación todo lo posible. Puede delegarse en la pareja la lucha contra los padres o se puede marcar distancia con los hermanos. Para Willi, la compleja dinámica entre la nueva pareja y la familia se manifiesta sobre todo en las relaciones emocionales:

> ¿Cómo se aceptará a la nueva pareja en la familia? ¿A quién de la familia le agrada y a quién no? ¿Qué ha cambiado en las relaciones con los distintos miembros de la familia debido a la pareja? ¿Cuáles son los nuevos caminos que pueden emprenderse en la comunidad con la pareja? (*Ibid.*: 143-144)

El mismo autor nos recuerda que, actualmente, la elección de pareja se efectúa, cada vez más, en una etapa de la vida más madura, cuando la separación de los padres tiene menos importancia que la separación de parejas anteriores. Así, es importante el temor a que puedan repetirse viejas heridas y ofensas, y cómo estos miedos influyen en los motivos para elegir, de nuevo, pareja. También el hecho de que haya hijos de relaciones anteriores suele influir en la elección:

¿Aceptarán los hijos a la nueva pareja? Con la nueva pareja, ¿perderán los hijos la estrecha relación con la persona que los atiende, por regla general, la madre? ¿Tendrán los hijos la impresión de distanciarse por completo del padre que vive aparte? Estos temas suelen ocasionar conflictos intensos. Los hijos pueden luchar con todas sus fuerzas en contra de que su madre inicie una nueva relación. Pueden negarse a mantener todo contacto con el padre, porque ahora convive con su amante. (*Ibid.*: 144)

Cada vez más, en nuestra Unidad de Pareja atendemos conflictos de este estilo, que si no influyen de entrada en la elección de pareja sí hacen o no posible la continuidad de la relación.

2.5. Mecanismos inconscientes de elección de pareja

La psicología psicoanalítica parte de este concepto para entender la complejidad de un proceso fundamental en la vida de pareja: la elección del consorte. Desde nuestro modelo, la **elección** deja de ser un puro azar, una casualidad para convertirse en un conjunto de posibilidades donde intervienen mecanismos sociales y personales conscientes e inconscientes. Pocas son las novedades aparecidas sobre este tema desde 2006. Repasemos las bases históricas.

Freud trató esta cuestión en tres trabajos: *Sobre un tipo particular de elección de objeto en el hombre* (Freud, 1910), *Sobre la más generalizada degradación de la vida amorosa* (Freud, 1912) y *El tabú de la virginidad* (Freud, 1918), que publicó posteriormente en la cuarta serie (1918) de sus escritos breves *(Sammlung kleiner Schriften zur Neurosenlehre*, 5 vols., 1906-1922), bajo el nombre de *Contribuciones a la psicología del amor*. En estos artículos basa la elección de la pareja en su origen edípico (Freud, 1918).

Anteriormente, en *Una introducción al narcisismo*, el mismo autor anticipa dos tipos de elección del objeto amado: *conforme al tipo de apoyo*, basado en el modelo de la persona o personas que primero atienden y protegen, y *conforme al tipo narcisista* (Freud, 1914).

En el primero, *conforme al tipo de apoyo*, las personas que se encargan de proporcionar la comida, el cuidado y la protección del niño se convierten en un modelo para que en la vida adulta, al escoger pareja, se reproduzca el modelo marcado en la infancia.

En el segundo, *conforme al tipo narcisista*, la persona ama en el otro lo que ella misma es, fue y desea ser. Se elegirá entonces una pareja porque uno se siente amado y deseado por ella (Freud, 1914).

Karl Abraham (1913) describe también dos tipos de elección de pareja: la *endogamia neurótica* y la *exogamia neurótica*. En la *endogamia*, la elección de pareja es la búsqueda de la madre o el padre. En la *exogamia* se busca una pareja que se diferencie tanto como sea posible de la madre o del padre. Así, las experiencias de las relaciones con el padre y con la madre y con el conjunto de la pareja ejercerán una influencia relevante en la elección de pareja.

Lilly Ottenheimer desarrolló un marco de comprensión de los mecanismos psicológicos de elección de pareja desde la perspectiva psicoanalítica. Para esta autora, las convicciones que actúan en toda elección son razonamientos complejos e inconscientes. Un dato fundamental en las futuras experiencias de pareja será el hecho de que los padres hayan tenido unas relaciones conyugales satisfactorias. Todas estas convicciones tienen en común que son inconscientes, que reemplazan las gratificaciones de una relación de pareja sana por los deseos de satisfacer sus fantasías y que su origen se encuentra en las experiencias y situaciones vividas en la infancia.

Ottenheimer presenta diversas situaciones de tipo inconsciente que podrían dar pistas de los motivos que pueden llevar a la elección de pareja y, para ello, siguiendo las aportaciones de Sigmund Freud, distingue dos grupos de elección:

1. *Motivaciones preedípicas.* Serían formas primitivas de elección que irían desde la *elección indiscriminada de pareja,* donde cualquier persona pueda ser motivo de atracción, pasando por la *voracidad,* elección de personas que pueden proveer ilimitadamente, tanto emocional como materialmente, hasta los *recuerdos de crianza* basados en la atracción que provocan personas con características de las personas que lo cuidaron durante la infancia.

2. *Motivaciones edípicas.* Para Ottenheimer, se basa en elecciones más elaboradas como la elección por *fijación a la madre,* conforme al tipo de apoyo, por *ideal de pureza,* basado en la teoría de Freud expuesta en la ya citada *Sobre un tipo particular de elección de objeto en el hombre,* o por *exogamia,* un tipo de elección heterogámica. Son aportaciones sugerentes que invitan a su desarrollo, aunque seguramente hoy en día las podríamos considerar demasiado rígidas y reduccionistas en sus conclusiones.

Por otra parte, M. Klein, en *Amor, culpa y reparación,* se refería en la «Elección del compañero de amor» a la influencia de las primeras relaciones de objeto sobre la elección posterior:

No debemos olvidar que lo que el hombre desea recrear en sus relaciones amorosas es su impresión infantil ante la persona amada y las fantasías que tuvo con ella. Además, el inconsciente establece asociaciones sobre bases muy distintas a las que rigen la mente consciente. Toda suerte de impresiones completamente olvidadas —reprimidas— contribuye así para que una persona resulte para determinado individuo,

más atractiva que las demás, en el terreno sexual y en otros.
(Klein, 1937: 327)

La propia autora matiza y va más allá cuando escribe:

> Aunque los vínculos amorosos de la vida adulta están fundados en las primeras relaciones emocionales con los padres, hermanos y hermanas, los nuevos lazos no son necesariamente meras repeticiones de la temprana situación familiar. Los recuerdos, sentimientos y fantasías inconscientes entran en la nueva ligazón de amor y amistad en formas completamente disfrazadas. Pero además de las primeras influencias, muchos otros factores actúan en los complicados procesos que cimientan una relación amorosa o amistosa. Las relaciones normales adultas siempre contienen nuevos elementos derivados de la nueva situación: las circunstancias, la personalidad del otro y su respuesta a las necesidades emocionales y a los intereses prácticos del adulto. (*Ibid.:* 328)

Es importante este matiz, porque a veces se confunde la elección de pareja con una suerte de repetición predestinada de las figuras de apego. Klein nos advierte de que las relaciones normales adultas se enriquecen con nuevos elementos y no son una mera repetición.

Uno de los trabajos importantes de la década de 1950 es *Neurotic Interaction in Marriage*. El tema básico de esta obra, editada por Victor Eisenstein, es que el curso y el resultado de un matrimonio se determinan por las dificultades emocionales de cada uno de los cónyuges y por la manera en que interaccionan las dos personalidades (Eisenstein, 1956). Lawrence Kubie, en la misma obra, decía que el propósito inconsciente más frecuente en el matrimonio es encontrarse con una pareja que represente a uno de los progenitores, ya sea este el padre o la madre (Kubie, 1956).

Se teorizó también sobre las parejas con un predominio psicótico. Gustav Bychowski se basa en su trabajo con parejas que padecían psicosis clínicas cuando decía:

El objeto escogido en estos matrimonios a menudo está determinado por el deseo de actuar un alud de fantasías inconscientes muchas veces de manera contradictoria. Estas fantasías y el objeto escogido se supone que llenan ciertos deseos infantiles aislados, así como también ofrecen defensas en contra de tales deseos. Tanto en la elección del objeto como en la manera de tratar los sentimientos ambivalentes y aspectos peligrosos de las reacciones infantiles de amor, el paciente esquizofrénico manifiesta mecanismos utilizados por el yo infantil: la repetición y la negación. (Citado en Teruel, 1974: 21)

Michael y Enid Balint, fundadores de la Family Discussion Bureau, estuvieron de acuerdo desde el principio en que no se podía estudiar a la pareja como si se tratara de dos personas separadas y aisladas entre sí. Introdujeron el término *fit,* que podríamos traducir como «ajuste», la manera que tienen dos personas de llegar a un acuerdo consciente e inconsciente en cuestiones emocionales. También implica que las necesidades de uno son ampliamente aceptadas por el otro.

Para Enid Balint, el matrimonio es más que la unión de dos personas y adopta el término «díada». Balint piensa que el mundo interno formado por esperanzas, deseos, desilusiones y temores de un cónyuge interactúa con los mismos elementos del mundo interno del otro, y es a partir de esta interacción como uno puede formular teorías sobre la vida conyugal (Family Discussion Bureau, 1962).

Para Robin Skinner, uno de los grandes beneficios del matrimonio es la oportunidad de reexperimentar y de tratar más efectivamente los retos insalvables de la infancia. Pero para que esta reparación sea posible, la regresión ha de desarrollarse en el contexto de una relación global más madura en la cual el miembro regresivo se sienta seguro de poder confiar en el otro y su compañero/a sepa que las demandas del regresivo son temporales y tenga suficientes reservas de bienestar y gratificación para permitir que el otro las tolere. Si no se da esta situación, las demandas regresivas tienen un efecto destructivo entrando en un círculo vicioso con más demandas, provocando que la relación se deteriore. Para Skinner, las parejas concordantes aparecen cuando los miembros se eligen uno al otro debido a las similitudes o al hecho de que se complementen durante el nivel de desarrollo. Para el autor la elección es inconsciente, pero puede suceder que conscientemente cada miembro busque el rasgo contrario en el que se basa la atracción. Una mujer insegura puede elegir un hombre competente y enérgico, pero selecciona realmente a un hombre en el cual estos atributos son una forma de pseudomadurez que encubre deseos infantiles muy parecidos a los de ella (Skinner, 1976).

Para este autor, las similitudes en las dificultades de la pareja pueden ser provechosas si la pareja tiene la suficiente madurez e *insight* como para trabajar constructivamente en el estancamiento en el que pueden encontrarse, siempre y cuando haya un equilibrio entre la elección consciente y la inconsciente.

Antoni Bobé, en su contribución al tema, desarrolló la teoría de los mecanismos inconscientes en la elección de la pareja:

> Los mecanismos inconscientes que están influyendo en la dinámica de la relación de pareja y, por tanto, en las motivaciones de la elección de un compañero/a para constituir una pareja, tienen su origen en las fantasías inconscientes que constituyen el fondo emocional de la atracción mutua; pero también son la base que determina la intensidad de los conflictos de pareja. (Bobé, 1994: 35)

El mismo autor nos advertía:

> Es necesario tener en cuenta que los motivos profundos de la elección de pareja y su patología tienen que ver, en muchas ocasiones, con un sector de la personalidad, el más complicado, y no con toda la persona. (*Ibid.*: 36)

Antoni Bobé ha influido en nuestra manera de entender la elección. Siguiendo la tradición psicoanalítica, parte de la base de que los recuerdos inconscientes de satisfacción y frustración influyen en el tipo de satisfacción que buscan las parejas en sus respectivos cónyuges, las formas de demostrar afecto y las cosas que sentirán intolerables. Además, los conflictos no superados en la infancia se irán actuando a causa de la compulsión a la repetición. Los conflictos que actuarán los cónyuges se matizan según predomine la posición esquizoparanoide o la depresiva en el desarrollo de cada miembro de la pareja:

> Cada uno tiene un conjunto de objetos introyectados y, por tanto, internalizados. De aquí se deriva que cada uno tiene la fantasía de cómo es el otro y de cómo el otro lo ve a él con todas las distorsiones de percepción posibles. (*Ibid.*: 37)

Los motivos inconscientes influyen en la atracción sexual y afectiva. La apariencia de la pareja puede ser muy distinta de la de los progenitores, pero se puede observar que alguna característica física o caracterológica tiene relación, o bien porque concuerde o porque se oponga, siempre que se sufra la ansiedad de un vínculo demasiado intenso con los progenitores.

En las relaciones amorosas se desea recrear el contacto con el primer objeto, con las fantasías que tuvo. Estas experiencias que se reprimieron influyen en el atractivo sexual, afectivo y otros aspectos hacia la persona escogida como pareja. (*Ibid.*)

Para Bobé, en la relación con la pareja o bien se busca el cónyuge que ofrece la gratificación de las necesidades inconscientes, o bien se intenta evadir de una relación frustrante en la fantasía y/o en la realidad con la familia de origen, o bien se consigue el objetivo de reconstruir una situación de dependencia.

Una de sus principales aportaciones es sin duda su perspectiva reparadora de la pareja. En efecto, si hemos insistido en que en la elección de pareja pueden aparecer aspectos patológicos, él opina que:

> Las situaciones conflictivas familiares de origen pueden ser reparadas en la constitución de una pareja en la que se puedan

vivir nuevas perspectivas, habiendo superado los miembros de la pareja el posible resentimiento por los problemas vividos en la propia infancia; podrán educar a sus hijos de una manera satisfactoria sin vivirlo como un reto, a la manera como fueron educados; si fuera un reto, la reparación no hubiese tenido éxito. (*Ibid.:* 40)

2.6. Conclusión

Los trabajos y publicaciones de los mecanismos biológicos de la elección de pareja han crecido exponencialmente en estos últimos años, por lo que, junto con la investigación desde la perspectiva psicoanalítica, nos permite pensar que la elección de pareja no depende solo del azar, sino que interviene una suma de complejos mecanismos biológicos, psicológicos y sociales que interrelacionan entre sí y que influyen en nuestra decisión y en nuestros sentimientos amorosos.

PARTE II: PSICOPATOLOGÍA

3. Psicopatología de la pareja
Carles Pérez Testor

3.1. Introducción

Desde hace unos años, las sociedades psicoanalíticas de diversos países han aumentado su interés por las aplicaciones del psicoanálisis en las intervenciones de pareja y familia (Bolongini, 2017). Una muestra serían los congresos de 2015 en Buenos Aires, de 2017 en Madrid y de 2019 en Nápoles, organizados por el Comité de Pareja y Familia de la IPA-COFAC (Scharff & Palacios, 2017), o los diferentes congresos internacionales de la Asociación Internacional de Psicoanálisis de Pareja y Familia (AIPCF), que desde el año 2000 se ha organizado en Nápoles, en 2004 en París, en 2006 en Montreal, en 2008 en Barcelona, en 2010 en Buenos Aires, en 2012 en Padua, en 2014 en Burdeos, en 2016 en São Paulo y en 2018 en Lyon, donde tanto desde el marco teórico de las relaciones objetales, como desde la mentalización o desde el marco de la vincularidad, se han presentado interesantes trabajos de psicoterapia psicoanalítica de pareja y familia.

Como reconocía David Scharff en el prólogo de este libro, para nosotros una de las principales aportaciones de la escuela de las relaciones objetales en terapia de pareja, representada por la figura de Henry V. Dicks (1900-1977), ha sido la incorporación del concepto de **colusión** en el ámbito relacional de la pareja. Del latín *co-ludere* o juego entre dos, entendemos por colusión (aplicada a la relación de pareja) aquel acuerdo inconsciente que determina una relación complementaria, en la que cada uno desarrolla partes de sí mismo que el otro necesita y renuncia a partes que proyecta sobre el cónyuge (Dicks, 1967). Autores como Willi (1978) o como nosotros mismos (Font, 1994;

Pérez Testor & Font, 2006; Aznar *et al.*, 2014) hemos revisado y desarrollado el concepto creando clasificaciones diagnósticas. Otros autores han descrito conceptos parecidos como el de «objeto dominante interno» de Guillermo Teruel (Teruel, 1974), el de «zócalo inconsciente» (Berenstein & Puget, 1990), el de «conyugalidad» de Anna M.ª Nicolò Corigliano (Nicolò, 1995) o el de «alianza inconsciente» (Spivacow, 2005), entre otros, conceptos que son similares al concepto de «colusión». También la escuela francesa ha desarrollado conceptos parecidos al de colusión como describe Maximiliano Sommantico (2006). Todos ellos tienen como común denominador la base inconsciente de las relaciones de pareja y la identificación proyectiva como principal mecanismo relacional.

3.2. Del conflicto normal al patológico

Partimos de la realidad de que los conflictos en las relaciones de pareja existen y hasta podríamos decir que son necesarios. Dos personas autónomas que conviven no pueden estar siempre, y en todo, de acuerdo. Es lógico que aparezcan discrepancias y que puedan aparecer discusiones sobre la manera en que la pareja encara el día a día o sobre como ha de ser su futuro común.

La fantasía compartida por los dos miembros de la pareja al principio de la relación es la de que «están hechos el uno para el otro». Como ya hemos visto en el capítulo 2, el enamoramiento está fundamentado en la idealización, en la esperanza de la fusión idílica donde el otro sabe lo que uno desea, hasta que se impone la realidad y uno descubre que el otro no cumple todas sus expectativas. Cuando eso sucede, porque acaba sucediendo, empiezan las decepciones y los reproches o también la tolerancia, la reparación y el principio de realidad. Depende de los temores y los miedos de cada consorte, de las dificultades personales y de su estructura de personalidad que estos conflictos puedan resolverse y fortalecer a la pareja o desestabilizarla.

A partir de nuestra experiencia, podríamos definir unos estilos de vinculación, una manera determinada de relacionarse que se mantiene con cierta estabilidad a partir de la complementariedad de la pareja. Como ya hemos descrito en el capítulo 2, las relaciones de pareja se organizan más por complementariedad que por igualdad. Por eso las parejas se forman a partir de unos estilos personales que se complementan por flujos y reflujos de proyección, introyección y retroproyección.

Estas tipologías de vinculación se dan en todas las parejas, y evidentemente cada pareja teje sus propias características, por lo que no encontraremos dos parejas iguales, pero sí parecidas, y es en este parecido donde podemos trazar unas constelaciones basadas en la admiración, en la atención o en la dependencia. Es evidente que estos tres constructos existen en la mayoría de parejas en dosis variables, pero estaremos de acuerdo en que niveles de admiración, atención o de dependencia son necesarios siempre que se den de forma alternativa y no rígida. Que dos miembros de la pareja se admiren es positivo, pero que uno admire siempre y el otro se deje admirar constantemente, sin posibilidad de intercambio, es problemático. Que un miembro de la pareja cuide un día al otro y que al siguiente se intercambien los papeles también es positivo, pero que uno siempre cuide y el otro siempre se deje cuidar, implica un problema.

Siguiendo a Dicks (1967), Willi (1978) o Lemaire (1998), diremos que la colusión no es patológica. En todas las parejas se dan tipos de colusión, estilos de vinculación donde predominan rasgos característicos, pero cuando la colusión se vuelve rígida aparece la patología.

3.2.1. Estilos de vinculación

La colusión, como cualquier proceso psíquico, puede pasar de una conflictividad saludable a una conflictividad patológica, de forma imperceptible, sin casi solución de continuidad, e ir de simples rasgos sintomáticos hasta fijarse en una estructura con patología estable.

Nosotros planteamos, desde un punto de vista práctico, dos nomenclaturas diferenciadas. Hablamos de **estilos de vinculación** cuando nos referimos a la colusión sana y hablamos de **trastornos de pareja** cuando nos referimos a la colusión patológica. Somos conscientes de la artificialidad de la diferenciación, pero nos permite un lenguaje comprensivo común. Los estilos de vinculación serían un desarrollo sano del «objeto dominante interno», que comparten los dos miembros de la pareja. Y dentro de las relaciones normales hablaríamos de tres estilos de vinculación:

1. *Estilo basado en la admiración.* Para los dos miembros de la pareja es necesario que haya niveles de admiración para elegirse y mantenerse unidos.
2. *Estilo basado en la atención.* Los dos miembros de la pareja necesitan tener mucha información y muy pormenorizada el uno del otro. Necesitan estar muy pendientes de sus actividades y sentimientos.
3. *Estilo basado en la dependencia, donde predomina el cuidado.* Protegerse el uno al otro y darse seguridad es fundamental para estas parejas.

Podríamos hablar de muchos otros estilos de vinculación, casi tantos como parejas hay, pero a pesar de ser muy reduccionistas hemos podido observar que estos tres estilos y sus cuatro posibles combinaciones son predominantes en las parejas que hemos podido entrevistar. En efecto, hemos visto parejas con estilos de vinculación donde predominaba la «admiración», o la «atención» o la «dependencia», pero también hemos visto parejas donde predomina «la admiración y la atención» o «la dependencia y la admiración», parejas donde predomina «la atención y la dependencia» y parejas donde «la admiración, el control y la dependencia» se dan en proporciones parecidas. Todos estos estilos de vinculación se dan en parejas con un funcionamiento que podríamos definir como sano, con sus puntos fuertes, sus puntos débiles y sus conflictos.

Para poder definirlos como saludables es necesario que cumplan con dos indicadores importantes: movilidad de los papeles progresivo y regresivo y claridad en las membranas intradiádica y extradiádica.

3.2.2. Aspectos progresivos y regresivos

En las relaciones de pareja aparecen aspectos progresivos y regresivos, aspectos descritos por Willi (1978) y desarrollados por Kriz (1990) y por Corominas (2002). Los miembros de la pareja tratan de gratificar sus necesidades y deseos pertenecientes a épocas muy precoces de la vida. Pueden alcanzar esa gratificación cuando los deseos, regresivos o progresivos, son aceptados por el otro. Necesidades de apoyo, ternura, mimo o dedicación pueden ser solicitadas y atendidas, cosa que no sucede en ninguna otra modalidad de relación.

Estos aspectos los consideramos saludables si aparecen alternativamente en la pareja. El miembro A puede ser más progresivo en el cuidado de otro y el cónyuge B puede ser más regresivo y dejarse cuidar. Esto sería para Dicks una colusión. Nosotros hablaríamos de colusión sana, de estilo de vinculación basado en la dependencia, siempre y cuando en otros aspectos, o al poco tiempo, B pueda pasar tranquilamente a ejercer aspectos progresivos y A pueda aceptar el papel más regresivo. Es la alternancia de papeles lo que marca la salud de la pareja. Si cada uno se queda en un solo papel, regresivo o progresivo, nosotros hablaríamos de colusión patológica y por lo tanto de trastorno de pareja.

3.2.3. Membranas intra y extradiádica

El concepto de membrana, tal como lo describe Anna M.ª Nicolò Corigliano (1999) podría coincidir en parte con el «principio del deslinde» descrito por Willi (1978), también recogido en Kriz (1990) y Corominas (2002). Nicolò describe la existencia de una «membrana» que diferencia lo externo de lo interno. Cada pareja queda delimitada por su propia membrana, que la diferencia y en parte protege del mundo externo. Los rituales matrimoniales sirven para visualizar esta membrana (Nicolò, 1999). La calidad, la elasticidad y la permeabilidad de la membrana son elementos importantes para la evolución de la pareja, tal como lo describe Andreas Giannakoulas en una interesante entrevista con Francesco Borgia. La metáfora de la membrana nos ayuda a entender el espacio intradiádico y el espacio extradiádico en la pareja y cómo los miembros de la pareja se esfuerzan inconscientemente en mantenerla (Borgia, 1999). La *membrana extradiádica* delimita a la pareja del resto del mundo. La sociedad reconoce la pareja institucionalizada, esto es, aquella que ha ritualizado y ha comunicado a la sociedad que se ha constituido como pareja. La sociedad reconoce a los miembros que se han constituido como pareja un estatus especial, un espacio propio, en el cual solo se puede entrar parcialmente. Cualquier intento de penetrar en el espacio diádico es visto como una invasión y es rechazado por la sociedad. El tipo de límite o membrana, su porosidad y su permeabilidad, es decidida por los dos miembros de forma explícita e implícita, consciente e inconsciente.

La *membrana intradiádica* nos delimita el mundo individual de cada miembro de la pareja y, por lo tanto, el tipo de membrana nos informa de la intensidad de relación entre los dos miembros.

Hay tantos tipos de membrana como parejas. Desde el extremo de la membrana permeable a la impermeable tenemos todas las posibilidades de membranas semipermeables. Hay parejas que constituyen una membrana extradiádica muy permeable y una membrana intradiádica impermeable: uno, o los dos miembros, están completamente abiertos a la comunidad y dedican más tiempo y espacio a actividades con miembros de la comunidad que con la propia pareja.

En el otro extremo tenemos a la pareja que construye una membrana extradiádica impermeable y una membrana intradiádica permeable: son aquellas parejas que todo lo hacen juntos, trabajan juntos, comen juntos, se divierten juntos, sin dejar espacio para relaciones con otras parejas o amistades individuales. Y en el punto medio tendríamos a las parejas que construyen membranas semipermeables, habiendo equilibrio y claridad entre las actividades que realizan con la comunidad y el tiempo y actividades que dedican conjuntamente.

Una de las tareas terapéuticas puede ser la de ayudar a la pareja a renegociar los espacios intra y extradiádicos y a permitir reconstruir la membrana que los une y a la vez los puede separar.

3.3. Trastornos de pareja

Hablamos de trastorno de pareja cuando los conflictos que aparecen en toda relación no se pueden reparar. La pareja queda superada por la situación y se descompone, desorganizándose la relación vincular y convirtiendo la colusión normal en colusión patológica, transformando de forma rígida los papeles de interacción de cada miembro. A partir de estos conceptos, podemos aproximarnos a un esbozo de psicopatología de la pareja.

3.3.1. Revisión de diversas clasificaciones

Bela Mittelman intentó una tipología a nivel descriptivo:

1. Uno de los cónyuges es dominante y agresivo; el otro sumiso y masoquista.
2. Uno de los cónyuges se muestra emocionalmente distante; el otro anhela afecto.
3. Hay constante rivalidad entre los cónyuges por el dominio agresivo.
4. Uno de los cónyuges es impotente, y anhela depender del cónyuge omnipotente; el compañero presta constante apoyo.
5. Uno de los cónyuges alterna entre períodos de dependencia y autoafirmación; el otro entre períodos de ayuda e insatisfecha necesidad de afecto. (Mittelman, 1956)

Winch, por su parte, elaboró cinco tipologías de parejas para desarrollar su hipótesis de la selección de cónyuges complementarios:

1. Madre e hijo.
2. Ibseniano (es decir, padre-hijita, según la descripción de los personajes Torvald y Nora de la obra *Casa de muñecas* de Ibsen).
3. Amo-sirvienta.
4. Thurberiano: con esta última designación Winch se refiere al tipo de díada descrito por el humorista James Thurber, en el cual la esposa es una persona dominante, activa y directiva, que necesita un marido gentil, calmante, capaz de prestar apoyo (superficialmente un padre, pero en realidad una figura materna y, por lo tanto, no despreciado como en la relación «madres-hijos», pues en esta tipología él apoya y consuela). Además, Winch tiene en la tipología amo-sirvienta el tema Pigmalión (no una complementariedad vinculada con el sexo, sino una tendencia a plasmar y coaccionar al cónyuge para que se adapte al modelo interior de rol que puede darse en cualquiera de los tipos descritos). (Winch, 1958)

Henry V. Dicks inició un nuevo movimiento interpretativo de la dinámica en los casos de matrimonios en conflicto a partir de dos hipótesis:

Hipótesis 1. Muchas tensiones y discusiones entre cónyuges se originan en la decepción que uno o ambos sufren y que es causa de agravio cuando el otro no representa el rol de pareja ajustándose a una figura o modelo preconcebido del mundo de fantasía de los respectivos esposos.

Hipótesis 2. Los sujetos pueden perseguir en sus cónyuges tendencias que originalmente ejercieron atracción, ya que el compañero había sido percibido inconscientemente como símbolo de aspectos de la personalidad del sujeto que se «perdieron» a causa de la represión.

Estas dos hipótesis de trabajo que plantea Dicks engloban la mayor parte de conflictos que presentan las parejas que nosotros atendemos y abren la puerta para entender la complejidad de la psicopatología de la pareja.

Jürg Willi desarrolló cuatro tipos de colusión siguiendo el modelo evolutivo freudiano:

1. *Narcisista:* la relación se basa en un miembro altamente idealizado que necesita sentirse valorado y la pareja complementaria que necesita idealizar.
2. *Oral:* relación basada en la dependencia. Un miembro necesita cuidar y el otro necesita sentirse cuidado.
3. *Anal:* basada en el control y la lucha por el poder.
4. *Fálica:* basada en el papel masculino-femenino (activo frente a pasivo) en la relación. (Willi, 1978)

Janet Mattinson e Ian Sinclair (1979) describieron tres tipologías de pareja:

1. *Babes in the Wood:* en el modelo «niños en el bosque», la relación se considera como la única fuente de bendición; todo lo malo es excluido; los miembros de la pareja deben aferrarse el uno al otro frente a un mundo hostil.
2. *Net and Sword:* en el modelo «red y espada», uno de ellos tiene su deseo de proximidad, y el otro, por el contrario, su necesidad de distancia. Este modelo de repente puede invertirse justo cuando están a punto de obtener lo que ellos desean.
3. *Cat and Dog:* En el modelo «perro y gato», la pareja se debate, discute todo el tiempo y sugiere que van a separarse; sin embargo, rápidamente se unen el uno al otro.

3.3.2. Aportaciones de Jordi Font

Jordi Font se basa en la teoría de la colusión para desarrollar su clasificación. Para Font, la colusión permite acercarnos a los trastornos de pareja y entender la complejidad de los conflictos vinculares y la peculiaridad de sus presentaciones, dando pistas de cómo abordarlos (Font, 1994).

Font se refería a la posibilidad de clasificar los conflictos de pareja cuando estos se presentaban repetidamente con características parecidas y con la presencia de rasgos comunes, que una vez agrupados en unidades diagnósticas se convertían en una referencia para investigar y tratar dichos conflictos (Font, 1994). Ya entonces, el interés de nuestro equipo se centraba en diferenciar algunos grupos diagnósticos que aparecían en la práctica clínica, tomando como base la sintomatología clínica de los miembros de la pareja representada en la patología vincular.

Nuestro equipo ha ido evolucionando de forma natural a medida que han ido cambiando las maneras de acercarse al fenómeno estudiado, pero hemos mantenido el criterio de que cuando se hace una aproximación al conflicto de pareja mediante la colusión se ofrece una base real de conflictos psicopatológicos tal y como se presentan, de hecho, en la observación externa, y que responden a una situación, tanto de la persona como de su entorno: sociedad, cultura, familia...

Para Font, la observación es fundamental para el diagnóstico de la pareja:

> Sobre esta base de observación externa se irán extrayendo datos para un diagnóstico estructural psicodinámico del mundo interno de la pareja. Por ejemplo, es frecuente el tipo de colusión de pareja con abundancia de rasgos histéricos de tipo disociativo o de conversión según un diagnóstico clínico, sintomatológico y nosológico. Pues bien; partiendo de esta base se puede aportar la observación psicoanalítica y ver qué rasgos presentes actualmente puede haber con relación a una organización genital o pregenital de la personalidad. (Font, 1994: 41-42)

La cuestión de fondo al establecer un diagnóstico está en el hecho discutido de si hay o no una «especie morbosa», es decir, una entidad específica bien delimitada para cada diagnóstico, o si hay un *continuum* entre uno y otro diagnóstico, de modo que cada pareja presente su propio proceso patológico identificable como proceso diferenciado de los otros, según el dicho «no hay enfermedades sino enfermos». Y, si puede ser que haya unos rasgos comunes que permitan establecer grupos homogéneos de trastornos tipificables.

En 1994 establecimos cinco tipos de colusiones. Corominas, en una extensa revisión sobre las diferentes clasificaciones describió los modelos de H. V. Dicks, J. Willi, P. Martin, J. Puget e I. Berenstein, y también la nuestra, mostrando las evidentes coincidencias que hay entre ellas (Corominas, 2002). Estas colusiones fueron revisadas en nuestro trabajo de 2006.

Expondremos seguidamente estas categorías diagnósticas, reconociendo que ningún tipo se da de forma pura en la realidad clínica, sino conjuntamente con otras diferentes modalidades.

En 2006 tipificamos cada colusión atendiendo a lo que mejor caracterizaba el conflicto. El diagnóstico no descansa sobre uno de los componentes de la pareja, el A, ni sobre el otro, el B, sino sobre una realidad C, que no es A ni B, pero que está formada por ambos y es el vínculo inconsciente entre uno y otro.

Cuando una pareja viene a consultar, lo que un terapeuta de formación individual suele observar es el predominio del conflicto psicopatológico en uno de los dos componentes de la pareja de forma declarada o como mínimo implícita. En cambio, un terapeuta formado en el ámbito de la pareja ha de poder observar también la asimilación de roles inconscientes diferenciados y complementarios en cada uno de los miembros de la misma, roles que se pueden intercambiar, como sería el caso en el que un componente recibe la proyección de aspectos patológicos del otro y el receptor actúa proyectando complementariamente lo que ha recibido. Por ejemplo, en una pareja de tipo obsesivo, un miembro puede ejercer el papel de controlador estricto que proyecta sobre el otro, mientras que al miembro receptor esto le permite actuar de manera complementaria en la proyección, jugar el papel de descontrol e independencia. Tanto en 1994 como en 2006 distinguimos cinco tipos de colusión predominante (Bobé & Pérez Testor, 1994; Pérez Testor & Font, 2006):

1. *Predominio histeroide.* Alternativamente, relaciones de seducción y de rechazo.
2. *Predominio obsesivo.* Relaciones de control recíproco, de provocación ambivalente y de colusión inseparable.
3. *Predominio psicótico o dependiente.* Relaciones de dependencia adhesiva y de manifestaciones alejadas de la realidad.
4. *Predominio caracterial.* Relaciones inestables y superficiales.

   Predominio psicosomático. Ignorancia del conflicto intrapsíquico que se desplaza hacia la patología corporal de uno de los miembros o hacia el mundo externo. (Pérez Testor & Font, 2006)

3.3.3. Aportaciones de Robert Mendelsohn

Robert Mendelsohn trabaja desde la perspectiva de las relaciones de objeto; se centra en la comprensión de la patología de las parejas mediante la identificación proyectiva y sugiere que hay cinco tipologías principales de relación patológica de pareja (Mendelsohn, 2014).

Veamos pues, cuáles son estos cinco tipos de relaciones de parejas y cuáles son sus relaciones transferenciales más comunes:

Pareja parasitaria: aquella en la que la estructura psíquica de la persona obtiene su fuerza y energía a través del otro miembro. Se produce una identificación proyectiva maligna en la que cada miembro coloca en el otro las partes no deseadas de uno mismo. Por lo tanto, el cambio terapéutico en este tipo de pareja es muy complicado, pues ambos miembros de la pareja actúan como si su existencia dependiera de vivir a través del otro.

- *Transferencia:* se caracteriza por ser una pareja que siente que el terapeuta es una parte vital de ellos mismos, una parte sin la que no pueden vivir.

- *Contratransferencia:* las parejas parasitarias presentan una gran dificultad a la hora de trabajar con ellas, sobre todo por la intensidad de los sentimientos que se colocan en el terapeuta.

Pareja simbiótica: Los miembros de la pareja no tienen un sentimiento de individualidad. La pareja siente como si fuera uno, indivisible, actúan como si hubiera una barrera entre ellos dos y el mundo. Este tipo de pareja no quiere cambiar nada en su relación, ya que viven la relación de forma egosintónica. De este modo, la pareja simbiótica solo busca ayuda cuando se rompe la magia, ya sea porque los hijos reaccionan mal a la exclusión o porque se rompe la fantasía compartida de ser uno.

- *Transferencia:* cada uno busca la aprobación del terapeuta. A través de la proyección, cada miembro de la pareja ve al terapeuta responsable de ellos y de su matrimonio, y a través de la identificación proyectiva intentarán hacer que el terapeuta se sienta fusionado y responsable.

- *Contratransferencia:* por un lado el terapeuta experimenta una conexión profunda hacia la pareja y siente una cierta responsabilidad, pudiendo llegar a sentirse demasiado unido a ellos. En cambio, el terapeuta también pude llegar a sentir un distanciamiento defensivo.

Pareja narcisista: cada miembro de la pareja necesita al otro como un objeto de su propio *self.* En otras palabras, cada uno necesita al otro para mirarse y mantener la autoestima. Aunque esto es relativamente frecuente en todas las parejas, lo peculiar aquí es que para la pareja narcisista mantener la autoestima es el motivo de muchos de los sentimientos y actuaciones de la pareja.

- *Transferencia:* necesitan que el terapeuta sea especial, que sea perfecto, el mejor en su campo, muy recomendado. Además, esperan que el terapeuta los vea como una pareja especial, diferente de todas las demás.

- *Contratransferencia:* el terapeuta se da cuenta de que la pareja tiende a la idealización y a la adoración, mientras continuamente amenazan al terapeuta y se amenazan uno al otro, con la devaluación. Estas parejas tienden a hacer sentir inferior al terapeuta.

Relación fraternal: los miembros de la pareja actúan como hermanos, rivalizan y discuten sobre cuál es el más querido. Con frecuencia, los miembros de esta pareja creen que no recibieron suficiente amor y atención en su infancia y que sus hermanos recibieron más que ellos. Sufren una drástica pérdida de libido por el reconocimiento del tabú del incesto. Se dan peleas con uno o con los dos padres de la pareja y celos o envidia de la relación que esta tiene con sus padres.

- *Transferencia:* cada miembro de la pareja está continuamente buscando la aprobación del terapeuta y tratando de descubrir cuál es su favorito. Se pelean ante el terapeuta, como lo hacían con sus hermanos. Ambos esperan que este los escoja.
- *Contratransferencia:* intentan de manera repetida que el terapeuta escoja a su favorito. Este deberá mostrar neutralidad, pues en este tipo de pareja sentir que el terapeuta quiere más a uno que al otro puede ser motivo más que suficiente para abandonar la terapia.

Pareja edípica: los miembros de la pareja tienden a escoger una pareja con gran parecido paternal, con lo cual el resultado es una inhibición de la función sexual. Así, la principal característica de la pareja edípica es la triangulación: la relación entre los dos miembros se expande hasta incorporar a un tercero, ya sea en la realidad o en la fantasía.

- *Transferencia:* de acuerdo con la dinámica de la triangulación, cada miembro intentará, en diferentes momentos, seducir al terapeuta e intentará hacerlo sentir excluido, fuera del matrimonio. De este modo, pretenden que el terapeuta sienta cómo se sintió cada miembro de la pareja cuando fue excluido de la habitación de los padres en la infancia.

- *Contratransferencia:* como no podía ser de otro modo, la contratransferencia se centra en la triangulación edípica: el terapeuta se siente estimulado y animado a poner en marcha sus propios deseos edípicos, ilícitos, es decir, se siente excluido y *voyeur,* como un niño a quien se le prohíbe entrar en la habitación de los padres.

3.3.4. Conclusiones de la revisión de las clasificaciones

Todas estas clasificaciones tienen en común la comprensión de los mecanismos inconscientes que vinculan a la pareja y la utilización de mecanismos de defensa, como la proyección, la introyección y la identificación proyectiva. A este conjunto de mecanismos inconscientes los seguimos denominando «colusión», tal como lo describió Dicks y como Font lo desarrolló clínicamente.

Pero las aportaciones de Mendelsohn nos han ayudado a revisar la clasificación de 1994 y 2006, y proponemos ahora una nueva clasificación de 4 categorías:

Tipo 1: Colusión narcisista o caracterial.
Tipo 2: Colusión por dependencia (cuidador-cuidado).
Tipo 3: Colusión dominio-sumisión.
Tipo 4: Colusión edípica o por triangulación.

Además, describimos otras dos categorías que se mantienen en estudio, como son:

Tipo 5: Colusión *borderline.*
Tipo 6: Colusión psicosomática.

Todas estas categorías las describiremos en los próximos capítulos del libro.

Nuestra manera de acercarnos a las parejas no ha cambiado, y es posible que al explorar a una pareja dudemos entre dos, tres y hasta cuatro tipos de colusión. A veces pueden aparecer indicadores de varias colusiones, y esto es perfectamente lógico y normal. Pero si nos fijamos bien y exploramos cuidadosamente a la pareja, para lo que necesitaremos hacer varias entrevistas, veremos cómo podemos apreciar un tipo de colusión predominante. Y va a ser esta colusión la que vamos a tratar.

Es importante no olvidar que hay niveles de colusión en todas las parejas y que todas padecen conflictos entre sus miembros. Pero esto no quiere decir, en absoluto, que padezcan alguna patología. Reservamos el concepto de «trastorno» para aquellas situaciones en las que los miembros de la pareja no pueden hacer frente a las dificultades que aparecen entre ellos y no pueden reparar el daño que se han hecho.

La utilización de una clasificación, por sencilla que sea, nos podrá ayudar a explorar de manera más sistemática a la pareja, y así podremos indicar más acertadamente el tratamiento adecuado.

4. Tipos de colusión

4.1. Tipo 1: Colusión narcisista
Josep Mercadal y *Eva de Quadras*

4.1.1. Colusión básica

La colusión narcisista consiste en que cada miembro de la pareja necesita al otro como un objeto de su *self*. En otras palabras, cada miembro necesita al otro para mirarse y admirarse y así mantener la autoestima. Aunque esto es relativamente frecuente en todas las parejas, lo específico aquí es que para la pareja narcisista, mantener esta autoestima es el motivo que condiciona muchos de los sentimientos y actuaciones de la misma.

La pareja narcisista tiene dificultades para mantener una buena relación. Revive en la pareja, de adultos, las dificultades que se originaron en sus primeras relaciones en la formación de lazos o vínculos.

Por tanto, las parejas en colusión narcisista en realidad no están en relación con el otro, sino que se utilizan para sentirse mejor consigo mismo.

4.1.2. Características de la pareja

Sistema proyectivo A

Normalmente, en una colusión narcisista, uno de los dos miembros presenta una personalidad de tipo caracterial, narcisista. Es más proclive a expresar ideas y a actuarlas que a comunicar sentimientos. A este miembro de la pareja se le puede ocurrir, por ejemplo, colmar de regalos a su pareja, aunque de manera constante se olvide de las cosas más esenciales. Difícilmente tiene en cuenta las necesidades del otro e incluso parecería que disfruta haciéndolo sufrir o tratándolo como si fuera un objeto y no una persona. Después de haber actuado de ese modo puede ser que se dé cuenta y que lo intente arreglar. A menudo desconcierta a la pareja con sus descargas emocionales paradójicas.

Sorprende también su indiferencia ante hechos catastróficos, físicos o morales, y, en cambio, se emociona excesivamente ante un estímulo significativo solo para él. De este modo, las relaciones que establece con la pareja son oscilantes, impulsivas e imprevisibles, dada la poca estabilidad emocional y de comportamiento, lo que lo lleva a la incapacidad de asumir responsabilidades serias.

Finalmente, este miembro de la pareja tiende a llamar la atención con actos infantiles e inmaduros, como escapadas de casa, huidas sin avisar, exagerando así su malestar, tristeza y dolor ante una discusión. El objetivo de estos actos no es otro que sentir la preocupación del otro y constatar que no es indiferente, sino que se mueve y lo va a buscar y, en caso de encontrarlo, mantiene su posición de dolido. Con bastante frecuencia, estos hechos van acompañados de mentiras.

Sistema proyectivo B

Por su lado, el otro miembro de la pareja asume algunas funciones paternas y maternas al mismo tiempo, se presenta como poseedor de recursos y sabe tolerar las conductas infantiles del otro haciéndose responsable de paliar aquellos aspectos del mismo con los que se identifica. Y es precisamente con esta actitud tolerante y comprensiva como consigue que el otro necesite y dependa igual que él. Cuanto más trata al otro como un niño mimado, más consigue el otro actuar como tal, y así se da este juego narcisista.

Ante conflictos con la pareja, cree firmemente que es el otro quien debe acercarse y ofrecer ayuda, aunque ante la negativa de la pareja y la frustración constante de no obtenerla, acaba aprendiendo las normas del juego del otro, y aprende cómo actuar al respecto.

Muchas veces, la incomprensión y el desconcierto puede ser mayúsculo e incluso se puede llegar a la somatización: ayuda médica o farmacológica y a la consiguiente atención y preocupación del otro miembro de la pareja, que no hubieran aparecido en otras circunstancias.

De esta manera, nos encontramos ante una pareja en la que ambos miembros tienen un perfil caracterológico narcisista. El primero claramente identificable en sus conductas egoístas y poca capacidad de mentalización con el otro. Y el segundo por su orgullo de ser el que detecta los conflictos del otro y aparenta tolerarlos y ayudar a que sean resueltos.

4.1.3. Psicopatología de la pareja y su evolución

Caso clínico

Se trata de un caso llevado por un terapeuta joven, psiquiatra formado en psicoterapia de pareja. El caso lo derivan desde un hospital de la ciudad más cercana, ya que en el mismo en el que viven no pueden ser tratados, pues la mujer ejerce allí como neuróloga. Por su parte, el hombre es cirujano plástico en un centro privado. Son una pareja sin hijos de 45 años.

Lo primero que ambos muestran, antes de tener la primera cita, es una gran dificultad por encontrar el espacio para las visitas. Ambos hacen referencia a la importancia de sus trabajos y, por tanto, lo imprescindibles que son en sus respectivos hospitales. Se les comenta por teléfono que son ellos los que piden hora y que, por lo tanto, deben ponerse de acuerdo dada la disponibilidad ofrecida. Llaman a los pocos días y fijan una hora, no sin incluir el esfuerzo de adaptación del terapeuta.

Por fin, cuando vienen, exponen una relación insatisfactoria por parte de los dos, donde se tratan mal, se ignoran, hay días en los que ni se hablan, y cuando lo hacen es para recriminarse alguna cosa. Ella explica que trabaja mucho, es una neuróloga de renombre y está en varios grupos de investigación. Él va diciendo que no es para tanto, que es él quien realmente trabaja duro y trata a gente muy famosa. El terapeuta tiene la idea de que compiten por ver quién es más importante y quién luce más.

A medida que pasa la primera hora de visita y ambos siguen en la escalada de «yo soy más que tú», el terapeuta hace un comentario sobre cómo creen que les puede ayudar y sobre cómo ambos parecen necesitar que el terapeuta se fije y valore su trabajo. Ante esta apreciación los dos se molestan: «¡Usted es el profesional de pareja; usted ha de saber cómo ayudarnos!». Seguidamente le hacen una serie de preguntas acerca de su profesionalidad, como si hace mucho que ejerce, si ha llevado muchas parejas, etc. El terapeuta se siente juzgado y desvalorizado (contratransferencia) y les devuelve una interpretación en la que les dice que parece que el tema que traen es precisamente el de cómo se desvalorizan el uno al otro. Añade, además, que parecen necesitar hacerlo también aquí, que quieren demostrarle cómo se tratan y cómo se siente cada uno. Finaliza apuntando que entiende que este sentimiento es muy duro.

La mujer rápidamente conecta con las veces que le explica cosas al marido acerca de su trabajo y este no le da ninguna importancia. El hombre saca el tema de que ella solo habla de su trabajo, y no se interesa en absoluto por el suyo. Además, el marido añade que no le gusta que ella haya decidido unilateralmente no tener hijos por su profesión. «¡Pero si esto lo pactamos cuando nos conocimos!», dice ella.

El tema de los hijos es un tema que les toca mucho, pues aunque decidieron no tener hijos, varias veces han tenido que tomar la pastilla del día después para no quedarse embarazados. «Aunque la verdad es que para las pocas veces que lo hacemos sería difícil embarazarnos», dice el marido.

Cuando el terapeuta interviene lo escuchan, pero en seguida niegan lo que comenta. Así, cuando por ejemplo les dice que el tema de tener hijos o no les crea malestar, que igual dudan... ambos contestan que no, que lo tienen claro. Sobre todo ella más que él.

Se les propone hacer una exploración durante unas visitas y después pensar en la indicación. Ambos están de acuerdo.

Al final de la primera visita vuelve a haber un gran problema para encontrar hora, pues los dos hablan casi a la vez sobre diferentes cosas que tienen. Hasta que el terapeuta les dice que lo hablen y que soliciten hora por teléfono. Así lo hacen y reservan hora para la semana siguiente. Ya en la *anamnesis* sorprende lo parecido de sus vidas. Se han encontrado dos personas que han vivido situaciones muy parecidas. Ambos son los mayores de varios hermanos, con un padre de alto nivel profesional (aunque ninguno es médico) y una madre ama de casa y sumisa, aunque con mucha vida social.

Son los triunfadores de sus familias, o eso creen ellos. Hablan mal de sus hermanos, con varios hijos, divorcios, cambio de trabajos... En cambio, ellos llevan 20 años juntos, desde los 25, cuando acabaron la carrera. Se conocieron en la universidad. Allí tienen un grupo de amigos que no mantienen. Y parece que ninguno de los dos tiene gran interés en las amistades.

Cuando se les pregunta qué les gustó del otro parecen querer decir que «el otro es como yo». Y realmente eso parece. Pero es la mujer la que puede decir alguna cosa más del hombre: que era muy divertido e irónico, que se entendían mucho y compartían muchas cosas. El hombre dice que se fijó en ella porque era la chica más guapa y la más lista de su clase. Y lo que ha ido ocurriendo en estos años es que justamente por ser los dos tan estupendos han empezado a rivalizar, a competir.

Precisamente, en la devolución, esta es una de las cosas que se les comenta: en lugar de «hacer» pareja, parece que actúen como dos hermanos que rivalizan, que compiten por la valoración del padre (en este caso del terapeuta). El problema es que cuando el terapeuta hace algún comentario al respecto ambos se enfadan y hacen piña contra el terapeuta. Y es precisamente esto lo que ocurre en el exterior: cuando alguien los observa como pareja y comenta alguna cosa, aunque no sea negativa, aparecen las ansiedades paranoides de la pareja y colocan en ese tercero todos los aspectos negativos de sí mismos, para de este modo conseguir sentirse unidos. Unidos en un frente común. El tema es, entonces, ese tercero, si lo puede aguantar...

Este terapeuta en cuestión decide asumir las proyecciones de la pareja y ver cómo puede devolvérselas de manera que les sirva. De alguna manera, se deja machacar para ver de qué les sirve, si podrá contener esta contratransferencia y no actuarla, y que esto sirva para pensar en lo que ocurre. Porque al final siente que son dos personas que tienen muchos temores, se sienten descalificados y no válidos, y temen que el otro vea esa debilidad y la aproveche.

Ansiedades y defensas predominantes

Las ansiedades predominantes en este tipo de colusión son la idealización y la devaluación. La pareja vive constantemente entre la idealización y la desvalorización, tanto internas como externas. La defensa es la escisión.

Por tanto, fácilmente pueden aparecer ansiedades paranoides. Ante tanta escisión ideal-bueno e inválido-malo, pueden colocar en el exterior lo negativo, en un tercero. Y esto se vuelve en contra, se convierte en su perseguidor.

Se busca la aprobación de un tercero por encima del otro miembro de la pareja, aunque al mismo tiempo necesitan el uno del otro para mantener la autoestima.

En el caso presentado, el hecho de no querer tener hijos por no fallar, por no hacerlo bien, por temor a equivocarse o a que los hijos no sean tan especiales como ellos y, por lo tanto, perder el reconocimiento externo, ante tal escisión lo que hacen es evitar.

Transferencia de la pareja

Cuando una pareja narcisista acude a consulta, transferencialmente necesita que el terapeuta sea especial, que sea perfecto, el mejor en su campo, muy recomendado. Además, esperan que los vea como una pareja especial, diferente a todas las demás, aunque, al mismo tiempo, cada uno de ellos confía en que el terapeuta tenga predilección por alguno y que les dé la razón en sus argumentaciones.

Contratransferencia

Contratransferencialmente, el terapeuta se da cuenta de que la pareja tiende a la idealización y adoración mientras continuamente lo amenaza y se amenazan entre ellos con la devaluación. Estas parejas tienden a hacer sentir al terapeuta inferior a ellos. En el caso, el terapeuta llega a sentirse muy mal tratado cuando cuestionan su profesionalidad. Esta contratransferencia se debería utilizar para ayudar a la pareja a ver lo difícil que se les hace sentirse queridos y aceptados por el otro, por sí mismos y por terceros. Dado que ese es el sentimiento que le hacen sentir al terapeuta, este puede comprender lo difícil que es para ellos sentirse aceptados.

4.2. Tipo 2: Colusión por dependencia (cuidador-cuidado)
Cristina Nofuentes y *Myriam Palau*

4.2.1. Colusión básica

Se trata de una dinámica de pareja donde uno de los dos miembros toma el rol de protector o cuidador del otro, formando un vínculo patológico de cuidador-cuidado que no permite el crecimiento del otro. Lo que más llama la atención de esta colusión es el nivel de simbiosis y, por tanto, de no diferenciación entre los dos integrantes de la pareja. Sugiere una relación muy primaria de tipo madre (cuidador)-bebé (cuidado).

La pareja con esta tendencia colusiva mantiene una relación de dependencia adhesiva donde no hay espacio entre ellos ni individuación. El conflicto surge cuando el miembro cuidado reclama una autonomía sin agradecimiento ni reconocimiento al trato cuidador de la pareja hasta ese momento.

4.2.2. Características de la pareja

Sistema proyectivo A

La parte cuidada de la pareja muestra, aparentemente, un funcionamiento más frágil y necesitado, lo que lo lleva a depender de un cuidador, que es quien asume sus limitaciones. Proyecta en el compañero la parte más madura y con más recursos, lo que le permite instalarse de forma crónica en un funcionamiento más primitivo o primario de demanda permanente de atención y cuidado.

Sistema proyectivo B

La parte cuidadora de la pareja asume el papel de cuidador constante de su cónyuge al creer que es incapaz de tener un funcionamiento autónomo y adulto. En realidad, proyecta su fragilidad y necesidad de simbiosis con el otro, haciéndose indispensable. Se construye una dinámica adhesiva que no permite espacio para el crecimiento personal ni para la individuación.

En realidad, la dependencia y la necesidad es mutua porque el espacio mental de la pareja está confundido y fusionado en uno solo. Esta parte de la pareja no puede tolerar el intento de autonomía o separación. Puede vivirlo como un desprecio o rechazo a sus cuidados. Esto significa que tendría que asumir la parte más primitiva y necesitada como propia, cuando ahora la tiene proyectada en el otro.

4.2.3. Psicopatología de la pareja y su evolución

Caso clínico

Pareja que consulta en nuestra Unidad por su dificultad para llegar a acuerdos y entenderse. Ella se queja de falta de afectividad y de sexualidad, y él le pide a ella una mayor implicación en su función maternal y en el desempeño cotidiano de la casa.

Llevan casados 9 años y adoptaron un hijo, el cual está diagnosticado de TDAH y trastorno negativista desafiante desde hace 3 años. Crecieron siendo vecinos en la misma escalera. Él, mayor que ella, se convirtió en el joven «adoptado por todos los vecinos» a los que ayudaba con actitud servicial. De hecho, el marido fue canguro de ella durante una época. Así describen el planteamiento de llegar al matrimonio como un paso práctico y natural. A él le gustaba el aspecto pueril, dependiente e inmaduro de ella. A ella le gustó como **él la** cuidaba.

El hombre es hijo único de un padre que lo abandonó al poco de nacer y tuvo que hacerse mayor y responsable al lado de una madre fuerte y omnipotente. La mujer procede de una familia que no la ha dejado crecer y tiene duelos por elaborar. El estilo relacional se ejerció a través del control y la sobreprotección, mientras que el afecto estaba condicionado a la obediencia. A continuación se destacan los puntos de conflicto.

Tienen dificultad para funcionar y vincularse como pareja y como padres. Son dos aspectos diferentes que tienden a confundir. Provienen de modelos familiares muy distintos. Relatan carencias y sufrimiento personal que influyen en las expectativas depositadas en el cónyuge. Los dos presentan patología psiquiátrica y siguen tratamiento farmacológico y/o psicológico.

Tienen duelos pendientes de elaborar. Se pueden intuir miedos y aspectos más primitivos que se exacerbaron o sintieron como desatendidos con la llegada del hijo. Refieren dificultades de convivencia y organización. Les cuesta encontrar un espacio común que no sea vivido como el intento de dominio de uno hacia el otro. Antes de ser padres sentían que eran una sola persona y que se complementaban bastante bien, pero ahora ella se siente presionada y controlada, y como quiere ser más autónoma se retira. El hombre se siente poco agradecido y defraudado. Presentan problemas de comunicación y de empatía. Les cuesta escucharse y reconocerse sin juzgar las dificultades de la pareja. Cada uno cree que el otro piensa y siente como sí mismo, y se sorprenden cuando hay respuestas diferenciadas, lo que viven como un ataque.

Cada uno dedica más tiempo al área en la que se siente más valorado y necesario. Él, con el hijo, y ella, en el trabajo. Ella se siente rechazada como mujer y juzgada como una mala madre. Él sufre por la distancia que capta entre su mujer y el niño.

El hombre tiene una reducción de jornada y se ocupa de los deberes y de las actividades extraescolares. El hijo tiene un plan escolar individualizado. El padre es más flexible, mientras que la madre es más estricta.

Cuando quisieron adoptar, los psicólogos que los evaluaron les denegaron la «idoneidad» (certificado necesario para poder adoptar), pero insistieron hasta que lo consiguieron.

Hombre [H.]: *Mi hijo es muy difícil, pero tiene muy buen corazón y yo conecto mejor que ella.*
Mujer [M.]: *No hemos venido a hablar del niño, sino de nosotros.*
Terapeuta [T.]: *¿Desde cuándo tienen dificultades?*
H.: *Quizá desde antes, pero la llegada de nuestro hijo lo ha agravado porque necesita mucha supervisión. Yo creo que ella no se ha acabado de vincular con el niño. Y él lo nota. Cuando chilla por la noche me llama a mí. Ella no hace nada con el niño. Lo intenta evitar.*
M.: *A mí no me gusta acompañarlo al fútbol, porque es un deporte que no me gusta y todos son padres, no madres. Además, quiero decir otra cosa. Tengo una depresión desde el año pasado y acabaré de tomar la medicación dentro de un mes. Ahora ya estoy trabajando. Di tú también.*
H.: *Yo tengo un trastorno de pánico y tomo un antidepresivo de recaptación selectivo de la serotonina.*
T.: *¿Cuál es el motivo que los trae a consultar en este momento?*
H.: *La situación entre ella y el niño.*
M.: *Él me desautoriza delante del niño y no me pasa una.*
H.: *A veces es como si ella no estuviera presente.*
M.: *Yo no me siento así. Tenemos ratos. Yo llego tarde a casa y él hace la cena, ayuda en los deberes, etc.*

La terapeuta pregunta por los fines de semana. Los pasan en casa de la abuela paterna. Ella salía antes con el niño, pero le resultaba ingobernable.

M.: *No podía responder de su seguridad. Lo he perdido; se me escapa.*

El niño tiene muy buen contacto con la abuela; es con quien hace avances. Con ella se porta mejor.

La terapeuta les pregunta por las dificultades antes de tener el hijo.

M.: *Yo creo que siempre hemos tenido una dificultad en la relación afectiva y sexual. Él es seco y nunca quiere tener relaciones, se siente incómodo.*
H.: *Es por la medicación, que hace que se te baje el deseo. Entiendo que es un problema, pero...*

Antes de la medicación no tenía pareja, y cuando la conoció a ella ya se medicaba. Había sentido deseo sexual, pero nunca ha llevado la iniciativa. Nunca han podido tener una relación sexual con penetración.

H.: *A mí me excita ver escenas de una cierta violencia o dominio.*
M.: *A mí no, y no pienso pasar por eso... ya puedes olvidarte del tema. Él no quiso solucionar el problema. Propuso la adopción como solución a la evitación sexual.*

No quisieron optar por técnicas de reproducción asistida porque les daba mucha vergüenza y desconfianza que pudieran juzgar su ausencia de sexualidad.

Los dos comparten un trastorno sexual primario (véase capítulo 5 de este libro) y nunca han tenido una relación sexual con penetración. Tardaron varios años en acercarse y estimularse sexualmente, logrando masturbarse ocasionalmente.

H.: *Yo no se qué hacer con ella. Tengo miedo a ahogarme cuando me besa.*
M.: *Nunca me ha encontrado atractiva ni guapa. Me lo dijo, no le gustaba mi barriga.*
H.: *Yo cuando veo que no se ocupa de la casa ni del niño, me siento lejos.*
M.: *Es verdad, siempre me ha costado mucho, pero cuando me he esforzado no he tenido éxito ni reconocimiento alguno.*

Entonces pone un ejemplo. Él siempre come lo mismo y no lo hace si es ella la que cocina, con lo cual ella deja de hacerlo.

En esta breve viñeta hemos podido observar que la mujer quiere consultar como pareja mientras él quiere trabajar la función parental (sobre todo la función parental de ella) y le cuesta mucho hablar de la relación afectiva entre los dos. Parecería que la simbiosis que tienen se ha roto con la llegada del hijo adoptado y ha generado confusión entre las funciones parentales y las de pareja. También parece que hay una cierta rivalidad entre los aspectos infantiles propios y los del hijo. Se sienten abandonados o poco cuidados.

Los dos intentan que la terapeuta se ponga de su lado, mostrando al otro como una persona incapaz. Ella describe a un hombre que no cumple sus expectativas afectivas y sexuales como pareja. Él muestra a una mujer que no puede hacer de madre. Así, cada uno intenta mostrar a la terapeuta la parte enferma o incapacitada del otro, lo que genera una dependencia mutua.

La terapeuta se sintió responsable de ellos al contactar con sus grandes necesidades y carencias. Se dio cuenta de que cada uno buscaba ser reconocido como el que hacía bien las cosas. Proyectaron su fragilidad y su ansiedad en la terapeuta para que fuera ella quien salvara la unión entre ellos fuese como fuese, cuando ella solo podía ayudarlos a pensar y clarificar su relación. La mujer pedía que los cuidara, pero el hombre se resistía a ser cuidado. Se sentía reconocido en su papel de cuidador y le costaba cambiar el rol y dejar espacio a su mujer.

En este caso, ella sería la parte de la pareja cuidada, en el sentido de alguien infantil e ingenuo que no tiene autonomía para cuidarse sola ni puede ser responsable del cuidado de otro. Él sería el cuidador, aquella persona fuerte pero rígida que se defiende de su propia psicopatología, la dependencia de ser cuidado por su madre. La aparición del hijo desencadena el fracaso como pareja. Los dos se sienten defraudados y fracasados. Él cree que ella no hace lo que él cree que tendría que hacer y la rechaza, y ella se siente poco cuidada por él, como castigada, produciéndose una tensión y una distancia cada vez mayor. No hay agradecimiento entre ellos, sino demandas que no se pueden satisfacer.

Ansiedades y defensas predominantes

La ansiedad predominante es persecutoria y también confusional. La pareja vive el vínculo de forma simbiótica y adhesiva. El mundo interno está poco diferenciado. El espacio mental de pareja no llega a construirse como algo nuevo y a través de las aportaciones de ambos, sino que cada uno de los miembros percibe al otro como una parte de sí mismo, con el que se identifican proyectivamente.

Las defensas predominantes son: proyección, identificación proyectiva y dependencia.

Transferencia de la pareja

Cuando la pareja consulta es porque la simbiosis se ha roto. Cada uno de los miembros intentará fusionarse con el terapeuta o con uno de los dos coterapeutas a través de la identificación proyectiva. Este sentirá la responsabilidad sobre ambos, sobre todo de sus aspectos más primitivos. También puede sentir la envidia del miembro cuidador en forma de rivalidad o de resistencia a sus intervenciones.

Contratransferencia

El terapeuta puede sentirse «atrapado» en una adherencia o simbiosis. Ha de evitar esta fusión y diferenciarse para poder pensar y ayudar a la pareja. También puede sentirse muy distante, como reacción defensiva ante la identificación proyectiva masiva.

Le puede costar asumir el peso de la dependencia y la actitud pasiva que la pareja puede mostrar. Puede sentirse como el padre o la madre de dos niños que ha de ayudar a crecer y madurar.

La intervención terapéutica estaría dirigida a ayudar a la diferenciación entre la pareja, que puedan asumir un mayor grado de individuación para desarrollar una autonomía entre ellos y también hacia el mismo terapeuta.

4.3. Tipo 3: Colusión dominio-sumisión
Maria Rosa Coca y *Josep Mercadal*

4.3.1. Colusión básica

Se trata de una colusión en la que se pone en duda la autonomía de cada miembro respecto del otro; en otras palabras, se plantea hasta qué punto cada miembro de la pareja puede ser autónomo respecto del otro sin que se deshaga la relación entre ambos, cosa que difícilmente sucederá. El control desmedido se impone entre ellos.

Se trata de una colusión en la que hay una dependencia y necesidad de control vivida parasitariamente. Es una forma de dominio y sometimiento del otro, en el que el instinto de muerte predomina y llega a producir placer, pese a perder la autonomía personal.

4.3.2. Características de la pareja

Sistema proyectivo A

Un miembro predominante de la pareja es el que controla y quiere dominar para tener al otro miembro controlado y dependiente. Estos aspectos se reproducen en la vida social y laboral en forma de querer mandar y acostumbra a fracasar dada la rigidez con la que actúa. A veces, y según en que ámbitos se mueva, la rigidez puede ser valorada y tener éxito en sus deseos de control.

En la familia y en la pareja exige la adhesión incondicional del otro. Quizá pueda conseguir la adhesión externa, pero se lamenta de la insubordinación interna. Exige del otro una entrega sin condiciones, pero no se siente obligado a la reciprocidad. El otro miembro está obligado a dar explicaciones constantes de todo lo que hace sin silenciar nada. Él siempre tiene razón y es prácticamente imposible sacarlo de su tozudez.

Sistema proyectivo B

El que juega el papel de controlado o pasivo no ofrece resistencia. Deja toda la responsabilidad al otro. Es regresivo y agresivo en su pasividad. De hecho, domina al otro al dejarse dominar aparentemente. Se deja llevar sin contradecir, pero sin convicción. Elude la exigencia de posesión que el otro querría tener sobre él y lo hace disimuladamente, como por ejemplo, quedándose a escondidas dinero del otro, teniendo relaciones extra matrimoniales secretas, dejando las cosas sucias, descuidando incluso la limpieza personal, siempre y cuando el otro sea amante de la limpieza.

4.3.3. Psicopatología de la pareja y su evolución

Caso clínico

Se trata de una pareja que lleva junta diez años. El hombre, al que llamaremos Pavel, tiene 40 años y una hija de 11 años de un matrimonio anterior; con la madre de su hija sigue teniendo juicios por temas de custodia, ya que esta quiere revocar la custodia compartida que de momento tienen.

Él expresa cansancio por tener que pelear tanto por su hija, a quien llamaremos Abril; la madre de la niña considera que él no está capacitado para hacerse cargo de ella, entre otras cosas por las discusiones con su actual pareja.

Pavel convive con Nicole, de 35 años, y juntos han tenido dos hijos, Nicolás, de 3 años y Eduardo, de 1 año.

Ambos provienen de familias complicadas donde apenas ha habido emotividad; los padres de Pavel eran muy estrictos —por nada pegaban a los hijos—, y a la vez eran negligentes —tenían muchas dificultades para ver lo que ocurría en casa—. Pavel empezó a consumir alcohol y marihuana de muy joven.

Los padres de Nicole se separaron. Su padre solo se ocupaba de él mismo. Lo describen como egocéntrico. La madre se ocupó de los hijos a pesar de trabajar fuera de casa.

Ambos miembros de la pareja son universitarios, autónomos y tienen buenos trabajos. Nicole trabaja desde casa, y Pavel tiene que viajar bastante por cuestiones de trabajo.

Pavel empieza a explicar el problema que tienen como pareja; refiere que Nicole nunca está contenta, que cuando los niños están acostados ella se pone a trabajar, cuando a él le gustaría que estuviesen juntos. Le reclama atención y ella no le hace caso.

Nicole expresa que no se siente entendida por Pavel. Le sienta mal que se vaya de viaje muchos días y que no se preocupe de su familia. Quisiera que Pavel se ocupara más de la casa y de los niños para ella poder trabajar. Pavel refiere sentirse pequeño al lado de Nicole, que todo lo sabe y que le exige mucho.

Cuando Pavel se siente muy frustrado porque no obtiene la atención de Nicole que él desearía, consume alcohol y se pone violento, la empuja o le chilla, tira los muebles al suelo. Los dos se quejan reiteradamente de que el uno no entiende las necesidades del otro.

Nicole expresa que Pavel solo se organiza con las cosas que tiene que hacer sin tener en cuenta a los demás. Él dice que no es cierto, que él es quien limpia la casa y la ropa. Pavel refiere que Nicole es muy fría y exigente: «Me exaspero cuando la noto distante. Me cuesta mucho controlar mis emociones», expresa en repetidas ocasiones.

Nicole asevera que cuando Pavel repite una cosa ella se cierra y lo ignora, no lo escucha, con lo cual él se exaspera.

Nicole explica que le ha impuesto a Pavel unas condiciones para volver a tener relaciones sexuales y es que esté seis meses sin chillar, sin buscar discusiones, que la trate bien: «Cuando está tan enfadado para mí pierde todo atractivo. Si en esa temporada está tranquilo, creo que algo habrá cambiado y podré confiar en él».

Pavel refiere que Nicole está harta de él porque siempre está hablando de sí mismo. Nicole dice de Pavel que cuando se siente frustrado no se comporta como una persona adulta: «Se pone en el ordenador cuando los niños reclaman su atención; podría atenderlos en vez de estar en el ordenador».

Pavel dice que es ella la que siempre está en el ordenador y que en casa solo la ve de espaldas. Pavel es regresivo y agresivo en su pasividad. De hecho, domina a Nicole a través de los gritos y los empujones, ella aparentemente se deja dominar. Por otra parte, Pavel es ordenado y cuida mucho su aspecto personal. En cambio, Nicole, que es atractiva, luce un aspecto muy descuidado y dejado.

Los dos se quejan de sentirse solos.

Ansiedades y defensas predominantes

En esta pareja *las ansiedades predominantes* son las de abandono, depresivas, catastróficas y de vinculación, ya que a pesar de no querer separarse por diferentes motivos no acaban de estar unidos con un vínculo suficientemente seguro.

Las defensas predominantes son la identificación proyectiva. Explicaremos primero la proyección de Nicole hacia Pavel de aspectos no deseados de ella misma, como la rabia, la irritabilidad, la necesidad de control, los altibajos de humor.

En la identificación proyectiva se le añade direccionalidad hacia el objeto (Pavel) y la presión sobre este para que le responda, es decir, que se identifique con lo proyectado. Nicole hace sentir a Pavel rabioso, malhumorado, desequilibrado.

En algunas sesiones Pavel expresa: «todo es culpa de mi inmadurez». Por este proceso de identificación proyectiva, la terapeuta siente las emociones tal cual, en bruto, no pensables para la pareja. Pero esta tiene que ser capaz de asumirlas, observarlas y transformarlas en algo comprensible para ellos, evitando la contraidentificación proyectiva.

Otros mecanismos de defensa que observamos en esta pareja son la necesidad de control y la negación, pues Nicole niega tener alguna responsabilidad en la conflictividad de la pareja.

Transferencia de la pareja

En la transferencia, la pareja repite situaciones y deseos tanto reprimidos como no reprimidos y pasados. Se proyecta el vínculo, es decir, lo que a Nicole le pasa con Pavel en su relación, y viceversa. En el transcurso del proceso terapéutico se reclaman el uno al otro la atención, la ternura y la comprensión que no pueden reclamarse a sí mismos.

Transfieren en la terapeuta a aquellos padres que hubieran querido tener pero no tuvieron; ninguno de los dos se sintió comprendido por sus padres. No han vivido la experiencia de unos progenitores generadores de amor y de confianza ni contención del sufrimiento depresivo como funciones introyectivas tal y como exponen Meltzer y Harris (1989).

Contratransferencia

La contratransferencia la entendemos como el conjunto de reacciones, actitudes, pensamientos y vivencias que el terapeuta siente como respuesta a los fenómenos transferenciales que se dan en la relación terapéutica con la pareja.

Esta pareja que nos ocupa suele hacer sentir impotencia e irritación, ya que les cuesta integrar lo que escuchan de la terapeuta y construyen una barrera invisible entre estos y aquella para no tener que cambiar.

4.4. Tipo 4: Colusión por triangulación
Cristina Nofuentes y Carles Pérez Testor

4.4.1. Colusión básica

La principal característica de esta pareja es la triangulación: la relación entre los dos miembros de la pareja se expande hasta incorporar a un tercero, ya sea en la realidad o en la fantasía.

Según la teoría de las colusiones, la dificultad de asumir uno y otro la propia identidad masculina y femenina originaría el conflicto. Este conflicto edípico estaría mal resuelto y se tendería a una relación de triangulación.

Como refiere Mendelsohn: «Con la pareja edípica, las relaciones con terceros suelen repetirse o actuarse en todos los aspectos de la relación de la pareja».

Los celos, la infidelidad, la rivalidad, el sentimiento de sentirse excluido por un tercero (ya sea el trabajo, un amante, un hijo, una afición, etc.) suelen ser los motivos de consulta más frecuentes. En ocasiones pueden llegar a relatar conflictos de rivalidad hasta con los suegros.

4.4.2. Características de la pareja

Sistema proyectivo A

Uno de los miembros de la pareja necesita mostrarse seductor para acaparar la atención y sentirse reconocido por los demás. Con la pareja se comporta de la misma manera, tendiendo a dejarla en un segundo plano. Los sentimientos de miedo al abandono y, por tanto, de dependencia están proyectados en el compañero. Es frecuente que estimule, de forma más o menos inconsciente, sentimientos de celos y de rivalidad en la pareja, de los cuales se quejará y considerará que son falsos pero que serán fuente de estímulo y de excitación. De esta manera conseguirá atraer la atención y el deseo del otro miembro de la pareja.

Sistema proyectivo B

El miembro complementario de esta colusión parece, aparentemente, el más dependiente de esta colusión. Siempre se muestra dispuesto a complacer a su cónyuge, al que atribuye todo el valor externo a nivel social y/o profesional, ya que tiene proyectado en el otro el deseo de llamar la atención. Pero en el fondo se siente en rivalidad y poco valorado. Puede realizar actuaciones en forma de infidelidad, esa de la que suele acusar a su pareja.

4.4.3. Psicopatología de la pareja y su evolución

Caso clínico

Pareja de mediana edad, emigrantes de otra comunidad autónoma del Estado español. Viven en nuestra ciudad desde hace cuatro años. Tienen un hijo universitario. La esposa renunció a su trabajo y se sacrificó por él, para que pudiera iniciar su negocio en nuestra ciudad. Desde entonces no trabaja. Ella se siente desvalorizada y desubicada. Hay un sentimiento de duelo y de pérdida que quizá no está del todo elaborado.

La mujer ha decidido divorciarse. Está muy disgustada. Según ella, consultan por dos motivos: celotipia de ella y dependencia que siente hacia él.

En la primera visita la mujer describe las relaciones que le han puesto celosa.

M.: *Una era compañera de trabajo. Se entendían perfectamente a nivel intelectual. Se fueron a un viaje de trabajo los dos juntos. Cuando yo me quejé, me ofreció acabar con esa amistad por mí; siempre me lo echa en cara.*

El hombre niega en pocas palabras que hubiera algo más que una amistad.

M.: *Otra chica, socia de nuestro club deportivo. Es activa, versátil, joven. No hay actividad donde no esté metida. Me quejé de la cantidad de tiempo que pasaban juntos. Él me contestó que ella lo había pasado mal y que no se sentía segura como mujer. Actuó como un caballero al rescate de la princesa. El papel de compañera, amiga y cómplice que debíamos tener nosotros se lo traspasó a ella. Y yo me quedé como la bruja de la casa. No tenía espacio alguno. Veía la fascinación entre ellos y me sentía un estorbo.*
M.: *Una tutora de nuestro hijo. Coqueteaban disimuladamente en las entrevistas. Era como si yo no estuviera. Él acaparaba toda la conversación y le decía a ella todo lo que quería oír.*

Se sigue quejando de una postura superior, hiriente y despreciativa por parte de él. Se ha sentido humillada y rechazada en público muchas veces. Decidió que podía vivir sin él y eso le hizo sentirse mejor, más segura. Siempre ha creído que ella lo ha querido más y que él no la ha correspondido de la misma manera. En la exploración diagnóstica llamaba la atención la relación tan intensa que el hombre había tenido con su madre, una mujer fuerte que nunca aceptó a la mujer como la esposa ideal para su hijo. Ella relata muchos ejemplos en los que se sintió desvalorizada, teniendo que competir sin llegar a estar nunca a su altura ni conseguir el apoyo de su marido, que siempre se posicionaba al lado de su madre. Cuando falleció, él paso una época perdido, triste. Ella se mostró comprensiva, maternal, pero confiesa que a veces estaba internamente rabiosa y celosa. Con el hijo repite este modelo. A menudo tiende a darle un lugar que no le corresponde, como si fuera su pareja, el hombre de la casa y el marido queda inutilizado, desvalorizado y desplazado. Sobre todo si están peleados. Él siente que queda apartado, que no cuentan con él. El hijo fácilmente sale en defensa de la madre, a la que ve como alguien más débil. Intenta recoger sus quejas y hacer de intermediario entre sus padres. A pesar de su edad, aún no ha tenido relación de pareja. Cuando ella planteó el divorcio, el hombre empezó a cambiar su actitud y a ocuparse más de aspectos caseros y familiares, lo que enfureció más a la mujer.

> M.: *Si era tan fácil... ¿por qué no lo hizo antes? ¿Porque no tenía interés? No puedo confiar. Estoy confundida.*
> H.: *No acabo de entenderlo... Ahora hago lo que ella quería y sigue estando furiosa conmigo.*

Está desconcertada. Expresa su dolor y su sensibilidad, pero de manera muy ambivalente.

> H.: *Yo veo las cosas de otra manera. Siento mucho dolor. Creo que he pecado de vanidad. No quiero divorciarme y por eso le he pedido que vengamos aquí, que me dé una tregua...*

El terapeuta les hizo una pequeña devolución recogiendo y ordenando todo lo que habían explicado y les planteó tres entrevistas exploratorias, mostrando de forma prudente la tendencia a la dependencia y a la triangulación.

En la siguiente visita empiezan diciendo que han tenido un torrente de comunicación.

> H.: *Yo siempre le había dicho que no tenía celos, pero le nombré todos los hombres de los cuales había estado celoso.*

Entonces ella confesó que le había sido infiel con alguno de ellos.

H.: *Me dolió mucho, yo siempre le he sido fiel.*

A raíz de esta confesión hablan mucho. Él la perdona. Acaba reconociendo que quizá ya lo sabía, pero no lo quería ver. Vamos viendo cómo entre ellos siempre ha estado la presencia de un tercero y tienden a la triangulación. Eso los excita. Tanto a nivel sexual como emocional. Durante una relación sexual, ella le dice que él es el mejor amante que ha tenido, y sin embargo no puede tener un orgasmo. Siempre ha habido un problema de celos, de rivalidad y de comparación. Se casaron estando ella embarazada, aunque posteriormente se produjo un aborto espontáneo. Ella siempre ha pensado que él se casó por esta razón. En su fantasía siempre ha estado presente un tercero.

Él explica que las infidelidades de ella no se las puede sacar de la cabeza. Le duele no haberse enterado de nada; él creía que lo estaba dando todo y ahora se pregunta: «¿Cómo puedo ser hombre con ella? ¿He dejado de ser especial para ella como hombre?». Duda de cómo ella lo ve, de la mirada y, por tanto, de su identidad.

Se plantean su lugar en la pareja, sus roles. Hay un cambio cuando pueden hablar de sus fantasías, de haberse sentido más deseados o valorados por otras personas o destacando en actividades profesionales; al mismo tiempo son conscientes de lo que han construido juntos y de que no quieren perderlo.

El trabajo terapéutico consistió en acompañarlos a una relación dual. El terapeuta tuvo que evitar la triangulación con ellos. Cada uno intentó la alianza con el profesional para excluir al otro, ya fuera desde la misma condición de género o desde el discurso más intelectual o incluso seductor.

Otro aspecto importante fue el perdón y el deseo de seguir juntos. Se mostraron capaces de hacer cambios y de esforzarse en potenciar la comunicación y en mirar y aceptar al otro de una forma más real. La capacidad de reparación predominó sobre el resentimiento, lo que permitió elaborar duelos y trabajar aspectos edípicos y de dependencia.

Ansiedades y defensas predominantes

Estas parejas parecen no haber resuelto la etapa edípica con sus respectivos progenitores; les cuesta alcanzar el amor maduro. Tienden a la triangulación porque necesitan rivalizar y luchar para ver quién tiene el papel más potente o activo. En este marco, la ansiedad predominante será la de quedar excluido, abandonado por otro. Si no pueden realizar una buena identificación con los progenitores no se podrá alcanzar una autonomía y sentimiento de capacidad propio. Solo lo podrá conseguir haciendo sentir al otro excluido, incapaz e impotente. Las identificaciones de los miembros de este tipo de pareja suelen ser identificaciones superficiales y rápidamente cambiantes. Tienden a identificarse con el objeto del otro como estrategia para entrar a formar parte de la escena primaria.

Su deseo muchas veces es el deseo del otro, por lo que es tan frecuente que siempre haya un tercero imaginario o real. Normalmente se relata que la iniciativa la tiene la otra persona y que el cónyuge infiel solo se ha dejado querer.

Los mecanismos de defensa predominantes son la represión, el desplazamiento, el *acting out* y la identificación proyectiva. En el caso clínico se muestra claramente a través de los celos de la mujer hacia el marido, cuando es ella la que ha efectuado la infidelidad. Muchas veces los recuerdos no están bien dibujados, son imaginados o surgen durante las entrevistas como contenidos olvidados o reprimidos gracias al trabajo de asociación.

Transferencia de la pareja

De acuerdo con la dinámica de la triangulación, cada miembro intentará, en diferentes momentos, seducir al terapeuta e intentará que el compañero quede excluido. Como si hicieran de pareja de progenitores que excluyen al niño. Esto generará intentos de alianzas por parte de los miembros de la pareja en relación con el profesional y de rivalidades entre ellos. Intentarán diferentes métodos de seducción erotizada o intelectualizada. Pueden ser frecuentes las actuaciones en forma de llamadas telefónicas o intentos de consultas individuales.

Cada miembro intentará conseguir la alianza y el apoyo del terapeuta como un reconocimiento de su capacidad y de su potencia, mostrando al otro componente de la pareja como débil. Otra variante puede ser hacer sentir al terapeuta que es él quien queda excluido.

Contratransferencia

La contratransferencia se centra en la triangulación edípica. El terapeuta se siente estimulado y animado a actuar sus propios deseos edípicos; se siente excluido y *voyeur*.

Ha de llevar la relación de pareja a la dualidad sin quedar demasiado distante, ayudando a la elaboración edípica. Es importante vincular continuamente el relato de cada uno de ellos con la opinión, pensamiento y sentimientos del otro para contrarrestar el intento de excluir a la pareja por la triangulación con el terapeuta o con cualquier otra persona de su vida.

4.5. Otros tipos de colusión
Carles Pérez Testor y Cristina Nofuentes

La experiencia de nuestro equipo nos ha llevado a revisar nuestras aproximaciones y clasificaciones de las parejas con conflictos que hemos atendido. Una tipología que hemos descrito en anteriores trabajos, pero que nos ha generado dudas a la hora de diferenciarla suficientemente, ha sido la de la **colusión psicosomática**, descrita por Jordi Font en 1994 (Font, 1994) y ampliada posteriormente en 2006 (Pérez Testor & Font, 2006). La clínica psicosomática en las parejas sigue apareciendo, pero muy pocas veces la hemos podido catalogar como colusión psicosomática propiamente dicha.

En cambio, otras tipologías como la «colusión perversa» o la «colusión *borderline*» han sido trabajadas por el equipo, pero sin que de momento pensemos que tienen suficiente entidad para que podamos utilizarlas. Serían colusiones en estudio o, dicho de otra manera, «en construcción».

4.5.1. Tipo 5. Colusión psicosomática

Colusión básica

Jordi Font describió esta colusión en profundidad a partir de la evidencia de que los conflictos en una pareja pueden manifestarse de forma no verbal. Si la situación de tensión que surge del conflicto se mantiene, puede ocurrir que en uno de los dos la tensión sea desplazada hacia el cuerpo y dé manifestaciones somáticas que posiblemente desaparecerán cuando se haya podido resolver el conflicto.

Puede haber, sin embargo, una manera de comunicarse en la pareja que se haya establecido sobre un tipo de relación específica, que es la predisposición a la aparición de la enfermedad psicosomática, entendida esta en el amplio sentido de la palabra. En este caso, nos encontramos ante la colusión psicosomática que Jordi Font describió.

Podemos hablar de colusión psicosomática cuando aparece la somatización como proceso defensivo inconsciente en uno o los dos componentes de la pareja. Aparecería un trastorno orgánico o funcional de origen psicogénico que puede llegar a ser grave, sin que el cónyuge que lo presenta pueda establecer relación entre su sufrimiento psicológico y su enfermedad somática. La tensión que antes era afectiva ahora se desplaza al síntoma somático, empobreciendo las relaciones personales de la pareja. La enfermedad somática actúa dentro de la relación de la pareja como un «tercer» componente sobre el que se desplaza la atención de los dos. La enfermedad es el lugar donde se proyectan las ansiedades de la pareja, y hacia allí se dirigen sus esfuerzos para poner solución. De esta manera ambos pueden ignorar la realidad del verdadero conflicto que hay entre ellos. Únicamente cuenta el «tercero»: la enfermedad psicosomática.

Jordi Font, en 1994, describía una colusión propiamente psicosomática con unas características clínicas específicas; realmente hemos podido constatar que estas parejas, aunque poco numerosas en la consulta, existen. Otros autores como Alberto Espina han realizado interesantes aportaciones sobre la colusión psicosomática (Espina, 1995).

Psicopatología del vínculo de la pareja y evolución del conflicto

Cuando en una pareja surge un conflicto, las ansiedades se pueden resolver mediante la comunicación verbal manifestando sentimientos, puede que llorando, o con sentimientos de culpa, intentando reparar la relación perdida. Cuando no es así, el conflicto puede que se manifieste mediante síntomas somáticos, con diferente significación según la estructura de los miembros de la pareja y el tipo de colusión, tal como hemos descrito anteriormente.

En la pareja psicosomática, cuando no ha podido haber una elaboración de las dificultades, el conflicto mental de la pareja se ignora y queda tapado por la corporalidad, como si el cuerpo fuese lo conflictivo y no la mente. Se pasa al «lenguaje de los órganos». Los dos miembros de la pareja establecen una especie de simbiosis, una unión de ambos haciendo frente a un «tercero» que es la enfermedad de uno de los dos. Pero al mismo tiempo se distancian más entre sí, ya que no hablan de sus problemas. Solo hablan de la enfermedad.

El distanciamiento puede llegar a ser incluso físico cuando el enfermo ha de ser internado en un centro asistencial. Los conflictos no han desaparecido, pero han sido desplazados a un callejón sin salida, corporal, que ha de ser cuidado por otros, por un «tercero», el médico. Eso les permite un alivio. Puede que el médico les sugiera buscar ayuda psicológica cuando constate las dificultades emocionales en la relación, pero la tendencia de la pareja es la de mantener esta simbiosis de «enfermo» y «asistencial» durante mucho tiempo.

Si llega el momento en que los síntomas tienden a desaparecer y el enfermo se encamina hacia la curación, puede aparecer la desavenencia de la pareja. Cuando el enfermo se cura, el otro teme perder su influencia; puede que incluso su pareja le gustase mucho más cuando estaba enferma, porque si está sana teme que se separe de él. Según sea la estructura psicológica del «asistencial», puede que aparezcan en él dificultades psicosomáticas.

Análisis del tipo de colusión psicosomática

Es difícil que una pareja vaya a pedir ayuda psicológica, espontáneamente, para tratarse de una enfermedad psicosomática. Generalmente, suele ser un colega quien los dirige al psiquiatra o al psicólogo. No es infrecuente en las parejas que alguno de los dos manifieste tener trastornos psicosomáticos en las primeras entrevistas. Esto nos lleva a pensar que la enfermedad psicosomática, muy perceptible físicamente, queda alejada inconscientemente del sufrimiento mental que tiene la pareja. No solo la enfermedad psicosomática queda alejada: también los conflictos de convivencia de la pareja, como puede ser la misma relación sexual, quedan protegidos defensivamente. Se dice que el enfermo psicosomático es un «analfabeto emocional», lo que quiere expresar que no es conocedor de sus propios sentimientos más profundos. También se usa el concepto de «alexitimia» para significar algo parecido: que no puede leer su estado de ánimo.

Las interpretaciones que se dan sobre la génesis del trastorno psicosomático hablan de una falta de diferenciación entre el yo y su entorno, entre mente y cuerpo justo en las primeras fases de su desarrollo. Esta indiferenciación, si bien afecta solo a un aspecto de la realidad emocional del paciente, es tan profunda que puede llegar a expresarse somáticamente, con la destrucción de partes corporales, incluso con la destrucción de la vida del paciente.

En la colusión psicosomática específicamente dicha sobresale la falta de comunicación emocional entre los dos miembros de la pareja hasta el punto de que solo pueden estar sintónicos cuidando de la enfermedad de uno de ellos. Entre ellos dos parece que no haya diferenciación emocional; si no se diferencian, no hay conflicto, pues si el conflicto emocional existiese sería terrible. Esto conduce a una relación de pareja fría e incapaz de impactarse por otra realidad que no sea la corporal. Por ejemplo, si tienen dificultad en las relaciones sexuales solo les preocupará la dificultad funcional u orgánica del coito o del orgasmo, sin que les afecte demasiado la dificultad emocional de la falta de relación personal entre ellos dos.

Somatizaciones en diversas colusiones: una forma de resolución

Lo que sí hemos observado con frecuencia es lo que hemos denominado «**resoluciones psicosomáticas del conflicto**». Además de la colusión psicosomática propiamente dicha, puede haber, como consecuencia del conflicto mental en toda colusión de pareja, manifestaciones somáticas diversas en cuanto a la expresión corporal y en cuanto a los mecanismos defensivos utilizados. Hablaríamos entonces de **resoluciones** de los diversos tipos de colusión de pareja que hemos descrito. Si fracasa la colusión y amenaza con la desvinculación de la relación de la pareja, el síntoma psicosomático actúa como compensador de la colusión y se establece una resolución al *statu quo ante*, volviendo al equilibrio anterior al restablecerse la colusión, como si nada hubiera ocurrido:

Colusión por triangulación

Pueden aparecer síntomas de conversión somática que sustituyen simbólicamente la verbalización del conflicto y evitan el enfrentamiento consciente, reprimiendo y desplazando el conflicto. Por ejemplo, si se presentan dificultades funcionales, la pérdida del deseo sexual puede disminuir el malestar de una conflictividad de competición, rivalidad o culpa que pueda haber en las relaciones sexuales de pareja. Ahora, con la somatización, hay dificultades para tener relaciones sexuales que se pueden excusar en la enfermedad; son dificultades funcionales somáticas.

Colusión dominio-sumisión

Las somatizaciones pueden aparecer como expresión del conflicto de pareja, y suelen ser más frecuentes en el que se siente controlado y débil y reclama cuidado. El que ejerce el control sobre el otro se siente más fuerte, pero no es esta la realidad, porque quien está controlado lo dominará desde su enfermedad y somatización.

Colusión cuidador-cuidado

Las somatizaciones suelen aparecer en el componente de la pareja que desempeña el papel de cuidador, y eso sucede cuando este cae derrotado al sentirse como una madre que no es correspondida por su hijo. Las atenciones médicas y familiares que recibirá el cuidador a causa de sus somatizaciones le permitirán hacer una regresión sin perder la imagen de persona fuerte.

También puede aparecer la somatización en quien ejerce de «cuidado» si este intenta una autonomización que pueda poner en riego la relación. Si este enferma, ha de aceptar volver a ser cuidado, renuncia a la autonomía y todo vuelve a la «normalidad».

Colusión de predominio narcisista

El caracterial no suele somatizar, pero su pareja sí, y vehicula en el síntoma somático la manera de hacer saber al otro lo que no es comunicable verbalmente. El narcisista recibe con dificultad la comunicación personal de la pareja. Está más atento a las relaciones cosificadas. Su pareja se lamenta de que los trastornos somáticos que sufre (como desplazamiento inconsciente del conflicto mental con la pareja) hayan de ser el recurso que moviliza al caracterial.

4.5.2. Tipo 6. Colusión *borderline*

Colusión básica

Se trata de una dinámica de pareja en la que uno de los dos tiene una estructura límite de personalidad.

La relación se basa, al inicio, en la idealización, emociones intensas como la admiración y la fusión en una sola persona.

La pareja pasa después a una relación en la que predomina la devaluación, la manipulación, la decepción y la relación inestable donde las rupturas, reconciliaciones y actuaciones son frecuentes.

Características de la pareja

Sistema proyectivo A

El miembro de la pareja con una personalidad límite sufre una gran ansiedad y miedo al abandono, por lo que tenderá a relaciones muy dependientes, confusas y poco diferenciadas. Vivirá las emociones con mucha intensidad.

La impulsividad, la manipulación y la poca tolerancia a cualquier frustración facilitarán con frecuencia las actuaciones (peleas, autolesiones, tentativas autolíticas).

La relación de objeto tenderá a ser parcial, por lo que el compañero podrá pasar a ser la mejor pareja deseada o la peor pareja posible, según la decepción a la expectativa de ese momento, sin poder tener en cuenta la totalidad de la relación ni los matices de la misma.

Sistema proyectivo B

Este miembro de la pareja tenderá a ejercer un papel más contenedor, reflexivo y racional sobre el torrente emocional que le proyecta el otro miembro.

Se identifica con la idealización con que el otro lo inviste. Le cuesta entender las oscilaciones entre la idealización y la devaluación y se siente exigido constantemente a responder a las demandas de la pareja, las cuales son comprobaciones constantes que necesita para calmar sus miedos de abandono.

Tiene poca habilidad emocional, que es lo que está proyectado en la pareja, y por eso muchas veces no comprende determinadas reacciones.

Ansiedades

Predominan la ansiedad persecutoria, el miedo al abandono y ansiedades catastróficas.

Mecanismos de defensa

Predomina la actuación, la identificación proyectada, la idealización y la dependencia.

4. Tipos de colusión

Transferencia

La pareja tiende a sentirse poco entendida por el terapeuta. Reproduce con él los sentimientos de abandono y decepción. Los ataques al *setting* son constantes, intercalados con la culpa persecutoria. A menudo hay actuaciones transferenciales que deberían interpretarse como una forma de comunicación de la pareja ante ansiedades o sentimientos que les cuesta pensar y verbalizar.

Contratransferencia

El terapeuta se siente a prueba de manera constante y examinado por el miembro A. El miembro B busca la alianza racional, proyectando sus dificultades en el miembro A y presentándose como el acompañante, la parte sana de la pareja. El terapeuta ha de contener su tendencia contractuadora ante las proyecciones y expectativas idealizadas que le exige la pareja.

Será necesario seguir investigando en estos dos tipos de colusión para poder describirlos de forma más clara y conseguir una validación clínica de su estructura y organización.

4.6. Conclusión

Para nuestro equipo, el constructo «colusión» sigue siendo fundamental para entender los mecanismos de proyección e introyección que se dan en todas las parejas. También nos puede ayudar dicho constructo para diferenciar aquellas parejas que podemos considerar satisfactorias, de las que, dado su sufrimiento, consideramos como patológicas y, por tanto, pueden beneficiarse de una ayuda terapéutica.

PARTE III: MOTIVOS DE CONSULTA

5. Trastornos de la sexualidad

Carles Pérez Testor

5.1. Introducción

Los trastornos de la sexualidad son uno de los principales motivos de consulta de las parejas que acuden a nuestra Unidad. En un porcentaje elevado, estos trastornos están relacionados con sus dificultades en las relaciones de pareja.

Como ya explicamos hace 25 años en el capítulo «Perturbación de la función sexual» (Pérez Testor, 1994a), algunos autores como el propio H. V. Dicks (1967) afirmaban que las disfunciones sexuales eran siempre el resultado de un problema más profundo en las relaciones de la pareja. Ya en aquel momento advertimos que hay complicaciones fisiológicas y orgánicas que pueden producir disfunciones sexuales sin que haya motivaciones psicológicas, y es necesario tenerlas en cuenta.

En estos últimos años ha aumentado de forma exponencial el incremento de consumo de fármacos ansiolíticos y antidepresivos que producen una disminución de la libido, dificultades en la erección o disminución del deseo. Cada vez consultan más parejas en las que uno de sus miembros consume un antidepresivo de la familia de los «inhibidores selectivos de la recaptación de serotonina». El mero consumo de uno de estos fármacos puede producir un efecto secundario que genera un conflicto sexual para el que no tienen explicación, ya que muchas veces no ha sido convenientemente advertido. El paciente mejora de su depresión, o de sus crisis de ansiedad, pero aparecen dificultades sexuales. Más de una persona ha interpretado la disminución de la libido de su pareja como la prueba de la existencia de amantes.

Muchos otros problemas orgánicos pueden ser responsables de distintas disfunciones sexuales, por lo que es importante descartar siempre la presencia de patología orgánica. Pero también es cierto que un buen número de las parejas que padecen algún problema sexual ya han consultado con un urólogo o con un ginecólogo, que ha detectado el problema orgánico, por lo que la mayoría de parejas que acuden a nosotros ya han descartado cualquier organicidad.

A veces las parejas prefieren consultar con un «sexólogo», dado que parece más tolerable aceptar que el problema es más focal, que no consultar con un psicólogo o un psiquiatra, que significa que el problema es más global. La consulta a un terapeuta de pareja es por ello doblemente dolorosa. Por un lado, cuesta aceptar que un tercero entre en el conocimiento de las relaciones íntimas de la pareja y sus dificultades. Por otro, es difícil aceptar que este tercero entre mucho más a fondo de lo que la pareja estaba preparada a aceptar, que entre en una dimensión intrapsíquica profunda de la relación diádica.

La indicación del tratamiento también dependerá del nivel de *insight* de la pareja, ya que quizás ante el mismo conflicto en una pareja indicaremos una psicoterapia psicoanalítica conjunta aunque, en otros casos, deberemos indicar tratamientos alternativos como un tratamiento cognitivo conductual (Kernberg, 2017).

5.2. El «amor sexual maduro» en Otto Kernberg

Durante años, nuestra Unidad de Pareja y Familia se basó en los trabajos de Otto Kernberg para profundizar en el conocimiento de los diferentes aspectos de las relaciones sexuales, tanto desde su vertiente psicopatológica como desde la vertiente de la normalidad. Para nosotros fueron textos de referencia los capítulos «Impedimentos de la capacidad de enamorarse y de mantener vínculos amorosos duraderos» y «La madurez en el amor: condiciones previas y características», publicados en *La teoría de las relaciones objetales y el psicoanálisis clínic*o (Kernberg, 1976), y también los artículos «The couple's constructive and destructive superego functions» y «Aggression and love in the relationship of the couple», publicados en el *Journal of the American Psychoanalytic Association* (Kernberg, 1993a; Kernberg, 1993b). En 1995 publicó *Relaciones amorosas. Normalidad y patología*. En este libro Kernberg explora la sexualidad humana desde la perspectiva psicoanalítica, integrando las teorías freudianas con las aportaciones de las escuelas francesas y de la teoría de las relaciones objetales. Como nos recuerda este autor, Freud distinguió claramente las pulsiones de los instintos. Consideraba que las pulsiones eran los motivadores psicológicos de la conducta humana, constantes y no intermitentes. Por otra parte, veía los instintos como biológicos, heredados e intermitentes, en el sentido de que los activan factores fisiológicos y ambientales: «la libido es una pulsión, el hambre es un instinto» (Kernberg, 1995).

Kernberg distingue entre afectos, excitación sexual y deseo erótico. La *excitación sexual* arraiga en funciones biológicas, se origina en el contexto de las experiencias agradables de las primeras relaciones familiares entre el niño y su cuidador, y culmina con la centralidad plena de las sensaciones genitales en la pubertad y la adolescencia.

El particular foco consciente e inconsciente de una elección de objeto sexual por parte del individuo transforma la excitación sexual en *deseo erótico*. El deseo erótico incluye el anhelo de una relación sexual con un objeto particular. Para Kernberg, la excitación sexual no carece de objeto:

Lo mismo que otros afectos, existe en la relación con un objeto, pero este es un «objeto parcial» primitivo, que refleja inconscientemente las experiencias fusionales de simbiosis y el deseo de coalescencia de la separación-individuación temprana. (Kernberg, 1995: 43)

En los primeros años de vida, la excitación sexual es difusa y se relaciona con la estimulación de las zonas erógenas. En contraste, el afecto del deseo erótico está más elaborado, y la naturaleza específica de la relación objetal es más diferenciada desde el punto de vista cognitivo.

El deseo erótico se caracteriza por la excitación sexual vinculada al objeto edípico; lo que se desea es una fusión simbiótica con el objeto edípico en el contexto de la unión sexual. En circunstancias normales, la excitación sexual en el individuo maduro se activa en el contexto del deseo erótico, de modo que mi distinción entre estos dos afectos puede parecer forzada o artificial. (*Ibid.*: 43-44).

De hecho, el deseo erótico contribuye a integrar las relaciones objetales parciales en relaciones objetales totales —es decir, a integrar representaciones escindidas o disociadas del *self* y el objeto en representaciones totales o globales—. Este desarrollo profundiza la naturaleza de la experiencia sexual, un proceso que culmina en el amor sexual maduro.

Para Kernberg, el *amor sexual maduro* expande el deseo erótico y lo convierte en una relación con una persona específica, en la cual la activación de las relaciones inconscientes del pasado y las expectativas conscientes de una vida futura como pareja se combinan con la puesta en marcha de un *ideal del yo* conjunto. El amor sexual maduro implica un compromiso en los ámbitos del sexo, las emociones y los valores.

Kernberg describe tres características del deseo erótico:

1. En primer lugar, considera que el deseo erótico es una búsqueda de placer, siempre orientada hacia otra persona, un objeto que hay que penetrar o invadir o por el que hay que ser penetrado o invadido. Es un anhelo de intimidad, fusión y mezcla que necesariamente implica cruzar una barrera y convertirse en uno con el objeto elegido.

2. Una segunda característica del deseo erótico es la identificación con la excitación sexual y el orgasmo de la pareja para disfrutar de dos experiencias complementarias de fusión. El elemento primario en este caso es el placer que deriva del deseo del otro, el amor expresado en la

respuesta del otro al deseo sexual del *self* y la experiencia asociada de fusión en el éxtasis. Se produce también la sensación de pertenecer a ambos géneros al mismo tiempo, de superar temporalmente la barrera de ordinario inviolable que los supera, y aparece el goce por penetrar y envolver o ser penetrado y encerrado en la invasión sexual.

3. Una tercera característica del deseo erótico es la sensación de transgresión, de superar la prohibición implícita de todo encuentro sexual, prohibición que deriva de la estructuración edípica de la vida sexual. La transgresión incluye la violación de las prohibiciones edípicas, constituyendo de tal modo un desafío al rival edípico y un triunfo sobre él.

Para Kernberg:

La transgresión implica también la agresión contra el objeto, agresión que es excitante por su gratificación agradable, que entra en resonancia con la capacidad de experimentar placer en el dolor, y proyectar esa sensación en el objeto. La agresión es también agradable porque está siendo contenida por una relación amorosa. Tenemos así la incorporación de la agresión en el amor, y una seguridad garantizada ante la inevitable ambivalencia. (*Ibid.*: 56-57)

Pensamos que esta aportación es muy interesante para comprender en profundidad las complicaciones y dificultades de la vida sexual. El hecho de aceptar que en toda relación amorosa se incluyen aspectos agresivos nos ayudó a profundizar en la normalidad y patología de la sexualidad. Significaría que placer y dolor están muy cerca uno de otro y que placer y dolor pueden aparecer en toda relación sexual. Algo tan amoroso como «hacer el amor» tiene para Kernberg una vertiente agresiva que se integra gracias a que está contenida por una relación amorosa.

El deseo erótico transforma la excitación genital y el orgasmo en una experiencia de fusión con el otro que procura una sensación fundamental de realización, de trascender los límites del *self*. Esta fusión, en la experiencia del orgasmo, también facilita una sensación de unicidad con los aspectos biológicos de la experiencia personal.

Michel Balint (1957) sostenía que además de la satisfacción genital, una verdadera relación amorosa incluía idealización, ternura y una forma especial de identificación. Para Balint, lo que Kernberg denomina amor genital es una fusión de satisfacción genital y ternura pregenital, y la identificación genital es la expresión de esta fusión.

Kernberg (1995) también parte de la integración de *ternura* y *genitalidad*, y además incluye el término *pasión*. Describe la *pasión* como un estado emocional que expresa el cruce de límites, en el sentido de que tiende puentes entre estructuras intrapsíquicas separadas por fronteras determinadas dinámica o conflictualmente. Los límites más importantes que se cruzan en la pasión sexual son los del *self:*

> El rasgo dinámico central de la pasión sexual y su culminación es la experiencia del orgasmo en el coito; en la experiencia del orgasmo, la excitación sexual creciente culmina en una respuesta automática, biológicamente determinada, con un afecto primitivo, extático, cuya experiencia plena exige un abandono temporario de los límites del *self*. (*Ibid.*: 82)

Para este autor, la pasión sexual envuelve una entrega valerosa del *self* a una unión deseada con el otro ideal, enfrentando peligros inevitables. Incluye aceptar los riesgos de abandonarse totalmente en una relación con el otro, en contraste con el miedo a los peligros provenientes de muchas fuentes que amenazan cuando uno se amalgama con otro ser humano:

> Contiene la esperanza básica de dar y recibir amor y de tal modo ser reconfirmado en la propia bondad, en contraste con la culpa por la agresión dirigida hacia el objeto amado y el miedo al peligro consiguiente. (*Ibid.*: 84)

Para Kernberg (1995) la pasión sexual constituye un rasgo permanente de las relaciones amorosas, y no una expresión inicial o temporal de la idealización romántica de la adolescencia y la vida adulta temprana. La pasión sexual tiene la función de proporcionar intensidad, consolidación y renovación a las relaciones amorosas a lo largo de toda la vida, y procura permanencia a la excitación sexual al vincularla a la experiencia humana total de la pareja:

> Creo que las pruebas clínicas indican con claridad cuán íntimamente la excitación y el goce sexuales están vinculados a la calidad de la relación total de la pareja. Aunque los estudios estadísticos de grandes poblaciones muestran una declinación de la frecuencia del coito y el orgasmo con el transcurso de las décadas, los estudios clínicos de parejas indican el efecto significativo de la naturaleza de su relación sobre la frecuencia y la calidad de la cópula; la experiencia sexual sigue siendo un aspecto constante y central de las relaciones amorosas y la vida marital. En condiciones óptimas, la intensidad del goce sexual tiene una calidad renovadora invariable que no depende de la gimnasia sexual sino de la capacidad intuitiva de la pareja para entretejer las necesidades y experiencias personales cambiantes en la compleja red de los aspectos heterosexuales y homosexuales, afectuosos y agresivos, de la relación total, expresados en las fantasías inconscientes y conscientes y en su escenificación en las relaciones sexuales de la pareja. (*Ibid.*: 92-93)

Otro autor como Jürgen Willi diferencia «sexualidad del apetito sexual» y «sexualidad de la pertenencia». La *sexualidad del apetito sexual* aspira al máximo placer mediante la seducción, la conquista, la provocación y la sorpresa o, incluso, la lucha, el odio y la humillación. La *sexualidad de la pertenencia* aspira a la armonía, la confianza y la compenetración. La vida amorosa y la vida sexual son dos caminos que a veces se cruzan y otras se ignoran. Son los polos de la misma dimensión. Se mantienen en tensión, y causan la mayor felicidad y el mayor sufrimiento.

Sin embargo, por regla general, no hay relaciones amorosas sin sexualidad y no hay relaciones sexuales estables sin relación amorosa (Willi, 2004).

5.3. Tipologías de trastornos de la sexualidad

En términos generales, cuando las personas padecen problemas emocionales importantes su sexualidad suele verse alterada de un modo u otro. Y muy a menudo las alteraciones de la sexualidad actúan a modo de señales de alarma que muestran el camino hacia diversas formas del padecer psíquico. La sexualidad es uno de los medios de relación con el *otro* más importantes y creativos de los que disponemos. Pero por esto mismo, porque es un medio de relación con el *otro*, y con uno mismo, está siempre cargada de emociones profundas y de significaciones que trascienden la mera mecánica sexual.

En el excelente trabajo de Adolfo Jarne y Antoni Talarn *Manual de psicopatología clínica* (2000), Talarn escribió una interesante revisión de los trastornos de la sexualidad. De su clasificación destacaríamos las parafilias y las disfunciones sexuales.

5.3.1. Parafilias

Hablamos de parafilias cuando un sujeto experimenta de forma recurrente intensas necesidades sexuales y fantasías excitantes que incluyen alguna de estas características:

a) objetos o sujetos no humanos;
b) sufrimiento y/o humillación propia o del compañero (consienta este o no);
c) niños o personas que no participan voluntariamente.

Si la persona ha actuado estas tendencias o se siente marcadamente afectado por ellas (las clasificaciones internacionales hablan de al menos 6 meses), se efectuará el diagnóstico.

Nos podemos encontrar con parejas en las que uno de sus miembros presente conductas parafílicas cuya única manifestación patológica sea esta. También podemos hallar conductas parafílicas en sujetos con otra psicopatología que las determina o con personas que tengan una vida sexual aparentemente normal, por una parte, y luego una paralela, de tipo parafílico, por otra. Las complicaciones de este trastorno son la incapacidad para una relación sexual afectiva, la aparición de otras disfunciones sexuales, las enfermedades de transmisión sexual, el deterioro del matrimonio o pareja, el sufrimiento físico (para el agente y la víctima), los problemas legales, etc.

Hay datos muy dispares sobre su prevalencia, pero aunque se ven poco en la consulta de pareja se supone que debe haber bastantes personas con tendencias parafílicas —quizá nunca actuadas—. En todo caso, si consultan tienden a hacerlo de forma individual y se diagnostica de forma más frecuente en hombres que en mujeres; la edad de inicio suele ser la adolescencia. El curso suele ser de tipo crónico, y a menudo el individuo sufre de más de una parafilia. Veamos sucintamente los distintos tipos:

- *Fetichismo*. Uso de objetos para la excitación sexual.
- *Travestismo fetichista*. Uso de ropa del sexo opuesto para obtener satisfacción sexual.
- *Paidofilia*. La excitación sexual, acto o fantasía de tener relaciones sexuales con niños.
- *Exhibicionismo*. La excitación sexual se obtiene mediante la exposición de los genitales a un extraño.
- *«Voyeurismo»*. La excitación sexual se consigue observando sin ser visto a personas desnudas o en plena actividad sexual.
- *Masoquismo*. La excitación se obtiene a través del sufrimiento propio. Suele ser un sufrimiento físico, pero también puede ser infligir daño moral.
- *Sadismo*. Idéntica situación a la anterior, pero sobre otra persona; siendo el agresor el que «disfruta», consienta o no consienta el otro en este trato. Cuando se combina

con un «trastorno antisocial de la personalidad» se trata de una persona peligrosa para sus víctimas.

* *«Froteurismo»*. Es el roce o frotamiento en lugares públicos el que procura la excitación sexual.
* *Zoofilia*. Es la excitación sexual en las relaciones con animales, tanto de forma ocasional como compulsiva.
* *Otras parafilias:* necrofilia (excitación con cadáveres), urofilia (orina), clismafilia (enemas), coprofilia (manejo de heces), escatología telefónica, etc.

Muchas parejas pueden integrar en sus relaciones sexuales conductas de tipo fetichista o sadomasoquista, pero al carecer de exclusividad o recurrencia, y siempre y cuando sean aceptadas por ambas partes, no las consideran patológicas.

5.3.2. Disfunciones sexuales

Las disfunciones sexuales se caracterizan por una alteración del deseo sexual, por cambios psicofisiológicos en el ciclo de la respuesta sexual y por la provocación de malestar y problemas interpersonales. Estos problemas sexuales pueden radicar en una alteración en alguna de las fases propias del ciclo de la respuesta sexual (fase de deseo, fase de excitación, fase de orgasmo, fase de resolución).

En todas estas disfunciones cabe distinguir si son de tipo «generalizadas» o «situacionales», y también si son «primarias» o «secundarias», al mismo tiempo que tendremos en cuenta si son «psicógenas» o «debidas a una combinación de factores».

Las personas que padecen una disfunción sexual se pueden sentir angustiadas y deprimidas, con sentimientos de frustración e incapacidad. Suelen desarrollar actitudes de autoobservación y de observar la reacción de la pareja, lo que no los ayuda en nada. La edad de inicio suele ser la adolescencia y la adultez. Y el curso es extremadamente variable. Lo ampliaremos en el apartado 5.4.2.

5.4. Trastorno sexual primario y secundario

El trastorno sexual, dependiendo de su presentación, puede considerarse primario o secundario. Dicks (1967) lo denominaba «fracaso sexual primario» si aparecía desde el principio de la relación de pareja, o «secundario» si aparecía tras años de convivencia.

5.4.1. Trastorno sexual primario

El trastorno sexual primario es una de las consultas más complicadas para las parejas. Entendemos por *trastorno sexual primario* aquella complicación de la esfera de la sexualidad que dificulta la penetración en la relación coital. Puede ser producida por la aparición de trastornos de la erección en el hombre y vaginismo o dispareunia en la mujer, pero la consecuencia es la de que no puede producirse penetración.

A lo largo de los últimos veinte años, hemos atendido un número importante de parejas con esta dificultad. La mayoría consulta cuando llevan entre 2 y 4 años con el problema, pero destacaríamos el caso de una pareja que consultó tras 20 años de trastorno sexual primario. Esto nos muestra lo difícil que es para estas parejas reconocer el problema y pedir ayuda.

Inevitablemente, todas las parejas que consultan por esta dificultad están convencidas de que son las únicas que sufren este trastorno. Nadie habla de ello. Los medios de comunicación no lo comentan, ni se emiten películas o series de televisión donde aparezca. En todo caso vivimos un momento histórico y social donde la sexualidad «exitosa» está en primer plano. Hay programas de televisión, revistas, hasta enciclopedias en fascículos, que hablan de cómo mejorar las relaciones sexuales y explican cómo romper las rutinas con consejos y a veces con difíciles posturas coitales, pero nadie habla del trastorno sexual primario. En las películas y en las conversaciones con amigos, las relaciones sexuales son fáciles, rápidas y altamente satisfactorias. Los protagonistas nunca tienen problemas. Todo ello incrementa la sensación de estas parejas de que «esto» solo les ocurre a ellos.

Por este motivo será muy importante que el terapeuta entienda la angustia que acompaña al problema. El hecho de que el terapeuta no se asuste, no se ría, ni se extrañe (todas estas fantasías están siempre presentes en estas consultas), ya es altamente tranquilizador para las parejas.

La sintomatología que presentan acostumbra a ser muy parecida. Un noviazgo tranquilo, sin demasiados problemas ni discusiones y con un acuerdo implícito o explícito de no tener relaciones genitales coitales hasta el día del matrimonio, una vez iniciada la convivencia. A veces las parejas explican una relación pasional con relaciones masturbatorias mutuas *(petting)*, con intensos orgasmos, o un noviazgo frío, sin demasiadas muestras de afecto o pasión. Después de la boda o una vez iniciada la convivencia aparece un nivel alto de ansiedad que se expresa con un miedo compartido insuperable a la consumación y un acuerdo implícito no verbalizado de esperar un tiempo «prudencial». A veces los dos miembros presentan el mismo miedo, pero la mayor parte de las veces el miedo se proyecta en uno de los dos, quedando el otro libre de la tensión: es el otro quien no quiere o no puede.

1. El hombre siente miedo o ansiedad a penetrar. Tiene miedo a invadir, a violar, a provocar daño; o sufre ansiedades de castración ante la posibilidad de que la vagina se contraiga y aprisione o cizalle su pene. A veces aparece una eyaculación precoz «ante portas» que lo hace sentir impotente e inseguro, y la decepción de la mujer, que se siente engañada y privada de este placer, culpabiliza al hombre de esta situación. La introyección de una figura materna dominante o la proyección en una mujer fálica puede ayudar a sufrir esta situación.
2. La mujer puede presentar miedo o ansiedad a la penetración ante la posibilidad de ser invadida o agredida. Desea y se resiste. Se bloquea y provoca en el otro la sensación de ser un salvaje o un obseso del sexo. No puede tolerar la posibilidad de ser penetrada y lo evita con variadas estrategias de disuasión. A veces es debido

a un rechazo del papel pasivo, otras por envidia inconsciente del papel masculino y otras por la introyección de una figura paterna sádica y dominante.

Sea como fuere, es la colusión inconsciente compartida por la pareja la que mantiene este trastorno sin cambio ni evolución alguna.

5.4.2. Trastorno sexual secundario

Entendemos por *trastorno sexual secundario* aquella disfunción sexual que aparece tras un tiempo de convivencia donde las relaciones sexuales habían sido satisfactorias. Sintéticamente, y siguiendo la descripción de Talarn (2000: 195-211), las disfunciones sexuales comprenden:

Trastornos del deseo sexual
- Deseo sexual hipoactivo
- Trastorno por aversión al sexo
- Impulso sexual excesivo

Trastornos de la excitación sexual
- Trastorno de la excitación sexual en la mujer
- Trastorno de la erección en el varón

Trastornos orgásmicos
- Trastorno orgásmico femenino
- Trastorno orgásmico masculino
- Eyaculación precoz

Trastornos sexuales por dolor
- Dispareunia no orgánica
- Vaginismo no orgánico

Disfunción sexual debida a una enfermedad médica
Disfunción sexual inducida por sustancias
Disfunción sexual no especificada

Trastornos del deseo sexual

Son los que se dan en la primera fase de la respuesta sexual.

Deseo sexual hipoactivo

La característica principal es la casi ausencia de fantasías sexuales y de deseos de actividad sexual. Hay una falta de interés y escasa motivación por todo aquello que tiene que ver con el sexo. Frecuentemente se asocia a problemas de excitación sexual o a dificultades para llegar al orgasmo. Según datos disponibles, es mucho más frecuente en mujeres que en hombres. En las parejas, la disminución del deseo sexual de uno de los miembros puede conllevar o reflejar un aumento excesivo del deseo sexual del otro miembro y suele ser fuente de conflictos.

Trastorno por aversión al sexo

Lo esencial de este trastorno —que se cataloga también como «fobia al sexo»—, es la aversión y la evitación activa del contacto sexual genital con la pareja. La reacción puede ir desde una ansiedad moderada y una ausencia de placer hasta un malestar psicológico extremo. Su curso tiende a la cronicidad y puede aparecer asociado a otras disfunciones, como la dispareunia o el vaginismo. Las relaciones interpersonales suelen estar gravemente afectadas. Si aparece al principio de la relación puede llevar al trastorno sexual primario (véase apartado 5.4.1).

Impulso sexual excesivo

En los dos trastornos anteriores, el deseo está disminuido. Pero la CIE-10 apunta la posibilidad de un trastorno en el sentido inverso: se trata de un patrón de comportamiento en el que gran parte de la vida del sujeto gira en torno a la búsqueda de relaciones sexuales, y si se lo priva de ello siente un profundo malestar. Se habla también de adicción al sexo (ninfomanía o satiriasis), aunque muchos autores dudan de su existencia real. ¿Quién puede valorar lo que es excesivo? Las parafilias suelen estar presentes en este tipo de sujetos, y a su vez se asocian al trastorno antisocial y al trastorno límite.

Trastornos de la excitación sexual

Abarcan la segunda fase de la respuesta sexual humana.

Trastorno de la excitación sexual en la mujer

Se caracteriza por una incapacidad, persistente o recurrente, para obtener o mantener la respuesta de lubricación propia de la fase de excitación hasta la terminación de la actividad sexual. A menudo se acompaña de trastornos del deseo sexual y de trastorno orgásmico femenino. El trastorno puede provocar dolor durante el coito, evitación sexual y alteraciones de las relaciones sexuales y de pareja.

Trastorno de la erección en el varón

Es una incapacidad, persistente o recurrente, para obtener o mantener una erección apropiada hasta el final de la actividad sexual. Para que se pueda efectuar el diagnóstico, el problema ha de presentarse en al menos el 25% de los intentos de relación sexual. A nivel popular, recibe el nombre de *impotencia*. Las dificultades eréctiles se asocian frecuentemente a ansiedad sexual, miedo, fracaso, preocupación sobre el funcionamiento y a una disminución de la percepción subjetiva de la excitación sexual y del placer. También puede ir asociado a deseo sexual hipoactivo y a eyaculación precoz. No es extraño que se acompañe de una notable pérdida de la autoestima, sentimientos de vergüenza, humillación y frustración. En varones con personalidades inestables puede tener graves consecuencias a nivel comportamental y de relación de pareja.

Trastornos orgásmicos

Son aquellos que inciden en la tercera fase de la respuesta sexual. Aparte de los que seguidamente describiremos, clínicamente hay una cuarta variante, en la que se produce el orgasmo pero el sujeto se queja de ausencia de sensación placentera, trastorno que recibe el nombre de *anhedonia orgásmica*.

Trastorno orgásmico femenino

Es una ausencia o un retraso persistente o recurrente del orgasmo en la mujer después de una fase de excitación sexual normal y habiendo recibido una estimulación sexual que la mujer considera adecuada y suficiente. Este trastorno puede alterar la imagen corporal, la autoestima o la satisfacción en las relaciones. En muchos casos el problema ha existido «desde siempre». Cuando se produce solo en circunstancias muy determinadas, suelen aparecer también alteraciones del deseo sexual o de la excitación. La anorgasmia femenina es una de las disfunciones sexuales más frecuentes, y entre la población general los porcentajes van del 5 al 40%, dependiendo del estudio consultado.

Trastorno orgásmico masculino

También recibe el nombre de *eyaculación retardada*. Se trata de varones que experimentan mucha dificultad para conseguir el orgasmo mediante el coito y en algunos casos no lo consiguen. A menudo, pueden eyacular mediante la estimulación manual o de otro tipo. Esta disfunción puede ser causa de infertilidad y dificultar notablemente la vida de la pareja. La psicopatología que se asocia con más frecuencia a esta disfunción suele ser el trastorno obsesivo-compulsivo. Se calcula que su prevalencia entre la población general es de un 5%.

Eyaculación precoz

Consiste en la aparición de un orgasmo y eyaculación persistente o recurrente en respuesta a una estimulación sexual mínima antes, durante o poco tiempo después de la penetración y antes de que la persona lo desee. Habitualmente, se observa en varones jóvenes y se inicia en las primeras relaciones. En la inmensa mayoría de los casos la eyaculación precoz es de origen psicológico, pero aun así deben descartarse aquellos casos relacionados con la aparición de una enfermedad médica. La eyaculación precoz es el motivo de consulta de entre un 35 y un 40% de varones en tratamiento por disfunción sexual.

Trastornos sexuales por dolor

Pueden encontrarse en cualquiera de las fases de respuesta sexual descritas anteriormente.

Dispareunia no orgánica

Consiste en dolor genital durante las relaciones sexuales, normalmente durante el coito, pero también puede aparecer antes o después de la relación sexual. Afecta tanto a varones como a mujeres, aunque todo apunta a que es mucho menos frecuente en hombres. La intensidad de los síntomas comprende desde una sensación de leve malestar hasta un dolor agudo. Algunos trastornos, como el trastorno por somatización, o algún fenómeno histérico, pueden acompañarse de dolor durante las relaciones sexuales.

Vaginismo no orgánico

Es la contracción involuntaria, de manera recurrente o persistente, de los músculos perineales del tercio externo de la vagina frente a la introducción del pene, los dedos, los tampones o los espéculos. Puede ir de ligera a intensa. El obstáculo físico debido al espasmo generalmente impide el coito. Por esta razón, el trastorno puede limitar la actividad sexual y afectar las relaciones. Se observa más frecuentemente en mujeres jóvenes, en mujeres con actitud negativa hacia el sexo y en mujeres que tienen historia de abusos o traumas de tipo sexual. El curso es generalmente crónico. Entre las mujeres que acuden a consulta por disfunción sexual el vaginismo ocupa un 12-22% del total.

En la tabla 1 se muestra un resumen de las variables psicológicas que se asocian a las disfunciones sexuales:

Tabla 1: Causas psicológicas de las disfunciones sexuales Talarn (2000)

Factores predisponentes:

- Relaciones deterioradas entre los padres.
- Experiencias sexuales infantiles traumáticas.
- Inseguridad en el rol psicosexual en la adolescencia.
- Educación moral y religiosa restrictiva.
- Inadecuada educación sexual.

Factores precipitantes:

- Experiencias sexuales traumáticas.
- Problemas generales en la relación de pareja.
- Infidelidad.
- Expectativas poco razonables.
- Disfunción de la pareja sexual.
- Algún fallo esporádico.
- Reacción a algún trastorno orgánico.
- Edad (y cambio en las respuestas en función de esta).
- Depresión y ansiedad.
- Parto.

Factores de mantenimiento:

- Ansiedad ante la interacción sexual.
- Anticipación de fallo o fracaso.
- Sentimientos de culpabilidad.
- Falta de atracción entre la pareja.
- Comunicación pobre en la pareja.
- Problemas generales de pareja.
- Miedo a la intimidad.
- Deterioro de la propia imagen.
- Información sexual inadecuada.
- Escaso tiempo de actividad sexual precoital.
- Trastornos mentales generales (ansiedad, toxicomanías, anorexia, depresión).

5.5. Caso clínico

Presentamos un caso que ya comentamos en Pérez Testor (2017) para ilustrar el diagnóstico en los trastornos de pareja. La presentamos aquí para mostrar un caso de trastorno sexual primario. La pareja llamó telefónicamente y solicitó una entrevista con un terapeuta de pareja. En la primera entrevista titubearon sobre quién debía empezar cuando el terapeuta les dio la palabra.

Mujer [M.]: *Quizá lo cuentas tú. Te explicas mejor…*
Hombre [H.]: *Bueno, cualesquiera de los dos puede empezar.*
M.: *Es una tema difícil.*

(Se los ve ansiosos, pero no lo suficiente como para que el terapeuta tenga que intervenir).

H.: *Venimos aquí porque tenemos un problema. Hemos ido a varios sitios, pero en ninguno hemos solucionado nada. Hace 5 años que estamos casados y nuestras relaciones sexuales no son normales. Nunca hemos tenido un coito.*
(Se produce un silencio que rompe la mujer).
M.: *¿Usted ha visto algún caso como este?*

(El terapeuta tranquiliza a la pareja creando confianza y permitiendo que aparezcan los primeros signos de alianza).

Terapeuta [T.]: *Es una consulta habitual dentro de los conflictos de pareja.*
H.: *Al principio pensamos que solo nos ocurría a nosotros, que éramos la única pareja del mundo. Nunca habíamos oído que esto pudiera pasar.*
M.: *Usted es el tercer médico al que vamos.*
H.: *Ella fue a un centro de planificación familiar durante un tiempo.*
M.: *Sí, fui durante un año y me ayudaron mucho. Iba una vez a la semana. Al final lo dejé, no recuerdo por qué motivo, y al cabo de un tiempo vi otro sitio en las* Páginas amari-

llas. *Fue una mujer la que nos ayudó... la verdad es que no sé si tenía título o no, pero quedamos contentos con ella.*
H.: *Tuvimos que salir fuera un año.* Soy informático de una empresa multinacional, y tengo que desplazarme para impartir cursos o hacerme cargo de programas en el extranjero. *Tuvimos que dejar la terapia. Pero me ayudó a darme cuenta de que el problema no era solo de ella... yo también tengo dificultades... no sé si lo que quiero es castigar a las mujeres o es que soy homosexual... no lo sé...*
M.: *... Se siente culpable...*
H.: *... No sé si es eso. Nos estamos haciendo daño. Nuestra pareja funciona perfectamente bien en todos los campos, excepto en ese. Pero eso a mí me hace daño y creo que a ella también.*
M.: *Sí, pero no sabemos por qué nos pasa eso, por qué no podemos ir más allá.*
H.: *¿Quizá hemos recibido una educación demasiado estricta? En el fondo vemos la sexualidad como algo sucio...*
M.: *Tampoco es eso. No te pases...*
H.: *Pues ya me dirás...*
M.: *Hace diez años que nos conocemos y cinco que estamos casados. Ahora nos planteamos la posibilidad de tener un hijo. Desde hace unos meses estoy estudiando informática en una academia...*
H.: *... Es que si fuese programadora podría ayudarme en mi trabajo...*
M.: *... Sí, podría acompañarlo en sus viajes... Pero ahora nos hemos quedado un niño de dos años. Vimos los anuncios de televisión sobre la adopción...*
H.: *Bueno, no exactamente, es ese programa de Bienestar Social por el que acoges a un niño durante un tiempo.*
M.: *Pero nos estamos planteando la posibilidad de la custodia legal. Es diferente de la tutela.*
H.: *En casi todas estas cosas estamos de acuerdo, pero no podemos resolver nuestro problema sexual.*
M.: *En el último viaje estuvimos a punto de resolverlo, ¿recuerdas?*
H.: *Tanto como a punto...*

M.: ... *Pues sí, era un día fantástico, tú habías estado maravilloso, y no sé qué pasó, pero a mí me apetecía, pero en cambio a ti no. Te dije que fuéramos solos a cenar y a ti no se te ocurrió otra cosa que decirle a tu jefe que viniera. Rompiste el romanticismo.*
H.: *Fue él quien se apuntó a cenar con nosotros.*
M.: *Bueno, pero si hubieras querido... Otro día que a mí me apetecía tú te pusiste agresivo conmigo.*
H.: *Sí, es verdad, pero si solo podemos recordar un día en el que «pasó no sé qué» en 5 años de matrimonio, es que algo falla. Yo pensaba que el problema era solo de ella, hasta que uno de los terapeutas al que acudimos nos dijo que era una cuestión de los dos: algo debía pasarme a mí también cuando no hacía nada para resolverlo. Me di cuenta que yo no hacía nada, de que no buscaba alguna solución.*

Durante esta primera entrevista el terapeuta intervino poco para dejar que emergiera el conflicto de la forma más natural posible, permitiendo ver la interacción entre los miembros de la pareja. Al finalizar les mostró cómo era el «tercer médico» al que acudían y a pesar de verbalizar poca fe en esta consulta parecían interesados en abordar el problema. Quizá la idea de tener un hijo, el hecho de acoger a otro, los había estimulado. Lo cierto es que, a pesar de las dificultades internas de cada uno, se daban cuenta de que el problema era de los dos y que una buena manera de abordarlo era de manera conjunta, como pareja. También les comentó que, por su experiencia, estos conflictos no se solucionaban solos y que valía la pena poder entender conjuntamente el problema por el que acudían. Les propuso hacer dos o tres entrevistas diagnósticas más, y ellos aceptaron.

Presentaremos ahora la segunda de estas cuatro entrevistas diagnósticas:

H.: *Ha habido cambios. He tomado una decisión personal. Me voy a realizar un curso a EEUU. Ella no vendrá; no tiene mucho sentido. Solo estoy fuera un mes.*

M.: *Es una beca... y el viaje solo se lo pagan a él. Si fuéramos todos saldría muy caro, y no nos lo podemos permitir. Yo estoy estudiando para poder ir con él en un futuro. Lo que es una lástima es que ahora que nos habíamos decidido a empezar esto...*
H.: *... No es ninguna lástima. Es una oportunidad que no se puede dejar pasar. Económicamente sale muy bien, merece la pena.*
M.: *Es una lástima en el sentido de que tú podrás hacer el curso y aprenderás y yo no. En este sentido es una lástima.*

El terapeuta intervino para mostrar que ellos deseaban empezar un proceso de acercamiento mutuo, y que cuando se concreta esta posibilidad lo que hacen es separarse.

H.: *No, en absoluto.*
M.: *Sí, en el fondo sí.*

Se miran y sonríen. El terapeuta tuvo la impresión de estar delante de dos niños pequeños confabulados en un juego y que veían a jugar un rato.

T.: *Ustedes me hablan de estar un mes separados.*
H.: *Físicamente sí, psíquicamente no.*
M.: *Física y psíquicamente... es normal; cuando dos personas se separan es lógico que no se piense tanto...*
H.: *Puede ser... pero da lo mismo; si vinieras conmigo estaría tan ocupado que no tendría tiempo para verte.*
T.: *Puede que este sea un problema conocido por ustedes: nunca tienen tiempo para verse.*
H.: *Sí, es verdad...*
M.: *... Ha dado en el clavo. El día pasado le hablé de todos los miembros de la familia a los que él dedica tiempo, pero me dejé uno... el ordenador.*
H.: *¿No exageras?*
M.: *No, que va, para nada. ¿A que sí? Venga, ¡confiésalo!*

Vuelven a reír los dos divertidamente. Él intenta disculparse explicando de manera confusa que para su trabajo es necesario utilizar complejos programas estadísticos. Ella insiste en que le dedica excesivo tiempo.

> H.: *Usted nos habló el día pasado de nuestras dificultades internas. He pensado en ello, y creo que mi mayor dificultad es la de hacer las cosas bien hechas. No soporto las cosas mal hechas. Lo que pasa es que me angustio mucho haciéndolas. Puedo pasar horas diseñando un protocolo y si no me gusta lo rompo. Soy muy perfeccionista. Dedico muchas horas a mi trabajo, y más ahora, que participaré en un curso en la Universidad de Duke, en Carolina del Norte. Es un workshop de investigación sobre un lenguaje informático innovador que va a revolucionar el sector.*

Mientras él explica vivamente entusiasmado el proyecto, ella se mantiene en una posición de atenta escucha, sin intervenir. El terapeuta siente contratransferencialmente que la quiere impresionar, o que necesita impresionarla, como puede ocurrir en la relación de pareja.

> T.: *Parece que ustedes viven este trabajo como una oportunidad importante, pero da la sensación de que ha sido algo poco comentado entre los dos, poco dialogado. Al principio de la sesión usted decía que era una decisión personal.*
> H.: *¿Decisión personal? ¿Yo he dicho esto? ¡Qué va, si está muy hablado!*
> T.: *¿Hablado o comunicado?*
> H.: *Hablado, hablado... yo le dije: «Me ha salido este trabajo» y no se opuso.*
> M.: *Estoy pensando que tiene razón. Si yo te hubiera dicho que no te fueras, tú te habrías marchado igualmente.*
> H.: *Sí, claro, no tendría sentido quedarse.*
> M.: *Él siempre me da las cosas hechas... no puedo decir nada.*
> H.: *Eso no es así. A mí no me gusta tener a una persona al lado que siempre dice que sí. Pero ella es así. Me gustaría*

tener que convencerla. Pero este es uno de sus problemas.
Nunca sabe qué debe hacer. Estoy convencido de que vale
mucho, de que podría hacer todo lo que se propusiera, pero
se siente inferior, piensa que no sirve para nada, y yo intento
potenciarla.

M.: *Es verdad, gracias a él he hecho muchas cosas.*

H.: *Siempre le digo: «Si estuvieras más ocupada yo lo estaría*
menos». Claro, entonces no tendría más remedio. Le cuesta
decidir. Yo tardo 24 horas para lo que ella tarda 3 meses.

M.: *Pero es que tú siempre quieres llevar la batuta. Un*
ejemplo son las pequeñas cosas; preparé una cena para ocho
personas; lo pensé, fui a comprar, y cuando él llegó... no me
preguntó si necesitaba ayuda; empezó a preparar lo que qui-
so, va a lo suyo. Le quiero decir algo y no me escucha. El
otro día le quería hablar de no sé qué, lo he olvidado, pero
recuerdo que todo lo que él dijo fue: «son tonterías». No me
escucha.

H.: *Sí te escucho. Te quejaste de que por carnaval nadie te*
llamó para ir a ver la calle con el niño.

M.: *Sí, es verdad, ya no me acordaba (sonríe).*

H.: (con voz paciente) *¿Ves como te escucho?*

M.: *Yo siempre he llamado a la gente que tiene niños para ir*
a ver estas fiestas...

H.: (con voz paciente) *¿Ves como te escucho?*

M.: *... y esta vez, como él no estaba, nadie me ha llamado.*

H.: *Podías haber llamado tú.*

T.: *Parece, por lo que están explicando, que entre ustedes*
se establece un reparto de roles en el que uno toma el papel
activo y el otro el pasivo... pero ninguno de los dos se siente
cómodo en su papel.

(Silencio)

T.: *Uno impone sin ganas de imponer; el otro acepta sin estar*
convencido de lo que acepta. Es una manera de relacionarse
quedando el uno junto al otro, pero sin entrar el uno dentro
del otro. Es más fácil que uno lleve la batuta y el otro se
queje que cambiar la situación.

H.: *¿Cambiar? ¿Cambiar qué?*

M.: *Es que yo no cambiaría nada. Estos cinco años he sido muy feliz. Yo no cambiaría nada.*

T.: *Quizás es que cuesta darse cuenta de las dificultades y de lo doloroso que les resulta plantearse cambiar, pero si vienen ustedes aquí debe ser por algo.*

(Ríen).

M.: *Pero venimos aquí por una cosa muy concreta, por una cosa que no va.*

T.: *Pero esta «cosa» nos puede evidenciar «otras cosas». Veíamos la relación que establecían. Explicaron cómo se pueden sentir estimulados mutuamente en ciertos campos de sus vidas, pero, en cambio, en otros campos como la sexualidad se sienten incapaces de estimularse.*

H.: *Sí, esto es cierto.*

M.: *Es verdad.*

H.: *Pero no del todo. Es verdad que yo la estimulé a ir a una academia, pero ha tenido que ir a una al otro lado de la ciudad, y no a la que yo le aconsejé cerca de casa. No me hace caso.*

M.: *Porque tu querías que hiciera dos cursos en un año. Saco buenas notas, me gusta lo que hago, no tengo por qué correr con la lengua fuera.*

H.: *Pero podrías ir más deprisa, estar más ocupada.*

T.: *Este es un problema conocido por ustedes, ya lo hemos comentado antes: el tiempo. Tienen tiempos diferentes. Uno quiere las cosas en 24 horas cuando el otro las quiere en 3 meses. Entonces es difícil entenderse. Quizás en la manera de vivir su sexualidad les pasa lo mismo, necesitan tiempos diferentes, o quizás están demasiado ocupados.*

M.: *Es verdad; ya lo comentábamos el otro día: no tenemos tiempo. Él tiene un manual. Es el libro prohibido.* (Ríen los dos). *Nos lo dio una de las terapeutas que fuimos a ver. Solo lo podía ver él. Dijo que yo no lo podía leer... Es un manual de técnicas sexuales. Al cabo de una semana se cansó y ya no lo miró más. Era todo muy forzado, yo le decía «me haces de psicólogo», y al final le cogí el libro. Ahora lo tenemos en una estantería; no lo hemos mirado más.*

T.: *Parecería que se sienten más cómodos en una relación psicólogo-paciente que en una relación hombre-mujer. Así, vuelve a aparecer la relación activo-pasiva en lugar de la relación de igual a igual.*
M.: *Quizá sí, pero la vida está hecha para luchar.*
H.: *Lo hecho, hecho está.*

Este sería un ejemplo de las dos primeras entrevistas de un caso de trastorno sexual primario. En el capítulo 10 explicaremos con más detalle cómo realizamos el diagnóstico, en general, de las parejas que nos consultan, aunque pensamos que esta viñeta clínica ejemplifica muy bien cómo abordamos un trastorno sexual, dado que lo integramos dentro de la dinámica relacional de la pareja. No siempre es así, pero en este caso el conflicto sexual era la consecuencia de unas dificultades más profundas de la relación.

5.6. Consideraciones clínicas y conclusiones

Nuestra experiencia en los trastornos de la sexualidad se concreta en algunas parafilias y, sobre todo, en las disfunciones sexuales. En el caso de las parafilias, es de gran importancia para el diagnóstico, y sobre todo para el tratamiento, ver en qué tipo de «estructura mental» se inscribe la conducta sexual. Por ejemplo, hay pacientes a los que no les preocupa su conducta sexual, la aceptan plenamente y no la viven con ansiedad ni culpa. Solo consultan presionados por su pareja, que vive la situación como anormal o patológica.

Otros sujetos estarán angustiados, tensos y disconformes con lo que les ocurre, lo vivirán con episodios depresivos o sentirán vergüenza y culpa después de haber realizado el acto parafílico. Entonces se tratará de una estructura de tipo neurótico. Pueden consultar por su problema y, en principio, será de mejor pronóstico que el anterior. El tercer caso será cuando se observen conductas parafílicas en el seno de una psicosis que, a veces, y una vez remite el cuadro más agudo, el sujeto deja de efectuar. Estamos ante una estructura de tipo «psicótico».

Aparte de la estructura subyacente deberemos explorar si su intensidad es leve, moderada o severa.

Desde nuestra experiencia, las personas que viven una parafilia de forma egodistónica consultan normalmente de forma individual, intentando ocultar a su pareja esta vivencia. Será muy difícil establecer a corto plazo un tratamiento de pareja y la propuesta terapéutica se basará en el tratamiento individual. Cuando la viven de forma egosintónica intentan, por lo general, vincular a su pareja y compartir la parafilia. Si la pareja lo acepta y viven su sexualidad satisfactoriamente, lo lógico es que no consulten por ese motivo. Algunas veces sucede que la pareja se somete a los deseos del otro para agradarlo o por miedo a la pérdida o abandono. Entonces la pareja puede consentir practicar esa relación, aunque sin compartirla realmente ni vivirla de forma satisfactoria.

Estas parejas pueden consultar cuando la parte que se sometía rompe esta sumisión y fuerza a su pareja a una consulta psicológica que, en el fondo, el paciente que vive la parafilia no desea. Entonces, la dificultad para establecer un tratamiento eficaz es prácticamente imposible. Pueden simular interés, pero en realidad no se promoverá ningún cambio real.

Con personas que sufren una disfunción sexual el examen médico previo resulta casi siempre imprescindible; deberemos prestar mucha atención a aspectos como problemas hormonales, hepatopatías, alteraciones neurológicas, efectos secundarios de fármacos o cualquier alteración física grave. Como ya hemos mencionado, lo primero es descartar cualquier patología orgánica. De todos modos, lo más frecuente es que la mayoría de estas disfunciones sean de tipo psicógeno y, como parece lógico, un cuadro psicopatológico (depresión, ansiedad, psicosis, fobias, paranoia, etc.) podría dificultar una relaciones sexuales plenas. Es primordial hacer una exploración detallada y se debe tener en cuenta que tras una disfunción sexual podemos hallar situaciones relacionales muy complejas.

Si estamos ante una pareja (que acostumbra a ser lo ideal en terapia sexual), en las primeras entrevistas necesitaremos conocer los puntos de vista de cada uno sobre su sexualidad y averiguar:

a) naturaleza y desarrollo del problema;
b) hipótesis del paciente;
c) intentos previos de solución y resultados;
d) historia del problema;
e) descripción de su vida sexual actual;
f) breve historia sexual de cada uno;
g) métodos anticonceptivos usados y actuales.

Como es un problema que sufren los dos miembros de la pareja, desde un principio será importante enfocar la dificultad como parte de los dos. Si el miembro que no sufre la disfunción viene solo «por ayudar al otro» será difícil que esto ocurra. Otros factores importantes serán la motivación para emprender el tratamiento y la colaboración franca para poder crear un vínculo de confianza con el profesional. Luego, cada una de las disfunciones enumeradas y cada pareja requerirán un tratamiento específico, si bien en términos generales será necesario instaurar (Kaplan, 1978):

a) aumento de la responsabilidad mutua;
b) aumento de la información de que se dispone;
c) cambios en actitudes erróneas;
d) eliminación (o reducción) de la ansiedad;
e) aumento de la comunicación;
f) cambio de estilos y roles sexuales;

Para Otto Kernberg (2017) habrá tres niveles de patología:

Nivel 1. Es el más grave. Predominan los conflictos agresivos y se produce una inhibición primaria de toda sexualidad y erotismo. No hay vida sexual. La agresión y la sexualidad se combinan en perversiones agresivas *peligrosas.*

Nivel 2. Encontraríamos las estructuras narcisistas. El narcisismo patológico implica graves inhibiciones de la capacidad de amar. Se trata de personas que pueden tener una perfecta vida genital, pero que no pueden amar. Según Kernberg, son un desastre para las relaciones de pareja.

Nivel 3. Para Kernberg son las más tolerables. Un grupo lo formarían personas con estructuras limítrofes en las que la disociación del sí mismo y de las relaciones de objeto coinciden con un caos de la vida sexual (promiscuidad, impulsos fetichistas, masoquistas, etc.). Otro grupo serían personas en los que la inhibición sexual ha sido tal que no parecen tener ningún interés sexual. También pueden aparecer prohibiciones edípicas y sentimientos de culpa que o arruinan la relación de pareja o se expresan directamente en inhibiciones sexuales (Kernberg, 2017).

Los conflictos más tratables para este autor se dan cuando los consultantes presentan buena capacidad profunda para amar con algún grado de inhibición sexual por represiones excesivas relacionadas con problemas edípicos. A pesar de todo, el pronóstico es variable y depende del grado de inhibición sexual y del tipo de problema de personalidad que presenten los dos miembros de la pareja para que puedan beneficiarse o no de una terapia de orientación psicoanalítica *(Ibid.)*.

En conclusión, los trastornos de la sexualidad en la pareja son uno de los principales motivos de consulta. Muchas pueden ser sus etiologías, pero una vez se ha descartado el origen orgánico será necesario trabajar con los dos miembros de la pareja para entender dónde está el conflicto, qué tipo de colusión establecen y cómo puede resolverse el trastorno.

6. El impacto de la infertilidad en la familia que adopta

Vinyet Mirabent e Inés Aramburu

La gran mayoría de personas que solicita una adopción, alrededor del 75%, lo hace después de haber pasado por períodos de tiempo más o menos largos en los que se ha visto frustrado su deseo de ser padres por la vía biológica (Cudmore, 2005; Muñoz, 2002). De estas, una tercera parte son infértiles por causa desconocida y el resto tienen un diagnóstico de esterilidad.

En general, tanto las parejas infértiles como las estériles han pasado por una gran cantidad de intervenciones médicas que provocan sufrimiento físico y psíquico. A menudo las parejas explican cómo han sentido invadida su intimidad, controlada por las temperaturas y los días señalados, con gran tensión y desgaste. Con frecuencia, también transmiten cómo, en algún momento, la infertilidad ha incidido en su relación de pareja y en su propia personalidad. Algunas parejas señalan que han podido pasar este período acompañándose y aprendiendo uno del otro; otras, en cambio, sienten que les ha sido más difícil. Pero siempre se sufren diversos duelos y altibajos emocionales en la oscilación entre la esperanza de un hijo y la decepción (Mirabent & Ricart, 2012).

Como profesionales pensamos que es importante tener en cuenta estos sentimientos y el sufrimiento que han padecido para poder acompañarlos cuando estos deciden iniciar el camino hacia una adopción. Desde nuestro equipo pensamos que algunos solicitantes tienen recursos y capacidades emocionales que les han permitido elaborar suficientemente sus pérdidas. En otros casos se hace difícil confirmar que el proyecto adoptivo queda bien definido y orientado hacía el menor en situación de ser adoptado o si se están confundiendo y, en realidad, esperan encontrar al hijo biológico que no han podido tener. Será una de las tareas fundamentales del psicólogo detectar el duelo no elaborado de la infertilidad para recomendar o no la viabilidad del proyecto adoptivo de los solicitantes.

6.1. La infertilidad: causas y consecuencias

Entendemos que una pareja es infértil cuando esta consigue una gestación, pero no llega a término con un recién nacido sano. La esterilidad se da en las parejas que, tras un año de relaciones sexuales sin anticonceptivos no ha conseguido un embarazo. Según datos de la Sociedad Española de Infertilidad, la prevalencia de la infertilidad/esterilidad en España se sitúa actualmente entre un 15% y un 25% (aproximadamente 800 000 parejas). Los expertos estiman con bastante consenso que en los próximos años estas cifras tenderán a «incrementarse», situando la prevalencia en 2020 entre el 18% y el 25% de las parejas en edad fértil. Para esa fecha la incidencia anual se estima en torno a los 18 500 casos/año (Matorras, 2011).

Hay un acuerdo en señalar multitud de factores, además de las alteraciones estrictamente médicas padecidas por el hombre y la mujer, que inciden directa o indirectamente en el aumento de la infertilidad. Entre dichos factores cabe señalar el sobrepeso, la contaminación ambiental, el consumo de determinados medicamentos, la avanzada edad de la mujer cuando busca el embarazo, el consumo de drogas, alcohol o tabaco y la ansiedad y el estrés (Flores, Jenaro & Moreno Rosset, 2008; Seibel & Taymor, 1982).

Para poder abordar las causas y las consecuencias de la infertilidad debemos tener en consideración el significado social y subjetivo de la parentalidad y el no tener hijos (Greil, 1997; Greil, Shreffler, Schmidt & McQuillan, 2011). A lo largo de la historia, la infertilidad se ha solido juzgar como un castigo y desvalorización de la mujer, una deshonra para los suyos; fisiológicamente era considerada inferior a la fértil. En Egipto, la infertilidad llegó a considerarse como causa para la disolución del matrimonio (Moreno Rosset, 2000). Las cuestiones que concernían a la infertilidad/esterilidad eran un tema tabú; se hablaba cuchicheando; en cambio, ahora se da una amplia difusión. Pese a eso, la infertilidad sigue siendo la segunda causa de divorcio (Moreno Rosset, 2009) y la mujer sigue considerándose como «fallida» por no lograr el embarazo, culpabilizándose y castigándose de maneras diversas; y es que culturalmente sigue habiendo tendencia a reducir la sexualidad a la capacidad de procrear, por lo que hombres y mujeres infértiles pueden sentirse desgraciados y ver dañada su identidad al no poseer la función esencial de su género, tal y como se les transmite desde pequeños.

En la actualidad, tener hijos sigue siendo un aspecto importante para la mayoría de matrimonios. Para muchas parejas, la concepción es el resultado esperado de sus relaciones sexuales. La sorpresa proviene de estar ante una situación inesperada, puesto que en los humanos se tiene la creencia arraigada de que la procreación es un «proceso voluntario» que cualquier persona puede alcanzar con la sola condición de realizar frecuentes interacciones coitales (Llavona, 2008). Además, por encima de las presiones culturales también están las presiones parentales por dar continuidad al apellido y a lo genético que suponen una carga psicológica para la pareja infértil (Monga, Alexandrescu, Kartz, Stein & Ganiats, 2004).

Durante muchos años, el psicoanálisis ha estado trabajando e investigando con mujeres que sufrían infertilidad. Desde 1951 hasta 1997 fueron frecuentes los estudios de caso que describían la «infertilidad psicógena» y que señalaban un conflicto inconsciente como causa de infertilidad (véase Apfel & Keyor, 2002, para una revisión). Desde el psicoanálisis, la infertilidad en la mujer se concebía como un rechazo inconsciente hacia la feminidad, la maternidad y el miedo a la sexualidad (Benedek & Rubenstein, 1942; Deutsch, 1945; Seibel & Taymor, 1982). Benedek (1952) fue la primera en sugerir la funcionalidad de la infertilidad cuando no había una etiología orgánica. Observó en sus pacientes cómo, a pesar de buscar conscientemente un hijo, inconscientemente presentaban miedo a la procreación y a hacer daño al bebé. Benedek concluyó que la infertilidad era una defensa somática que protegía a la mujer y al niño no nacido y le permitía, a la vez, no mostrarse ambivalente en su deseo de maternidad.

Otros autores contemporáneos siguen entendiendo la infertilidad como una disfunción psicosomática que surge como respuesta a un conflicto interno inconsciente. Según Joyce McDougall (1991) el fracaso de los mecanismos de defensa ante la ansiedad conlleva que la persona somatice el dolor mental. Cuando la psique se siente en peligro por el resurgimiento de vivencias dolorosas, culpabilizantes o amenazantes, que no se pueden expresar de forma consciente, busca por medios primitivos, no verbales, y, por lo tanto, no simbolizados, enviar mensajes que se expresarán somáticamente. Para la misma autora, esta expresión somática es una defensa contra temores narcisistas o psicóticos (a menudo relacionados con el miedo a perder la identidad) destinada a proteger a la persona de estados emocionales primarios. El deseo de maternidad/paternidad puede estar sujeto a profundas ansiedades y temores inconscientes que subyacen al deseo consciente y que, al no poder estar simbolizados, representados en la mente, se expresan a través de la somatización.

Desde una perspectiva transgeneracional, cuando una pareja es infértil sin causa orgánica es importante tener en cuenta las identificaciones con la figura materna y las experiencias traumáticas previas no elaboradas (o no dichas), ya que estas interfieren inconscientemente en la realización del deseo de un hijo. La transmisión de la vida psíquica entre las generaciones se realiza a través de alianzas y pactos inconscientes, los cuales atraviesan la construcción de la pareja y la familia (Ruiz, 2007).

En numerosas parejas infértiles en vía de adoptar también puede observarse un proceso de «legitimación interna de la función parental», de ahí que en parejas que no han podido tener hijos durante años, cuando están adoptando, se produzca un embarazo (Ruiz, 2007). Tener menos dudas inconscientes acerca de su capacidad parental también disminuye la ansiedad y el cuerpo se desbloquea. La «habilitación interna de la capacidad de cuidado y acogida» de un niño simbolizado en la filiación psicológica posibilita la filiación biológica (Tubert, 1991).

Sea cual sea el origen de la infertilidad, esta siempre supone un impacto para ambos miembros de la pareja. Durante décadas, la investigación había sugerido que la mujer sufría más que sus parejas, si bien estudios actuales muestran que aunque las respuestas entre hombres y mujeres pueda ser distinta, todos sufren el impacto emocional de la infertilidad (Wischmann & Thorn, 2013). Es común encontrar que las parejas respondan ante el deseo fracasado de no tener hijos con síntomas relacionados con la ansiedad, la depresión, el estrés, la ira y la culpa (Bhat & Byatt, 2016; Fido & Zahid, 2004; Matsubayashi *et al.*, 2001; McQuillan, Greil, White & Jacob, 2003; Monga *et al.*, 2004; Moreno Rosset, 2000). Para muchas mujeres, la posibilidad de no tener hijos se transforma en algo amenazante. Quedan envueltas en una crisis en la que se tambalea su proyecto de vida y también su identidad como mujer. Sin el embarazo-bebé quedan sin el «soporte» necesario para transitar lo que debería ser el destino y la realización verdadera de una mujer, es decir, poder ejercer la función maternal (Alkolombre, 2014). En el caso del hombre, la «potencia para procrear» también se ha tomado como referente para definir su virilidad —masculinidad—, poniendo en duda el grado de «hombre» que este sea cuando no puede tener hijos (Llavona, 2008).

Respecto de la relación de pareja, numerosas investigaciones reportan consecuencias negativas en la calidad de vida de estas, presentando una menor satisfacción en las relaciones sexuales y un peor ajuste diádico en comparación con aquellas que no padecen este problema (Hirsch & Hirsch, 1989; Monga, Alexandrescu, Kartz, Stein & Ganiats, 2004). El sexo obligado sustituye la espontaneidad y el placer por la rigidez. Investigaciones sugieren que la infertilidad altera la comunicación entre la pareja y hace que se pierda el interés por el otro, pudiendo llegar a que la pareja se plantee seguir juntos (Burns & Covington, 1999). Buscar un culpable y centrarse en lo que no tienen o no llega puede llevarlos a no ver aspectos positivos de su relación (Moreno Rosset, 2009). Fonagy (2004) señalaba también que los procesos de mentalización de vivencias dolorosas inciden en la relación de pareja. Estos influyen en aquello que accede a la conciencia o se mantiene defensivamente inconsciente, lo que se puede compartir o no. Así, la represión de contenidos psíquicos en uno de los miembros induce a la represión del otro o a la ruptura del vínculo. Otros estudios, sin embargo, sugieren que la infertilidad aumenta la unión, el amor, el apoyo a la pareja y el crecimiento personal (Pasch & Christensen, 2000).

Según el estudio de Greil, McQuillan, Lowry y Shreffler (2011), una vez la pareja se somete a tratamientos de reproducción asistida, el estrés derivado de las diferentes intervenciones se suma al de la infertilidad en sí. Los tratamientos de fertilidad conllevan un elevado estrés para ambos miembros, pero sobre todo para la mujer en la fase de estimulación. El tratamiento farmacológico utilizado para conseguir una estimulación ovárica en la mujer conlleva irritabilidad y dolor de cabeza, además de sentimientos de desvalorización, desesperanza, tristeza y desilusión cuando no se han producido suficientes ovocitos (Moreno, 2009). Otros estudios añaden que las dificultades emocionales derivadas de los tratamientos también se verán afectadas en función de la duración de la infertilidad y del número de tratamientos realizados (Benyamini, Gozlan & Kokia, 2005; Wang, Li, Zhang, Zhang, Yu & Jiang, 2007). Pese a ello, la posibilidad de concebir un hijo supone para estas parejas una motivación suficiente como para afrontar posibles desgastes físicos, psicológicos, económicos, sociales o familiares (Moreno Rosset, Nuñez & Caballero, 1999).

Otros autores destacan que son las cogniciones en relación con la parentalidad, como por ejemplo «una vida sin hijos es inútil y vacía», y la amenaza real de no tenerlos lo que determina el estado emocional con el que se afronta la intervención y el resultado de esta (Fekkes et al., 2003; Verhaak et al., 2007). Según un estudio sueco, cuando el tratamiento ha resultado fallido y finalmente la pareja no consigue tener un hijo, ambos miembros inician un proceso de duelo que tres años más tarde la mayoría sigue sin haber podido resolver (Volgsten, Skoog Svanberg & Olsson, 2010). Diez años más tarde, las parejas infértiles muestran puntuaciones más bajas en autoestima en comparación con las parejas que sí han podido tener hijos. Sin embargo, estas no se diferencian del resto de parejas en otras áreas, como las relativas al trabajo, a la relación de pareja o a la sexualidad (Wischmann, Korge, Scherg, Strowitzki & Verres, 2012).

6.2. Duelo por la infertilidad

Cuando finalmente la pareja no consigue engendrar, distintos duelos relacionados con la pérdida de la capacidad fértil y reproductiva y la pérdida de descendencia biológica se ponen en marcha (Mirabent & Ricart, 2012). Según Freud, el duelo es la forma en la que los seres humanos respondemos ante una pérdida. El duelo implica la larga y dolorosa labor de separarnos de aquello que amamos (deseamos) para, con el tiempo, poder destinar toda aquella libido a otro objeto diferente (Freud, 1917). El duelo no es considerado como algo patológico, pero sí puede llegar a serlo en función de la naturaleza y la rigidez de las defensas que la persona ponga en marcha ante la pérdida, de ahí que Freud diferenciase los conceptos de «duelo» y «melancolía». Para Freud, el duelo tenderá a ser más melancólico (depresivo) cuanto mayor sea el componente narcisista de la personalidad. Si ante la pérdida el sujeto no se encuentra diferenciado del objeto perdido no podrá separarse de él y lo vivirá como un desgarro (Hernández, 2008). Quienes siempre se han considerado «capaces de cualquier cosa» sufren intensamente «la herida (narcisista)» que significa la confrontación de su realidad. Una de las características fundamentales de la melancolía (o depresión) será la presencia de autorreproches y autodenigraciones que pueden acompañarse de una delirante expectativa de castigo (Freud, 1917). En ocasiones esta hostilidad puede quedar proyectada en contra de los médicos o técnicos que fracasan en su intento por hacerlos concebir.

Para Bolwby (1980) y Marrone (2001) el proceso de duelo dependerá de varios factores como la intensidad, la duración y la calidad de la relación entre la persona y lo perdido, la calidad de sus relaciones de apego en su vida temprana, los mecanismos de defensa que utilice normalmente en situaciones de pérdida y privación y, por último, de la existencia o no del apoyo social que rodea a la persona. En la infertilidad/esterilidad la complejidad del duelo es muy amplia. Si se ha dado un diagnóstico claro, el miembro estéril, al experimentar el duelo por la pérdida corporal de la capacidad reproductiva, puede sentirse culpable, desvalorizado y en deuda con la pareja fértil. El miembro fértil puede experimentar sentimientos ambivalentes y contradictorios entre su amor por la pareja y su renuncia a tener hijos. El miembro estéril puede necesitar dar un hijo a su pareja, de la forma que sea, precipitadamente, sin tomar conciencia de la realidad de la adopción ni plantearse si la desean asumir. Es el hijo a toda costa para calmar la culpa, negar el duelo y calmar la herida sufrida (Castillo, Pérez Testor, Davins & Mirabent, 2006; Galli & Viero, 2007; Muñoz, 2002). Además, la pareja deberá enfrentarse al duelo de los hijos no nacidos, hijos imaginados producto de las fantasías inconscientes creadas desde la infancia y las fantasías conscientes/inconscientes hechas con la pareja. Es la renuncia a un hijo que proviene también de aquella persona que se quiere, un hijo que viene del otro. Cuando ha habido abortos previos suele aparecer también el duelo por no haberlos podido proteger, por no haber hecho nada por ellos.

La superación del duelo se dará, por tanto, en función de la salud mental de cada miembro y también del equilibrio interno de la pareja y del apoyo recibido. Por eso, en la actualidad las clínicas de reproducción asistida incluyen programas de atención psicológica para las parejas que sufren infertilidad, aunque el acento de su trabajo suele estar más enfocado al logro del embarazo que al de la comprensión de sus fantasías y ansiedades y a la elaboración del duelo cuando finalmente no pueden ser padres por la vía biológica (Caso, Grinblat & Fermepin, 2001).

El siguiente ejemplo muestra el duelo no elaborado por la infertilidad en una pareja que adoptó hace más de 16 años.

Se trata de la señora B. y el señor F.; actualmente tienen 52 y 54 años, respectivamente; ambos son licenciados en Derecho y tienen dos hijos adoptados. Acuden a la consulta preocupados por la sintomatología que presenta su hijo mayor, E. Explican que E. falsifica notas, miente, inventa historias, roba y falta al colegio. Además consume porros. En la primera visita aparecen importantes discrepancias entre la pareja. El señor F. se queja de que B. es impulsiva y rígida, que «salta muy rápido», y la señora B. le reprocha a F. que parece que pase de ella y la tenga poco en cuenta. La señora B. dice encontrarse agotada, desbordada, y que la relación de pareja «está tocada». El señor F. parece estar de acuerdo e interviene diciendo que ella no lo ayuda y que, como siempre, él acaba encargándose de E. y que el peso lo sobrepasa: «ella, como está mal, delega la responsabilidad de mi hijo en mí y yo no puedo más».

Después de un período de visitas con los padres en las que van apareciendo profundas inquietudes hacia el hijo y hacia ellos como pareja, la señora B. pide unas visitas para ella sola.

En ellas va comentando que le es difícil sentirse reconocida y validada: «me siento la mala, soy una pesada, siempre riñendo, parezco una bruja». Reconoce que es perfeccionista, también con sus hijos: «cuando veo los problemas que tienen me enfado; de hecho, estoy enfada con la vida». Explica también que su marido fue su primer amor de juventud, pero la relación se fue diluyendo. Años más tarde se reencontraron y la reemprendieron. Ella, de forma imprevista, quedó embarazada. En aquel momento la pareja no era sólida, pero ella deseaba tener el hijo. Eran jóvenes y no tenían un proyecto vital, y él se negó a seguir con el embarazo; le dijo que no se veía capaz y que no se haría responsable. Ella tampoco se sentía con recursos para tenerlo sola y a la vez temía perder la relación con él. Abortó y lo pasó muy mal. «Me fui sintiendo profundamente disgustada y culpable; lloré mucho; él, sin embargo se quedó tan tranquilo, como si no hubiese pasado nada; sentí que no me entendía ni me tenía en cuenta. Esto me ha hecho sentir rencor hacia él; de hecho, creo que todavía no lo he perdonado». Después del aborto se produjo un distanciamiento en la pareja que acabó separándolos por unos años. Después de un tiempo, él volvió a buscarla y retomaron la relación. A los pocos meses empezaron a vivir juntos y ella volvió a plantearle tener hijos: él aún no quería. A pesar de ello se quedó embarazada, dice: *«por mis huevos que yo quería otro embarazo».* Al saberlo, en una primera reacción él dijo que no quería saber nada, y ella estaba dispuesta a tenerlo sola; sin embargo, finalmente él cedió y aceptó a su hijo. B. explica que fue muy bonito; juntos pudieron comunicarse y compartir expectativas. Unas semanas más tarde, a mitad del embarazo, una ecografía reveló serios problemas, por lo que les aconsejaron un aborto terapéutico. Los médicos les dijeron que no tenía por qué volver a pasar, aunque no quedaba claro el motivo de las dificultades. Durante unos años esperaron un nuevo embarazo, que no se produjo; no había causa médica que explicase la infertilidad, y tras un tiempo ella propuso la adopción. *«A día de hoy todavía pienso que mis hijos son una venganza para F. y me siento mal por sentir esto y por haberme dejado influir para abortar aquella primera vez. También me siento mal al ver a mis hijos; me duele que sean como son».* En otra visita reconoce que busca la perfección y que esto le genera muchos problemas de convivencia. *«Me siento vacía y culpable; soy muy ejecutiva e impulsiva y tiendo a imponer mi criterio hasta que los demás se cansan. Me siento triste, es un sentimiento muy intenso, no veo nada bueno en mí y se me ha pasado por la cabeza la idea de suicidarme; he tocado fondo, me quiero morir. Genero conflicto en casa, soy dura y poco flexible tanto con mis hijos como con mi marido; lo estoy empezando a entender ahora. Les hago daño; todos estarían mejor si yo no estuviese; me siento culpable de haber adoptado, él no quería y yo lo forcé. Con el tiempo he ido notando que me he separado de mis amigos, supongo que es porque hablan de sus hijos, de sus éxitos y les tengo envidia; veo a los míos, con problemas, y pienso que no lo hemos sabido hacer, que no he sido una buena madre».*

Vemos que en esta pareja coexisten distintos problemas que han persistido a lo largo de los años de relación y que subyacen en el psiquismo de ambos duelos no resueltos, que están incidiendo en el estado mental de la señora B., en la relación de pareja, en el equilibrio familiar y en los roles parentales con los hijos. El aborto provocado que la pareja realizó en su juventud ha tenido graves consecuencias emocionales en ambos miembros, sobre todo en la señora B. El desacuerdo vivido en esa decisión y la elección que ella tomó no han sido elaborados; ha permanecido el dolor de la pérdida que ha derivado en un estado mental depresivo y melancólico en el que añora e idealiza el hijo no nacido junto con una gran culpabilidad por no haberse mantenido en su deseo de tenerlo. Le resulta imposible sostener el dolor y fluctúa entre la culpa hacia sí misma, con pensamientos desvalorizadores y autolesivos, y la culpa hacia la pareja, en la que proyecta la rabia y la responsabilidad de lo ocurrido. Por otro lado, él se mantiene en una negación de su propia responsabilidad en el aborto, como si aquel hecho no hubiese ido con él.

Por otro lado, la dificultad de la señora B. para conseguir nuevos embarazos también puede estar vinculada con los conflictos psíquicos no elaborados en relación con su primer aborto. Esta situación psíquica podría haber llevado a la señora B. a organizar, siguiendo a Joyce McDougall (1991), un funcionamiento mental somatizador del dolor que impediría un nuevo embarazo. Este la hubiese podido llevar a revivir tanto la culpa por el primer aborto como la agresividad hacia su marido por no haberla apoyado. Sus mecanismos defensivos (proyección, escisión) fracasan ante la ansiedad y la conducen a la somatización.

Otro aspecto a comentar es que la decisión de adoptar también fue tomada de forma ambivalente. Junto con el deseo de formar familia de forma sana, también había en ella, como dice, la venganza por la falta de apoyo de él en el primer embarazo, y en él, el sentimiento de culpa que lo llevaba a seguir el deseo de ella. Se trata, más que de una decisión reflexionada y responsable, de una imposición en la que ella busca pasarle cuentas y él hacerse perdonar, por encima de un verdadero proyecto adoptivo. Ella decide y él, en cierta manera, se somete si no quiere perderla. Ella antes se sometió para no perderlo; ahora la situación se ha invertido. Por eso, esta situación no ha permitido que a lo largo de los años haya habido una comunicación suficiente entre ambos. No se ha dado la posibilidad de compartir el dolor por esa pérdida provocada y, por tanto, tampoco la posibilidad de elaborar la culpa, la decepción y los desacuerdos con el otro. Ello ha ido organizando una relación de pareja colusiva, basada, como dice Bleichmar (2010), en un duelo patológico en el que se intercalan los momentos de agresividad con los de culpa; la rabia va de uno a otro de forma proyectiva. En la pareja fluctúan momentos en los que pueden cooperar para atender las necesidades de los hijos adoptados con otros en los que su conflicto impide que puedan formar equipo para ejercer las funciones familiares básicas: generación de amor, contención de la ansiedad, ayudar a pensar y dar esperanza (Meltzer & Harris, 1989).

Este conflicto quedó oculto bajo las cualidades y recursos que tiene la pareja y se hizo imposible de detectar en el proceso de idoneidad en el que la señora B. reconoce que ocultó parte de la información. Vemos, pues, cómo la base emocional del proyecto adoptivo es frágil. Los conflictos internos de cada miembro y de la pareja como tal no han dejado suficiente espacio mental para ayudar, mentalizar y sostener el dolor de su hijo E. Este no ha podido elaborar duelos y pérdidas propios junto con sus padres y ha desarrollado un funcionamiento proyectivo y actuador en la adolescencia. E. necesitaba y necesita unos padres que puedan aguantar, sostener y tolerar las diferentes manifestaciones emocionales. Solo así va a poder integrar las experiencias y conflictos actuales. Estos están teñidos por las huellas y vacíos emocionales de su pasado de carencias y pérdidas. Es la respuesta sensible de los padres la que permite reparar, contener y poner palabras para que así pueda transitar hacia una mayor reorganización interna que lo lleve a experiencias de vida positivas (Mirabent, 2017).

Con demasiada frecuencia, y con la finalidad de aliviar el dolor y ofrecer esperanza, los equipos médicos suelen sugerir otras alternativas de parentalidad como la adopción. Para las parejas, la adopción es vista como la solución a la infertilidad, ya que les permitirá, por fin, ser padres. Sin embargo, será necesario elaborar sentimientos de vacío por el hijo biológico que no tendrán y la rabia por no tener lo que parece tan natural: la rabia hacia la vida antes de tomar la decisión de adoptar (Sherrod, 1992). Ambos miembros no pueden elaborar el duelo y reaccionan de forma maníaca y negadora de la situación dolorosa que no pueden aguantar y buscan la «salida rápida» hacia la adopción, sin percibir las diferencias. Dichas defensas maníacas van dirigidas a una afirmación de la normalización y de los derechos de los padres (Galli & Viero, 2007). En las entrevistas de idoneidad con los solicitantes de una adopción observamos muchas veces cómo el duelo se ha ido haciendo poco a poco: a medida que se han ido acumulando los fracasos médicos se ha ido imponiendo otra realidad en la mente. Entonces, cuando la pareja solicita adoptar puede tener bastante asumida su situación, con cierto dolor incluso, pero orientados hacia la adopción como un proyecto diferente.

Hay duelos en la vida que nunca se resuelven totalmente; lo que es importante es que dejen espacio para ilusionarse y reconocer otras realidades. Sabemos también que puede haber parejas en las que este duelo no está verdaderamente asimilado a pesar de lo que verbalmente transmiten. Pensando en ello nos preguntamos: ¿Cómo será la vinculación con el hijo adoptivo? ¿Cómo ha quedado en su fantasía el hijo biológico que no han tenido?

A continuación ejemplificaremos, a través de un caso, el duelo no elaborado de una pareja infértil que se encuentra realizando las entrevistas para conseguir el certificado de idoneidad.

Se trata de la pareja formada por la señora S. y el señor C., de 32 y 45 años respectivamente. Ambos son licenciados y de un nivel socioeconómico alto. Llevan juntos desde la adolescencia y se casan poco después de acabar la carrera. Buscan un hijo desde hace más de 5 años. Después de intentarlo de forma natural durante un año no consiguen el embarazo y deciden someterse a tratamientos de reproducción asistida. En el momento de la valoración de la idoneidad llevan cinco in vitros que no han dado resultado y se encuentran a la espera de hacer la sexta. Los médicos no han encontrado causas orgánicas que expliquen la infertilidad. Este hecho los ha llevado a cambiar de clínica en tres ocasiones pensando que los médicos que los atendían no eran lo suficientemente buenos. En relación con el deseo de adoptar, dicen que «desean ser padres»: «Preferíamos un hijo biológico, pero visto que no podemos, hemos pensado iniciar el proceso de una adopción; llevamos muchos años intentando ser padres y estamos cansados; sabemos que el tema tarda y por eso hemos decido empezarlo ya». De su historia sabemos que el padre de ella murió en un accidente de coche cuando S. tenía 6 años. «Yo iba con él en el vehículo; esto es algo que nunca hemos hablado en mi familia y prefiero no hacerlo. ¿Qué tendrá que ver mi historia con poder adoptar?».

Finalmente explica que su madre nunca ha hablado con ella del «tema». «Nunca la he visto llorar y tampoco me ha dejado hacerlo a mí». Describe a una madre exigente y dura con ella. «Siempre me decía: esto podrías hacerlo mejor... Lo que yo hacía nunca era suficiente». S. es hija única, pero piensa que de no haberse muerto su padre habría tenido algún hermano, porque recuerda que sus padres lo estaban buscando.

De la historia de él destaca que sus padres han muerto recientemente a causa de una enfermedad. «Me hubiese gustado darles un nieto, lo deseaban mucho». «Antes lo hablaba con ella; le decía que cuando tuviéramos un hijo, de la forma que fuera, lo llamaríamos como mi padre y mi abuelo, que les haría mucha ilusión. En mi casa siempre hemos sido muchos». Él es el tercero de cuatro hermanos y su padre el primero de diez. De la familia del abuelo paterno explica que tuvieron diez hijos, pero más embarazos: los dos primeros murieron al nacer. Cuenta como anécdota que los dos hijos fallecidos se llamaban como el padre: «menos mal que a la tercera fue la vencida y pudo nacer un C., y luego ya ve... fue un no parar... nacía un hijo y al cabo de dos meses se embarazaba de otro».

En entrevistas posteriores aparece la vivencia persecutoria y el reproche hacia el proceso de idoneidad. «Ayer vino una

trabajadora social a casa para investigar el estado de nuestra vivienda. ¿Por qué lo tienen que mirar todo? Nos parece sorprendente que si el niño tiene que llegar de aquí tres años, por lo menos, tengamos que tenerlo todo preparado ahora»
Al hablar sobre su conocimiento acerca de la adopción y la realidad de los niños, niegan que entre estos y los biológicos haya grandes diferencias. «En la fase de formación nos pareció que exageraban un poco; yo creo que cuando adoptas a niños más o menos pequeños tampoco se enteran de mucho. Realmente estamos un poco desencantados; esto no es como nos imaginábamos; pensábamos que nos llamarían, ¡con la de niños que hay sin familia! Y al revés, la sensación que tenemos es que solo ponen palos en las ruedas».

El caso de S. y C. es el ejemplo de una pareja en la que no se ha podido elaborar el duelo por la infertilidad. Uno de los indicadores que apuntan a la no elaboración del duelo es que siguen pendientes de una in vitro, es decir, que no han renunciado a la parentalidad biológica que es la que «preferirían». Nuestra experiencia nos muestra la importancia de que la pareja haya renunciado a la parentalidad biológica, como mínimo en el momento de solicitar la adopción, con la finalidad de evitar la duplicidad de proyectos. Si no han renunciado al «hijo biológico deseado» es difícil que puedan darle un lugar al hijo que será adoptado. En parejas donde la infertilidad no ha podido elaborarse es frecuente observar un proyecto adoptivo poco sólido.

A menudo, la adopción es una actuación, una huida hacia delante con la finalidad de conseguir un hijo, tal y como dice C.: «de la forma que sea». Es el hijo a cualquier precio, el hijo a toda costa que viene a satisfacer el vacío y el duelo no elaborado de sus padres. Por este motivo los solicitantes tienden a expresar la idea de que el hijo adoptado es como uno biológico. La negación de las diferencias muestra la necesidad de evitar sentir el dolor por la infertilidad y los hijos biológicos deseados y no nacidos. El riesgo está en no poder observar lo específico y lo particular de adoptar a un hijo que previamente ha sido abandonado.

En el caso de S. y C. se observan, además, un cúmulo de duelos no resueltos en la familia de origen que, pensamos, están interfiriendo de forma inconsciente en su deseo de parentalidad. Ambos describen dinámicas familiares que han impedido nombrar y elaborar los duelos. En ambas familias el dolor es silenciado y actuado. En este caso en particular, ni S. ni C. pudieron acercarse al dolor sentido, propio o ajeno, sino que se sumaron al funcionamiento evitativo y fóbico poniendo en marcha mecanismos de defensa de negación.

Cuando la intervención de los profesionales pone en evidencia su funcionamiento y cuestionan su equilibrio, no pueden reflexionar ni conectar con el dolor; se ponen en marcha ansiedades persecutorias y necesitan alejarse aún más mediante un funcionamiento proyectivo mediante el cual son los psicólogos y el proceso adoptivo los inadecuados: «¿Qué tendrá que ver mi historia con poder adoptar?», «los profesionales nos ponen palos en las ruedas»... etc. son algunos comentarios que muestran cómo la pareja proyecta en el profesional su sentimiento de menosprecio y desvalorización que oculta duelos segregados que provocan gran ansiedad, y de la que tienen que defenderse mediante distintos mecanismos psíquicos. Es importante destacar también el rol del trabajador social en el proceso de idoneidad. Se trata de una visita a domicilio donde el objetivo es confirmar que los padres se encuentran «anidando», «esperando» un hijo que ya ocupa un lugar, no solo mental sino también físico, que está preparado para recibir y atender al menor con todas sus necesidades. S. y C. no pueden conectar con la necesidad de un proceso de idoneidad que garantice la atención a las necesidades del menor y que pueda certificar que va a estar acogido por unos padres sensibles y empáticos, que tienen un ambiente familiar cálido y acogedor. No se trata de tener casas perfectas, sino de disponer de un espacio que garantice mínimamente la buena convivencia.

En general, pensamos que los solicitantes tienen recursos y capacidades emocionales que les han permitido elaborar sus pérdidas suficientemente. El duelo bien elaborado transforma la infecundidad biológica en fecundidad afectiva; la madre y el padre adoptivos serán fecundos desde el afecto, aunque no desde lo biológico. En otros casos, nos quedan dudas e interrogantes sobre si su proyecto adoptivo está bien definido y orientado hacia el menor en situación de ser adoptado o si se están confundiendo, como en el caso que hemos presentado, y, en realidad, esperan encontrar al hijo biológico que no han podido tener. En los casos en que los solicitantes no han podido realizar un proceso de duelo, y su proyecto se aleja mucho de la realidad de la adopción, no se puede recomendar su viabilidad.

6.3. Consecuencias del duelo no elaborado en la filiación adoptiva

La filiación es un proceso simbólico que se produce en la mente de padres e hijos y que se da tanto cuando el hijo es biológico como adoptado. Es un proceso que se inicia mucho antes de producirse el encuentro entre padres e hijos y está vinculado al deseo y a las expectativas conscientes e inconscientes de los padres. Durante el período previo a la adopción, los padres van creándose expectativas conscientes e inconscientes acerca de su futuro hijo, de ellos como padres y de la familia que formarán. A medida que el deseo y sus expectativas e ideales se van configurando, los padres van construyendo un «nido» simbólico en su mente. Es un proceso emocional interno que va preparando el terreno psíquico para acoger al hijo. Posteriormente, con la llegada del niño, los padres deberán ir aceptando poco a poco a su hijo «real» en un proceso de reconocimiento mutuo, identificación y pertenencia que permitirá la verdadera filiación (Soulé & Noel, 1993; Gerhardt, 2008).

Para que el proceso de filiación pueda llevarse a cabo con éxito será imprescindible que las expectativas de los padres estén ajustadas a la realidad y que el deseo del hijo no esté basado en llenar los vacíos y las frustraciones de los padres. Será importante que antes de adoptar los duelos de los solicitantes hayan sido elaborados suficientemente y que estos se hayan conciliado con su propia realidad (Davins, Pérez Testor & Castillo,

2002; Mirabent *et al.*, 2009). Veamos a continuación cómo impacta el duelo no elaborado de la infertilidad en la vinculación entre padres e hijo adoptado.

La construcción de la familia adoptiva se hace precisamente a partir de duelos. El niño que llega por la vía de la adopción siempre lleva consigo importantes pérdidas y separaciones vinculares que difícilmente habrá podido elaborar. La relación que ha tenido con adultos es, en general, insuficiente, precaria y grupal, y sus necesidades individuales han estado poco atendidas y reconocidas (Giberti, 1994). Traerá consigo duelos pendientes de elaboración, y van a ser los padres que lo adoptan los que van a tener que encargarse de este trabajo añadido. Cuando el duelo por la infertilidad no ha sido elaborado, cuando este queda lejos de la consciencia, segregado en la mente, interfiere seriamente en la relación entre padres e hijo. Se arraiga en los padres un funcionamiento disociativo y proyectivo por el que las emociones no pueden ser mentalizas. Los padres adoptivos entonces no disponen con libertad de sus capacidades emocionales, viven su propio conflicto, y con demasiada facilidad, de forma inconsciente, no tienen en cuenta las necesidades reales de su hijo, al que otorgan un rol que debe cumplir: el del hijo biológico que no han tenido, incluso a riesgo de provocar auténticos conflictos que pueden llevar a la ruptura familiar (Juri, 2011). Este debe responder a las expectativas de los padres y no debe plantearse interrogantes y conflictos que pongan en primer plano su procedencia, ya que de nuevo se abriría el duelo pendiente por la infertilidad que los padres necesitan seguir negando (Mirabent & Ricart, 2010). Los duelos que no han podido elaborarse eclosionan en primer plano ante nuevas pérdidas o conflictos (como pueden ser las dificultades de filiación de un hijo adoptivo o su llegada a la adolescencia), se rompe la disociación y hace su aparición lo segregado con gran ansiedad, que tiende a expulsarse de forma actuadora y proyectiva, normalmente hacia el hijo adoptado, pues no se mentalizó la pérdida (Fonagy, 2004; Target, 2007). En cambio, los padres que han tolerado las incertidumbres y el dolor que produce el saber de su infertilidad y que han sido capaces de aceptarla, pueden crear un espacio mental más adecuado, no tan contaminado por expectativas y preconcepciones, que permitirá una mejor adaptación del niño. Además, serán capaces de identificar las necesidades del menor y acompañarlo en la elaboración del duelo por el abandono, reduciendo su ansiedad y afianzando su capacidad para mentalizarse y vincularse afectivamente (Golano & Pérez Testor, 2013). La verdadera función de reparación de los padres pasa por la mentalización del estado mental del hijo (Fonagy, 2004).

Otra de las consecuencias que puede darse cuando el duelo de la infertilidad no ha sido elaborado es no permitir el acceso a la historia familiar. Si la pareja no es capaz de narrar, de dar sentido a su propia historia como pareja, hacer puentes entre pasado y futuro será difícil que puedan transmitirle a su hijo el deseo de adoptarlo. Paralelamente, en algunos casos se evita contar el origen traumático del niño. La comunicación de los orígenes es una tarea normativa de los padres adoptivos y un derecho del niño. Tanto clínicos como investigadores están de acuerdo en que una comunicación abierta, basada en la confianza y en la calidez, ayuda a que el niño pueda elaborar el duelo por el abandono y desarrollar una identidad sana e integrada. Además, aumenta la autoestima de los niños y reduce el riesgo de que estos presenten trastornos de conducta (Aramburu, 2014; Aramburu *et al.*, 2017; Brodzinsky, 2006). Pese a ello, nos encontramos con familias que frecuentemente dicen que sus hijos «no preguntan» y que el discurso acerca de la adopción ha quedado reducido al viaje y a las fotos que hicieron entonces. Detrás de esta superficialidad a la hora de transmitir información acerca de sus padres biológicos o del motivo de su abandono encontramos dificultades propias de los padres adoptivos para asumir la infertilidad que los ha impedido legitimar su función de padre y madre (Beramendi, 2003). Cuando una pareja pretende evitar hablar con su hijo acerca de su condición de adoptado bajo el pretexto de que «es por su bien», que «así no sufrirá», constituye un síntoma grave que tiene que ver con fingir que el niño fue concibo por ellos, negando la esterilidad (Muñoz, 2002). Proyectan en el hijo su propio dolor, el sufrimiento de sus daños no resueltos y lo utilizan como excusa para no enfrentarse a ellos (Lapastora Navarro, 2008). Si en los padres subyace la idea de que la filiación verdadera solo se consigue a través de la biología, pueden vivir como un fracaso que el niño tenga curiosidad e interrogantes acerca de sus orígenes. Las preguntas de su hijo serán vividas de forma persecutoria, sentirán que están poniendo en duda su capacidad parental y despertarán el temor a que el hijo pueda abandonarlos. En este sentido, en la adolescencia, la progresiva y normal separación y autonomía del hijo puede ser vivida como un abandono. Además es un momento en el que los chicos tienen grandes inquietudes por conocer sus orígenes, viajar a su país de nacimiento, saber quiénes son sus progenitores... etc. En este contexto los padres pueden interpretar de forma inadecuada las verdaderas necesidades del niño (conocerse a sí mismos) y sentir tristeza, vacío o resentimiento frente a la búsqueda de información de este. Helen Deutsch observó que cuando una mujer podía reducir su narcisismo y liberarse de su autodesvalorización por ser madre adoptiva (es decir, por su infertilidad), podía disfrutar de su maternidad en relación con su hijo adoptivo sin inhibición, reducir sus exigencias y comunicarle con menos miedos su estatus de adoptivo (Garma, 1985). Aceptar que hubo «otros» y sostener el duelo del hijo sin caer en la negación y minimización de los sentimientos del niño o en el enfrentamiento solo podrá darse si los padres tienen suficientemente elaborado su duelo por la infertilidad.

En otras ocasiones, los padres adoptivos que no han resuelto el duelo de su infertilidad pueden sentir rivalidad y competición con los progenitores, pues sienten que ellos les disputan la verdadera parentalidad. Aquí está en juego que ante comentarios como «los otros me tratarían mejor», los padres adoptivos no puedan encontrar respuestas adecuadas y se cronifique el conflicto mutuo y el resentimiento (Mirabent *et al.*, 2009). Otra consecuencia, cuando no se ha resuelto el peso de lo genético, es sentir al hijo como un extraño, parecido «a los otros» cuando este se desarrolla física y emocionalmente durante la adolescencia. Así, el hijo no consigue sentirse querido como el biológico, ni acogido por sus padres en su totalidad. Llega a creer que solo lo querrán en función de si gusta o si se parece a sus padres adoptivos. Este sentimiento lo llevará a poner a prueba el amor por sus padres, con provocaciones y pasos al acto.

También pueden aparecer en los padres dificultades para integrar la etnia diferente y la negación de los sentimientos del niño ante el hecho de sentirse de otra etnia. Hacen comentarios como «hoy en día ya no hay racismo», «en el colegio hay niños de muchas razas, ella será una más, no tiene por qué afectarle»... etc. Minimizan o niegan la realidad de que las diferencias étnicas en los niños los pone en contacto con sus distintos orígenes. Para el adoptado, ser de otra raza implica haber nacido de otros que no son sus padres y haber sido abandonado por ellos (Mirabent *et al.*, 2009).

A continuación vamos a ilustrar con un caso cómo se manifiesta el duelo no resuelto de la infertilidad en el proceso de comunicación de los orígenes.

Se trata del caso de M., una mujer de 45 años. En la actualidad tiene dos hijas adoptadas junto con su marido y consulta preocupada por la mayor, K. Fue adoptada a los veinte días de nacer en nuestro país. Su madre recuerda un encuentro dulce y muy esperado: «era tan pequeñita y tan mía». «Nunca hemos tenido queja, siempre ha sido buena y se ha portado muy bien. En el colegio nunca ha dado problemas y sacaba muy buenas notas, era fantástica, todo nos iba bien [...]. Este año, al cumplir los 13, todo se ha girado. No sé qué le ha pasado; me contesta y no me trata bien [...]. En mi casa nunca ha habido gritos ni odio. Ella no para de chillar y tenemos discusiones diarias; todo le parece mal, cualquier cosa que dices le molesta. Siento que está empeñada en hacerme daño. El otro día me dijo que yo no era su madre, y me dolió tanto que me puse a llorar y le dije: ves, solo quieres hacerme daño». Siempre había escuchado que la adopción de niños más mayores podía ser complicada, pero al adoptarla a los 11 días pensamos que sería más fácil; no ha sufrido prácticamente nada y nosotros le dimos todo el cuidado y atención; a veces pienso que es una desagradecida».

En relación con sus orígenes dice que nunca ha preguntado, y que tampoco le han dado al tema mucha importancia, que «¡son 11 días al lado de 13 años que lleva con nosotros! No sé qué ha cambiado, pero quiero que vuelva a ser la niña que era, la que yo me había imaginado».

Como puede observarse, K. presenta diferentes duelos, como el del abandono, que se han mantenido oculto en su interior y que ha irrumpido con fuerza en la adolescencia. Ahora tiene pocos recursos emocionales para afrontarlos. En la infancia asumió el papel asignado: la hija agradecida que no daba problemas y era dócil. Como dice Rygaard (2008), cuando los padres no pueden tener suficiente espacio mental para representarse los distintos sentimientos y emociones del hijo, una forma de adaptarse es complacer y prever las expectativas parentales. Necesita el vínculo, su atención y cuidados; tiene miedo a cometer errores y reprime o disocia desacuerdos y agresividad y en él subyace el temor al rechazo si expresa el conflicto.

Con la irrupción de la adolescencia, K. no puede mantener el frágil equilibrio interno y emerge el conflicto y duelo pendiente que mantuvo disociado, segregado, con lo que aparecen de golpe serias dificultades en la relación entre padres e hija. Se puede observar también cómo las fantasías e interrogantes acerca de sus diferentes orígenes están por elaborar. M. y su esposo no han podido crear una comunicación con su hija que haya permitido la elaboración progresiva a lo largo de las distintas etapas de la infancia, lo que habría dotado a K. de una base más sólida y de recursos emocionales para afrontar la adolescencia con mayor seguridad interna. Los padres, sobre todo la madre, no tenían suficiente espacio mental debido al duelo no resuelto por la infertilidad, y para una hija diferente, con su propia identidad, personalidad y orígenes. Así, mantuvo en su fantasía a la hija no tenida, idealizada, en la que K. encajó a lo largo de su infancia, aunque no ahora, en la adolescencia, cuando irrumpen los conflictos propios de la construcción de la identidad.

Otro caso es el de los padres de A. El señor P. y la señora S. adoptaron a su hija a los 2 años en un país de Europa del Este. Ahora ella tiene 16 años. El señor P. se muestra muy preocupado por su hija. Recientemente ha empezado a distraerse en clase y su rendimiento escolar ha bajado. Solo tiene ganas de salir y pasárselo bien. «Pensamos que igual tiene TDAH; su madre biológica consumía alcohol y nos dijeron que esto igual podía afectar a su capacidad de concentración». El señor P. es ingeniero y siempre ha sido un hombre perfeccionista que ha dado mucha importancia al trabajo y al estudio. «Yo a A. la he supervisado siempre; siempre he estado pendiente de su trabajo, pero ahora no me deja. También estamos preocupados por si, ahora que empieza a salir, bebe». El señor P. está convencido de que puede engancharse más fácilmente que otro a las drogas: «los genes son los genes». Últimamente la notan más enfadada; tiene una «rabia que yo no sé de donde sale; es como si ya no le interesásemos. En relación con sus orígenes, no le hemos explicado casi nada; solo sabe que la fuimos a buscar y ya está. Es muy dura su historia, y tampoco queremos hacerle daño, además de que tampoco pregunta mucho y eso debe ser porque no le interesa demasiado. Sobre la madre biológica no le hemos dicho nada. ¿Qué le vamos a decir? ¿Que era una joven borracha que se quedó embarazada de no se sabe quién y que de lo poco que la cuidó le tuvieron que retirar la custodia? Para eso es mejor no decirle nada».

El señor P. y la señora S. intentaron buscar un hijo biológico, pero no lo consiguieron. Fue el señor P. quien propuso adoptar y no someterse a ningún tratamiento de fertilidad. La señora S. recuerda que su marido no quiso hacerse pruebas diagnósticas; las de ella no rebelaron problemas fisiológicos que justificaran la infertilidad. La señora S. estuvo de acuerdo en no someterse a tratamientos: «no me apetecía pasar por ello, aunque a veces pensamos que nos ha quedado una espinita clavada; de haberlo intentado quizás hubiésemos tenido un hijo nuestro; ahora no nos estaría pasando esto».

Este es otro caso de una pareja que no ha podido elaborar el duelo por la infertilidad. El peso que los padres otorgan a lo genético lleva a que, en un período difícil de diferenciación y separación, como es la adolescencia, sientan a A. como una extraña, parecida a los «otros» y diferente de «ellos». P. proyecta en su hija la imagen que se ha construido acerca de los padres biológicos de A. La dispersión en el colegio y las ganas de salir los pone en contacto con el duelo por la infertilidad, con el sentimiento de «no es hija nuestra». El caso muestra la idealización del hijo biológico no tenido y cómo estas fantasías y duelos no resueltos están dificultando el proceso de identificación entre padres e hija, necesario para consolidar una verdadera filiación. Paralelamente, la no elaboración del duelo ha impedido a la pareja afrontar la comunicación con su hija de los orígenes. Pretenden evitarle el dolor, si bien, como hemos comentado, esta dificultad tiene que ver con la incapacidad de los padres para conectar con su propio sufrimiento y aceptar la infertilidad.

En la clínica es habitual que nos encontremos con casos como el del señor P. y la señora S., quienes renuncian enseguida al hijo biológico y parecen estar predispuestos a realizar una adopción sin pasar por exploraciones médicas y tratamientos de fertilidad. Sin embargo, en ocasiones se tiene el miedo a volver a fracasar y la adopción se convierte en una salida rápida y segura que evitará sentir la herida de la infertilidad. Cuando el duelo no puede reconocerse, no puede mentalizarse, y queda segregado de la conciencia de los padres; sin ellos saberlo, les impide disponer de sus capacidades para atender y reconocer a su hijo y que pueda producirse un sano proceso de filiación.

6.4. A modo de conclusión

La infertilidad afecta a miles de parejas en nuestro país. La investigación informa de los distintos factores físicos y psíquicos que influyen en el diagnóstico de esta y en su impacto en quien la padece y en la pareja. La imposibilidad de tener hijos de forma biológica es, y ha sido, uno de los principales motivos por los que las parejas deciden iniciar el proceso de adopción. Como profesionales es importante tener en cuenta los sentimientos y el sufrimiento que han padecido para poder acompañarlos cuando deciden iniciar el camino hacia una adopción.

En la formación y desarrollo de la familia adoptiva subyacen duelos profundos, tanto en los padres como en los hijos. De los padres va a depender la aceptación del niño con toda su realidad y la comprensión de sus necesidades. A lo largo del capítulo hemos procurado mostrar la importancia de que antes de realizar una adopción los futuros padres hayan elaborado suficientemente sus duelos, en particular el de la infertilidad, para que no condicionen demasiado su deseo, sus expectativas hacia el niño y su capacidad para captar, entender y responder a sus necesidades específicas para reparar el daño psíquico con el que llega. La finalidad consiste en poder garantizar una verdadera inserción del niño en la familia y un desarrollo sano del vínculo paternofilial. Que los padres adoptivos puedan estar disponibles para ayudar a elaborar a sus hijos los múltiples duelos que conlleva haber sido abandonado y, en la mayoría de las ocasiones, haber sufrido carencias y haber tenido unos cuidados insuficientes, va a depender de si la elaboración del duelo por su infertilidad los ha permitido sentirse padres y madres legítimos de ese hijo. Solo así podrán aceptar y hacerse cargo de los aspectos de la relación con él que pongan en primer plano la diferencia que implica la parentalidad adoptiva.

Cuando el duelo por la infertilidad no ha podido realizarse adecuadamente, los procesos de identificación que llevan a sentir al hijo como portador de la continuidad genealógica, aunque no haya nacido de ellos, se dan de forma muy parcial, y el riesgo es, entonces, que los padres vivan al niño como un extraño en casa y que el menor sienta que no pertenece a la familia, desarrollando una identidad poco integrada. Este hecho conllevará una progresiva conflictividad en las relaciones familiares que puede llegar, desgraciadamente, a la ruptura.

La función de los profesionales que atendemos a parejas que desean solicitar una adopción y a los padres que ya han adoptado se centra en ayudarlos a comprender mejor las necesidades con las que llegan los niños adoptados y velar para que puedan disponer de un espacio mental suficiente, libre de fantasmas, que permita anidar a ese niño. Durante el proceso de idoneidad con frecuencia observamos a parejas o personas que no han podido elaborar los distintos duelos por la infertilidad. Entonces intentamos que puedan acercarse a ello para aceptar un trabajo terapéutico personal y profundo. Algunos solicitantes muestran un funcionamiento defensivo y disociativo rígido, que mantiene el duelo encapsulado, lo que no les permite dejarse ayudar. Entonces no podemos validar su proyecto, ya que no disponen de espacio mental para afiliar a un menor adoptado. En otras ocasiones los solicitantes se sienten acompañados por los profesionales y reaccionan con introspección y sensibilidad, pudiendo conectar con el dolor y con las vivencias que no han podido elaborar, y se muestran bien dispuestos a buscar ayuda psicológica. La experiencia nos muestra que el trabajo psicoterapéutico les permite comprender sus propios vacíos, diferenciar al hijo biológico no tenido del menor que está en situación de ser adoptado y decidir si la adopción es verdaderamente un proyecto para ellos. Algunos renuncian y abren otros caminos en su vida; otros siguen adelante con mayor disponibilidad y espacio mental para la realidad y especificidad del hijo adoptivo, rescatando así su función parental y encontrándose en mejores condiciones psíquicas para ejercerla.

7. Violencia en la pareja
Berta Aznar Martínez

7.1. Introducción

Este capítulo aborda el fenómeno de la violencia en la relación de pareja desde una perspectiva multidisciplinar. Evidentemente, el foco se situará en los mecanismos psicológicos que sustentan y sostienen las relaciones de maltrato y el tratamiento indicado en estos casos, aunque creo que otras variables son dignas de mención en un capítulo que pretende explicar un fenómeno tan complejo.

Iniciaré el capítulo con una breve contextualización del centro y las unidades en que atendemos estas situaciones y algunos datos relevantes del problema de la violencia en la relación de pareja en la actualidad para centrarme después en los factores de riesgo y terminar definiendo las indicaciones y pautas del trabajo terapéutico. En cada uno de los apartados se incluyen viñetas clínicas para ilustrar los conceptos abordados.

7.1.1. Contextualización de la intervención

En el Centro Médico Psicológico (CMP) de la Fundació Vidal i Barraquer (FVB) tratamos este problema esencialmente en dos unidades: la Unidad de Atención a la Mujer (UNADOM) y la Unidad Asistencial de Pareja y Familia (UAPF). Es importante remarcar que no todos los casos en los que hay violencia en la relación de pareja son susceptibles de ser tratados en ambas unidades. Dependerá de la psicopatología de uno o de los dos miembros de la pareja, del tipo y del grado de violencia presente en la relación y de los roles de poder que se den entre los miembros de la pareja. En el apartado «Tratamiento» especificaré las indicaciones terapéuticas en cada caso.

La UNADOM es un servicio subvencionado por la Generalitat de Catalunya en el que se atiende a mujeres, preferente pero no exclusivamente, del área metropolitana de Barcelona que han sufrido situaciones de violencia y que desean recibir tratamiento psicológico en régimen ambulatorio. La UNADOM se inserta en el CMP de la FVB en el año 2003. Esencialmente, atendemos pacientes que nos derivan de otros servicios de Salud Mental o Servicios Sociales con los que estamos en contacto de manera regular. El apartado lo dedicaré a explicitar los objetivos terapéuticos de la unidad y el tratamiento que ofrecemos a las pacientes.

7.1.2. La violencia en la relación de pareja

El fenómeno de los malos tratos en la relación de pareja, aunque en las últimas décadas ha ocupado muchísimos titulares, debates políticos y congresos de psicología y otras disciplinas, ha existido siempre. El hecho de que ahora sea un tema que forma parte de la agenda política, dada la preocupación social existente y el auge del movimiento feminista, permite que se invierta en investigaciones, proyectos y servicios asistenciales que abordan el problema. Depende de dónde se sitúe el foco de estudio y la evaluación del mismo, al fenómeno se lo denomina de distintas maneras: *violencia doméstica, violencia de género, violencia machista, terrorismo machista...* En la investigación en psiquiatría y psicología el foco se sitúa en los mecanismos psicológicos que se dan en la relación de pareja y los rasgos psicopatológicos que llevan a uno o a ambos miembros de la pareja a hacer uso de la violencia como estrategia de gestión del conflicto. El término más usado aquí es el de *violencia en la relación de pareja (Intimate partner violence,* en inglés).

La violencia de pareja es un tipo de violencia interpersonal y es definida como cualquier comportamiento dentro de una relación íntima o de pareja que causa daño físico, psíquico o sexual (Aiquipa, 2015). Es más frecuente la violencia de pareja hacia las mujeres (76,7%) y es el hombre quien la ejerce (Fontanil, Ezama, Fernández, Gil, Herrero & Paz, 2005; López Mondéjar, 2001), pero también se da a la inversa, aunque el tipo de violencia ejercida y las dinámicas relacionales suelen ser distintos. Los casos de violencia más grave que producen lesiones e incluso pueden acabar con la vida del otro miembro de la pareja se dan en su gran mayoría de hombres hacia mujeres (Johnson, 1995). Hay tres tipos de violencia: la psicológica, la física y la sexual. La violencia psicológica se manifiesta mediante insultos, amenazas, humillaciones, conductas destructivas y la culpabilización de la mujer de las conductas violentas del hombre. La violencia física se manifiesta en golpes, bofetadas, patadas, empujones, mordiscos, etc. Por último, la violencia sexual consiste en relaciones sexuales forzadas o abuso sexual mediante la fuerza física o la coacción, entre otros (Amor, Bohórquez & Echeburúa, 2005; Davins, Bartolomé, Salamero & Pérez Testor, 2010).

Las víctimas de violencia en la relación de pareja, concretamente la población femenina, constituyen un relevante sector de la población. Según el informe de la macroencuesta estatal de violencia de género de 2015, del total de mujeres de 16 años o más, el 12,5% ha sufrido violencia física o violencia sexual, el 25,4% violencia psicológica de control, el 21,9% violencia psicológica emocional y el 10,8% violencia económica de alguna pareja o expareja en algún momento de su vida. Además, según los resultados de la primera encuesta a escala de la Unión Europea sobre violencia de género contra las mujeres (Agencia Europea de los Derechos Fundamentales, 2014), el 33% de las mujeres españolas ha sufrido violencia psicológica por parte de su pareja o expareja (Novo, Herbón & Amado, 2016). El rango de edad que presenta mayor riesgo de padecer violencia de pareja se sitúa entre los 15 y los 24 años (Amor, Echeburúa, Corral, Sarasua, Zubizarreta, 2001; Fontanil *et al.*, 2005; Sarasua, Zubizarreta, Echeburua & Corral, 2007).

193

7.2. Factores de riesgo

Cuando nos referimos a factores de riesgo en la violencia en la relación de pareja hacemos referencia a aquellos factores que pueden hacer que la persona sea más susceptible de formar parte de una relación de pareja en la que está presente la violencia. Los factores de protección serían lo contrario: aquellos aspectos que en cierta medida preservarían y protegerían a la persona de formar parte de una relación en la que hay violencia, al menos a largo plazo. De ninguna manera esto significa que estos factores sean determinantes de la relación de maltrato ni en la forma de víctima ni en la de agresor, pero sí nos ayudan a comprender de manera amplia la función de la prevención y cómo articularla para evitar posibles relaciones violentas.

7.2.1. Factores psicológicos

El perfil psicológico de la mujer en situación de violencia es difícil de identificar dadas la variables de una mujer a otra, pero también porque la mayoría de estudios se centran en la sintomatología y estilos de personalidad que presentan las mujeres una vez se ha dado la situación continuada de maltrato y, por lo tanto, evalúan principalmente las secuelas psicológicas que presentan las mujeres agredidas. Además de haber evidencia de peor salud física en la mujer maltratada, con bastante frecuencia se ha detectado sintomatología depresiva, ansiosa, disminución de la autoestima y trastorno de estrés postraumático (Aiquipa, 2015; Amor, Echeburúa, Corral, Zubizarreta & Sarasua, 2002; Sarasua *et al.*, 2007). También se han descrito otras consecuencias como abuso de sustancias e intentos de suicidio (Aiquipa, 2015; Fischbach & Herbert, 1997; Golding, 1999).

En un estudio conducido en nuestra Unidad de Atención a la Mujer (UNADOM) en el que investigábamos el perfil psicológico predominante en las mujeres atendidas en el servicio, los resultados obtenidos mostraron una presencia relativamente alta de sintomatología ansiosa o depresiva y el predominio de un patrón de personalidad esquizoide (Pérez Testor, Castillo, Davins, Salamero & San Martino, 2007). Otros patrones de personalidad que atendemos habitualmente en la UNADOM son el dependiente, el evitativo, el histriónico y el límite. Probablemente estos perfiles caracterizados por la inestabilidad en las relaciones personales son los que, de alguna manera, mantienen a las mujeres en relaciones dañinas por más tiempo. Según Aiquipa (2015), la dependencia emocional suele ser un rasgo común en las mujeres en situación de violencia, entendida como un conjunto de emociones, pensamientos y conductas más o menos estables en la persona que comportan conductas de sumisión y subordinación, miedo a que finalice la relación y priorización de la relación por encima de cualquier otro elemento, entre otras características disfuncionales.

Otra variable que merece la pena mencionar es que haber presenciado en la infancia relaciones violentas entre los progenitores y episodios de maltrato puede predisponer a la persona a repetir estos patrones relacionales en la vida adulta. El estudio de Sanmartín (2011) arroja luz sobre el abuso infantil: los resultados mostraron que el 4,54% de los chicos y el 3,94% de las chicas, entre 8 y 17 años, habían sido abusados por parte de algún miembro de su entorno familiar. Los tipos de abuso más prevalentes son el psicológico (2,35%), el físico (2,24%), el sexual (0,89%) y, finalmente, la negligencia (0,78%). Los varones tienen más riesgo de sufrir abuso físico (2,41%), mientras que las niñas sufren mayor grado de abuso psicológico (2,72%), abuso sexual (1,13%) y negligencia (0,91%) (Ordóñez Camblor, Fonseca Pedrero, Paino, García Álvarez, Pizarro Ruiz & Lemos Giráldez, 2016).

Durante la infancia estos traumas tienen implicaciones psicológicas y sociales en la vida adulta, ya que afectan a un ser humano en fase de desarrollo (López Soler, 2008; Thabrew, De Sylva & Romans, 2012) que tenderá a generalizar y normalizar las situaciones que experimenta, creyendo que las relaciones interpersonales se caracterizan por un nivel de violencia y conflictividad elevado. A su vez, aprenderá patrones rígidos y agresivos de relación.

Otro efecto que pueden producir las experiencias traumáticas tempranas en las que el menor ha sido víctima de abusos por parte de los padres o ha presenciado agresividad y violencia entre ellos, es el grado de percepción de la violencia en la vida adulta. La percepción en personas que han presenciado y sufrido agresiones en su infancia sobre aquello que es violento y dañino en las relaciones interpersonales en la etapa adulta y aquello que no lo es, puede verse alterada bajo sesgos residuales causados por la experiencia traumática (El-Bassel, Witte, Wada, Gilbert & Wallace, 2004; Kitzmann, Gaylord, Holt, & Kenny, 2003). La exposición a violencia familiar durante la infancia conduciría a problemas interpersonales que harían incrementar el riesgo de establecer relaciones de pareja en las que haya malos tratos (Murphy & Blumenthal, 2000). Haber sufrido o presenciado maltrato en la familia de origen en la infancia podrá comportar, por ejemplo, que la persona adulta tolere más en la propia relación de pareja lo que observó de unos padres agresivos o que incorporen determinados modelos de dependencia y de sumisión. En un estudio que llevamos a cabo en el centro se demostró que el hecho de haber experimentado abuso en la infancia estaba relacionado con una menor percepción de peligro en las relaciones románticas en un 38% de las mujeres de la muestra (Davins Pujols, Salamero, Aznar Martínez, Aramburu Alegret & Pérez Testor, 2014b). Parece que la habituación a situaciones violentas puede poner en riesgo la capacidad de discernir en algunas mujeres si su vida está en peligro o no. En este mismo estudio también constatamos que las mujeres que habían sido abusadas sexualmente en la infancia eran las que percibían de manera más significativa las situaciones de peligro.

La exposición al maltrato entre los padres incrementa significativamente el riesgo a tener una resolución de conflictos violenta en las relaciones íntimas (Ehrensaft *et al.*, 2003). Aparte de haber sido testigo de maltrato parental, el hecho de haber sufrido maltrato durante la infancia también está asociado al maltrato en la relación de pareja. Según Ordóñez *et al.* (2016), las mujeres que han sufrido maltrato en su relación de pareja de una manera más severa tienen más experiencias de abuso sexual en su infancia. Estas mujeres, a su vez, mostraban una forma de hacer frente a las experiencias de la vida considerada mal adaptada.

El hecho de no haber podido incorporar la experiencia de tener relaciones interpersonales sanas y estables o la introyección de unas figuras de apego suficientemente cálidas en la familia de origen tiene una influencia clara en el momento de forjar nuevas relaciones con otros (Davins, 2005). La teoría del apego (Bowlby, 1988b) ofrece un marco conceptual interesante para observar y analizar el problema del maltrato en la relación de pareja (Espina, 2005; Feeney & Noller, 2001).

Hay tres tipos de apego según Bowlby que las personas desarrollan en función de sus relaciones primarias con los cuidadores y que influirán en sus relaciones posteriores: el apego seguro, el ansioso y el evitativo. Mientras el primer tipo de apego permite formar relaciones sanas, maduras y simétricas en la vida adulta, los otros dos predisponen a formar relaciones frágiles, asimétricas e inestables. Las personas con apego seguro, gracias a su relación primaria con un padre y una madre cálidos, cercanos y sensibles a sus necesidades, desarrollan un sentimiento de confianza básica en los demás a la vez que mantienen unas expectativas adecuadas en la relación. En cambio, las personas con un apego ansioso temeroso desarrollan un sentimiento de duda permanente frente a las reacciones e intenciones del otro que los lleva a temer continuamente el abandono y a reaccionar de manera preocupada frente a situaciones cotidianas. En el caso del apego evitativo, la relación con el otro es vivida como una amenaza de pérdida de la propia independencia, por lo que se suele evitar la relación. El origen para desarrollar estos dos últimos apegos se encuentra en unas relaciones primarias insatisfactorias en la que los progenitores no supieron/pudieron atender de forma adecuada a las demandas y necesidades del niño.

Los estudios que se han conducido sobre apego con muestras de mujeres maltratadas muestran cómo una gran mayoría tiene un estilo de apego ansioso y también aparece, aunque en menor medida, el apego evitativo (Blumstein-Bond, 2005; Craparo, Gori, Petruccelli, Cannella, & Simonelli, 2014; Doumas, Pearson & Elgin, 2008; Kuijpers, Van Der Knaap & Winkel, 2012; Loubat, Ponce & Salas, 2007; Rodríguez, Bayón, Franco, Cañas, Graell & Salvador, 1993). En general, estas mujeres presentan una alta preocupación con relación a su entorno familiar actual, alto traumatismo parental relacionado con la vivencia de experiencias traumáticas durante su niñez, sumado a una alta percepción de ambivalencia respecto de las figuras paterna y materna, percibiendo padres poco consistentes y con dificultad para ejercer la autoridad (Loubat, Ponce & Salas, 2007).

El apego adulto predice una dinámica de relación íntima (Shaver & Mikulincer, 2002) y diferencias individuales en aspectos cognitivos, emocionales y de comportamiento que pueden mejorarse a través de la intervención psicológica (Creasey & Hesson-McInnis, 2001). Es de vital importancia intervenir en el caso de mujeres maltratadas con apegos inseguros para poder reforzar las partes más sanas de su personalidad y sus recursos individuales y favorecer la formación y mantenimiento de apegos sanos con sus hijos.

Como hemos visto, la teoría psicoanalítica enfatiza y explica cómo las características del desarrollo temprano predisponen a algunas mujeres a, inconscientemente, buscar de manera recurrente relaciones con hombres que las maltratan. La explicación podríamos resumirla con esta idea:

el niño que ha vivido situaciones de privación está más falto de objetos buenos: cuantos menos objetos buenos tenga, más ferozmente se agarrará a cualquier objeto, y su amor por los «objetos malos» persiste porque tener objetos malos es mejor que no tener objetos. (Davins, Hernández, Aznar Martínez, Aramburu & Pérez Testor, 2014a: 8)

Las fantasías redentoras que llevan a algunas mujeres a relacionarse con hombres que las dañan de manera repetida se basan en la depuración del objeto en que se introyectan los aspectos malos del mismo; se ha cambiado el foco del objeto de los padres al cónyuge.

La teoría de Fairbairn (1940) es interesante en este mismo sentido; según este autor, la necesidad básica de una criatura es sentirse querido por su madre y que esta madre real, la de fuera, lo cuide y valore su amor. Cuando no se da esta correspondencia de amor no hay dignidad ni sentimiento de persona, y la criatura llega a la conclusión de que su amor es dañino (Davins *et al.*, 2014a). Esta creencia se mantiene hasta la vida adulta,y sirve muchas veces para entender por qué algunas mujeres maltratadas quedan enganchadas en estas relaciones y perpetúan el vínculo a pesar de lo dañino que les resulta, creyendo que su amor es el que daña al otro y exculpándolo de sus agresiones. Por tanto, para Fairbairn (1940) el origen de la psicopatología y el sufrimiento humano es la privación maternal, que pone en peligro la identidad del yo.

En mi experiencia clínica he observado muy a menudo cómo en las pacientes que atendemos en la unidad se repite un dato relevante de manera recurrente: una figura paterna negligente o abusadora. En algunos casos se trata de una figura totalmente ausente y en los peores un referente dañino que causa dolor a los miembros de la familia: un padre alcohólico o drogadicto, un padre infiel indiferente al sufrimiento de su mujer, un padre que desprecia a los hijos, un padre que humilla y veja a los diferentes miembros del núcleo familiar, un padre que maltrata y/o abusa de mujer e hijos... Como he explicado, desde la teoría psicoanalítica se considera que las relaciones primarias durante las fases más precoces del desarrollo humano influyen en la estructuración del psiquismo, ya sea en forma de *conflicto, déficit* o *defecto*, en función del autor y la perspectiva teórica a la que hagamos referencia. Como la relación primaria por excelencia durante los primeros años de vida se da con la madre, la mayoría de autores se han centrado en este vínculo para definir sus teorías sobre la patología en la vida adulta. Sin embargo, hay un momento en el desarrollo de cualquier individuo que también es importante en la formación de su psique y en el que el progenitor del sexo contrario adquiere un papel muy relevante: el conflicto edípico.

De acuerdo con la teoría de Freud (1920), entre los 3 y los 6 años, aproximadamente, las niñas empiezan a sentir un deseo por el padre que las capacita para separarse de la madre. Este deseo de la niña hacia el padre, que es a su vez el objeto de deseo de la madre, evoca sentimientos de rivalidad y envidia que entran en contradicción con los sentimientos de amor hacia la madre que había experimentado durante los primeros años de su infancia. El deseo de la niña hacia el padre representa un nuevo tipo de placer que no incluye a la madre (Torok, 1970), y la niña experimenta estos sentimientos como una traición hacia ella. La niña siente que tiene que escoger entre su querida madre o el amor de su padre, y sea cual sea la elección, implica una pérdida. La manera de resolver esta crisis es a partir de la identificación de la niña con la madre edípica; la niña elige preservar el vínculo con su madre y desistir, en el presente, en el logro de sus propios deseos. Con esta identificación materna, la niña renuncia al deseo de tener a su padre reemplazando a la madre, y en lugar de ello conduce sus esfuerzos a ser como su madre. Según Vivona (2000: 247), «la niña escoge querer para ella lo que quiere su madre, pero no exactamente igual y no en ese mismo momento, sino cuando sea una adulta; podrá ser como su madre y tener a alguien como su padre». En los casos en que la relación de pareja parental es disfuncional y el padre es una figura dañina que abusa o maltrata a la madre, esta identificación con la madre implica muchas veces en la vida adulta la búsqueda y elección inconsciente de pareja similar al padre; por eso es habitual en la práctica clínica con mujeres maltratadas observar este mecanismo inconsciente todavía muy presente.

La identificación materna, el acuerdo de la niña para esperar hasta la vida adulta para emular la manera de querer y desear de su madre es solo una solución temporal al problema del deseo. Debe de ser de nuevo resuelto en la vida adulta cuando la mujer se dé cuenta de que los deseos de su madre no la satisfarán nunca completamente hasta que no encuentre y resuelva sus propios deseos (Vivona, 2000). En muchas ocasiones, en las mujeres maltratadas vemos cómo se repiten una y otra vez relaciones insatisfactorias en las que están presentes la violencia y el abuso; les resulta muy complicado romper con estas relaciones y con la tendencia a buscar un hombre con rasgos parecidos a su padre maltratador. Cobra vital importancia en estos casos que la paciente tome conciencia de esta tendencia a la repetición de patrones relacionales disfuncionales que provienen del modelo de relación parental que introyectaron en la infancia y de la identificación con el deseo de su madre hacia el padre abusador.

Marta es una señora de 53 años que lleva casada con su marido desde los 18. Acude al servicio porque una amiga suya, que ha estudiado un máster en nuestro centro, le ha hablado del servicio y hace mucho tiempo que le aconseja venir. En la primera sesión dice que viene porque su amiga le dice que ella es «una mujer maltratada», pero que no está segura.

Se da este diálogo ante la pregunta que siempre hago para indagar en los mecanismos de elección de pareja:

Terapeuta [T.]: *¿Qué le atrajo de él?*
Marta [M.]: *Me parecía un hombre fuerte y rudo, ya me entiende «UN HOMBRE». Yo tenía 17 años y él era 8 años mayor que yo; yo me sentía pequeña y frágil a su lado y pensé que él no se fijaría en mí. Pero le gusté... Al principio parecía que no me hacía caso, pero luego me hizo un poco más. Solo nos veíamos una vez a la semana, aparecía por sorpresa en mi casa y yo me escapaba para irme con él... Un día mi padre me pilló y me pegó la peor paliza de mi vida. Mi padre era muy celoso de los chicos de mi alrededor (sonríe).*
T.: *¿Era habitual que su padre le pegara?*
M.: *Bueno, solo cuando me portaba mal de pequeña. Era muy bueno, pero tenía mucho pronto. Había que ir con mucho cuidado para no hacerlo enfadar; si se enfadaba sacaba el cinturón y nos atizaba. Mi madre era la que sabía cómo calmarlo; con sus caricias y abrazos conseguía que él se tranquilizara; entonces él se ponía a llorar porque le daba pena habernos pegado. Era muy bueno. Pero eso lo consiguió mi madre con el tiempo. En mis primeros recuerdos era mi madre quien lo cabreaba; no se hacía cargo de la casa y lloraba todo el día. Mi padre llegaba del trabajo y se encontraba las cosas sin hacer; entonces repartía leña para todos. Odié a mi*

madre mucho tiempo por eso, pero luego dejó de llorar y se ocupó de las cosas como tenía que hacer.

En este diálogo podemos observar cómo la paciente presenció y fue víctima en su infancia de los malos tratos de su padre a los miembros de la familia, y cómo normalizó la presencia de violencia en las relaciones familiares, hasta el punto de afirmar que su padre «era muy bueno». También es interesante el rol que otorga a su madre, que inicialmente provocaba la ira del padre por no ocuparse de sus quehaceres, pero que con paciencia y cariño pudo hacer cambiar a un hombre violento y calmar su agresividad. La paciente sitúa la época más violenta del padre en sus primeros recuerdos, cabe suponer que debía de tener una edad comprendida entre los 3 y los 5 años. El triángulo edípico estaba formado por un padre maltratador, al que la hija investía libidinalmente, y una madre sufridora incapaz de satisfacer al padre, pero que con su abnegación y sacrificio logró controlarlo. De nuevo, en la adolescencia se hace evidente el conflicto edípico que no había sido bien resuelto, ya que el padre se sentía muy celoso de los chicos que su hija pudiera conocer; parece que no se dio el distanciamiento sano que aparece una vez se resuelve el conflicto. La fantasía incestuosa la revive en la adolescencia: en la infancia era ella quien desplazaba en la madre los aspectos destructivos de la relación de pareja, culpándola del comportamiento del padre, sintiendo hacia ella una fuerte rivalidad. En la adolescencia es el padre quien rivaliza con los amigos de su hija, llegando a agredirla. Al explicarlo se aprecia en ella una cierta satisfacción por los celos de su padre.

En la fase inicial del tratamiento se produce el siguiente diálogo:

M.: *Carla (la amiga que le aconseja consultar) me dice que aguanto cosas que no debería, pero realmente miro a mi alrededor y todas mis amigas aguantan cosas parecidas a sus maridos. El que no le pone los cuernos, se desentiende de los hijos o se pasa el día en el bar. No creo que yo sea más maltratada que la mujer media en este país.*

Sucede en muchas ocasiones que las mujeres minimizan el maltrato recibido y normalizan y generalizan que es algo muy común en todas las parejas. Muchas veces es real porque en algunos entornos pueden darse relaciones más violentas que en otros, pero esta percepción suele estar mediatizada por procesos inconscientes que tienen que ver con los objetos internos del padre (hombre) castigador y la madre (mujer) sumisa, que en muchos casos han introyectado en la infancia y que mediante el mecanismo de identificación proyectiva tienden a percibir en las relaciones de pareja ajenas.

T.: *¿Y qué es lo que «tiene que aguantar» usted?*
M.: *Pues mi marido tiene sus cosas y muchas veces me insulta. Ya me he acostumbrado. Me dice siempre que soy «medio tonta», que no entiendo las cosas, que solo sirvo para limpiar la casa y cocinar, y que como intente hacer otra cosa fracaso... Me dice que mis hijas son unas maleducadas insolentes por mi culpa.*
T.: *¿Qué relación mantiene su marido con ellas?*
M.: *Como ya le dije, la mayor de 27 años se fue de casa a los 19 y cortó toda comunicación con él. Conmigo habla cada día por teléfono y nos vemos una vez al mes porque vive en otro pueblo. La pequeña, de 20 años, lo tolera mejor; es como yo; aguantamos mucho las dos. La mayor tiene otro carácter.*
T.: *La mayor cree que no «tiene que aguantar» estas cosas, mientras que la pequeña es «como usted»: ella ha aprendido, como usted, viendo la relación de sus padres, que «hay que aguantar». Probablemente ustedes crean que si una aguanta y es comprensiva las cosas mejorarán, pero siempre me dice que nada cambia.*
(Después de un silencio prolongado llora).
M.: *Sí, así es.*

7.2.2. Factores sociales y educativos

El maltrato a la mujer es un fenómeno en el que se imbrican la realidad psíquica y la realidad social (Ruiz, 2006). Como subraya López Mondéjar (2001: 7), «la violencia masculina está atravesada por legitimaciones culturales que proceden de los diferentes modelos de socialización para hombres y mujeres, esto es, de la adquisición en nuestra cultura patriarcal de la denominada identidad de género».

El hecho de vivir en una sociedad patriarcal en la que los hombres ostentan el poder en el ámbito institucional, social, laboral y familiar es un factor que no podemos obviar al analizar el fenómeno de la violencia contra las mujeres, ya que las sitúa en un plano de inferioridad también en las relaciones de pareja. La perspectiva de género nos aporta un valioso *insight* que permite comprender de manera estructural la violencia que experimentan muchas mujeres y las relaciones desiguales en las que quedan atrapadas.

Merece especial atención, desde esta misma perspectiva, la educación patriarcal basada en estereotipos de género que se transmiten transgeneracionalmente y que juega un papel importantísimo para entender las dinámicas relacionales que se dan en las parejas y los juegos de poder que tienen lugar. En la pareja se representan los roles que tanto hombres como mujeres han ido aprendiendo e interiorizando desde la infancia, por ello en relaciones de pareja en las que hay violencia es bastante común observar (en ellas) un patrón de sumisión y enganche emocional y (en ellos) una tendencia a la dominación y dificultad para conectar y expresar la propias emociones. Precisamente por eso adquiere especial importancia dejar de educar a niñas y niños en estos patrones caducos que impiden formar relaciones sanas y satisfactorias.

Mariana, de 22 años, es una paciente que consulta derivada por su médico de cabecera. Es una chica muy atractiva, con un aspecto dulce y aniñado; realmente parece más joven de lo que es. Presenta sintomatología ansiosa y depresiva a raíz de la ruptura de su relación de pareja con un hombre 15 años mayor que ella, que estaba casado y tenía dos hijos. En la primera sesión explica mientras llora: «Él me decía que me quería, que dejaría a su mujer, que nunca había estado tan enamorado de nadie. Su mujer es una bruja, lo tiene atado a través de los niños. Él es un gran padre, ¿sabe? Su mujer se aprovecha de eso. Él me quería a mí, me decía que era la mujer más preciosa del mundo, que quería que nos fuéramos a vivir lejos los dos. Era el príncipe azul que cualquier mujer querría: me compraba flores, bombones y me regaló hasta una pulsera grabada que ponía "tú y yo juntos para siempre". Pero todo eso se esfumó cuando le conté a su mujer que estábamos juntos, aunque él decía que eso es lo que quería, empezó a insultarme y a humillarme... Yo solo quería demostrarle que nuestro amor podía con todo, porque el amor es lo más importante, ¿no?».

El mito del *amor romántico* tiene sin duda un papel relevante en las relaciones de pareja, especialmente en aquellas en las que se manifiesta la violencia de múltiples formas, y que aun así la pareja se esfuerza por perpetuar. Sobre todo en las mujeres, pero también en algunos hombres, las ideas de que «el amor puede con todo», «amar es dar sin recibir nada a cambio» o «quien bien te quiere te hará llorar», unidas evidentemente a otros factores, pueden sostener una relación insatisfactoria por más tiempo del deseable. Ejemplos de *amor romántico* que sostienen relaciones disfuncionales de pareja los encontramos en múltiples manifestaciones culturales, como el cine y la literatura, y estos forman parte del proceso de socialización de los más jóvenes y su identificación con los roles de género, que responden a las preguntas «¿Qué es el amor? ¿Qué es ser hombre y qué es ser mujer?» y se manifiestan en las relaciones de pareja. Ideales que se transmiten culturalmente como que el hombre debe ser mayor que la mujer, más alto y de mayor envergadura, y tener un estatus social más elevado que ella influyen también en la formación y mantenimiento de relaciones en las que hay jerarquías de poder.

Otro aspecto clave que juega un rol importante en las relaciones de maltrato es el apoyo social. Si la mujer tiene una red amplia de amistades y familiares en los que apoyarse, es mucho más sencillo que pueda abandonar la relación de maltrato. Cuanto más aislada esté la mujer, más difícil será que pueda plantearse salir de la relación; por eso es tan importante que haya puntos de apoyo y redes de profesionales que puedan asesorar y ofrecer alternativas a las mujeres atrapadas en situaciones de violencia (Pérez Testor *et al.*, 2007a).

7.2.3. Factores socioeconómicos

El nivel cultural y económico de la mujer es también un factor que la protege de ser víctima de violencia en la relación de pareja. Del mismo modo que el apoyo social es básico para que una mujer pueda salir y dejar atrás una relación de maltrato, también es muy importante que tenga cierta independencia económica que se lo permita. En la actualidad, mujeres y hombres acceden y cursan el mismo nivel de estudios superiores (Instituto de la Mujer, 2010), pero todavía la pobreza afecta esencialmente a mujeres que son las que tienen contratos más precarios (Secretaría de Políticas Sociales, Empleo y Seguridad Social Gabinete Técnico Confederal, 2018). Además, ellas son las que suelen acogerse a reducciones de jornada (y por tanto de sueldo) o excedencias para cuidar a los hijos o ancianos de la familia; esto las sitúa de nuevo en un plano de mayor vulnerabilidad y tiene repercusiones en la economía de la mujer a largo plazo (por ejemplo, en la cotización para las pensiones de jubilación). En muchos casos, esta dependencia económica de la pareja hace que permanezcan en la relación a pesar de que esta no sea satisfactoria.

Susana es una mujer de 47 años que tiene tres hijos y está casada con Jaime, de 56 años. Ella trabajaba como administrativa, pero dejó el trabajo para hacerse cargo de su primer hijo cuando tenía 29 años. Desde entonces no retomó su actividad laboral para cuidar a los niños, ya que el mayor acaba de cumplir ahora 9 años. Hace 7 años descubrió una infidelidad de su marido, y desde entonces ha descubierto varias.

S.: No puedo mirarlo a la cara... ¡¡He llorado tanto!! Le he preguntado por qué más de mil veces. Al principio se preocupaba por mí, me decía que no pasaría más... pero ahora me ignora, ¡solo siente indiferencia hacia mí! A veces hasta se ríe... (llora). Yo quiero separarme, quiero empezar una nueva vida... pero ¡¡¿con qué dinero?!! ¿Quién me va a contratar después de 18 años haciendo de ama de casa? Mis hijos no van a poder tener una vida digna si se quedan conmigo.

Algunas veces este discurso puede esconder otras razones que disuaden a la mujer de alejarse de la pareja, como la dependencia emocional o algún aspecto inconsciente que perpetúa la relación, pero lamentablemente en muchas ocasiones es un motivo relevante que mantiene a la mujer en relaciones dolorosas que le gustaría abandonar.

7.3. Tratamiento

7.3.1. Unidad de Atención a la Mujer (UNADOM)

El tratamiento psicológico en régimen ambulatorio de esta unidad suele oscilar entre las 20 y las 40 sesiones. A efectos prácticos, se traduce en 6 meses o un año de tratamiento. Se trata, por tanto, de una psicoterapia breve y focal de duración determinada. Las sesiones son semanales y duran 30 minutos. De manera previa al tratamiento individualizado, con el objetivo de conocer a la paciente, identificar el motivo y demanda de la consulta y definir sus principales rasgos y estructura de personalidad (ansiedades y defensas), así como su patrón relacional (transferencia), se realizan cuatro entrevistas. Una primera se basa en una toma de contacto en la que se le permite a la mujer explicar de manera libre y poco directiva cuál es el motivo que la trae a consulta. Las dos siguientes sesiones son de tipo anamnésico, y se exploran diversas áreas y momentos relevantes del ciclo vital de la paciente, así como las relaciones más significativas. Finalmente, la cuarta entrevista se centra en la devolución del diagnóstico y la indicación terapéutica; un aspecto relevante de esta sesión es la de explicitar los objetivos terapéuticos del tratamiento para compartirlos con la paciente y confirmar su adecuación.

Los objetivos terapéuticos se adaptan a cada paciente en función de su diagnóstico y sus necesidades. De manera general se resumen en los siguientes puntos:

1. Aliviar el sufrimiento mental.
2. Evitar la cronificación de los síntomas, reducirlos y/o superarlos.
3. Promover un sentimiento de reafirmación y una recuperación de la autoestima.
4. Ayudar a reformular la propia identidad.
5. Estimular sus capacidades autónomas y facilitar la adquisición de recursos más saludables de enfrentamiento a la realidad.
6. Favorecer un mayor contacto con los propios sentimientos.
7. Flexibilizar los mecanismos defensivos y/o vincular lo que está disociado.
8. Facilitar la capacidad de pensamiento e incrementar la capacidad de contención.
9. Ayudar a detectar la presencia del patrón de relación que ha caracterizado el vínculo con la pareja y promover estilos de relación interpersonal más adaptados.
10. Considerar nuevos proyectos de futuro.

En las primeras sesiones, tiene especial relevancia la formación de una fuerte alianza de trabajo con la paciente. Para que esta alianza sea fuerte es importante mostrar durante las primeras sesiones atención, escucha activa, legitimación del dolor y validación de la experiencia subjetiva de la paciente (Aznar Martínez, 2012). También es necesario que la paciente sienta que el terapeuta no juzga los hechos que esta relata, para que pueda formar un vínculo colaborativo con él y se abra al proceso terapéutico. Durante las sesiones de exploración y las primeras sesiones de tratamiento, esta actitud por parte del terapeuta es clave para más adelante poder hacer uso del elemento confrontativo y otras técnicas propias del psicoanálisis, como la interpretación. A lo largo de todo el proceso es importante que la alianza terapéutica se mantenga fuerte para asegurar que el tratamiento sea efectivo, y habrá que reparar su ruptura en los casos en que sea necesario (Aznar Martínez, Pérez Testor, Davins Pujols, Aramburu & Salamero, 2014).

En las primeras entrevistas es importante explorar el sentimiento de culpa que muchas veces aparece en las mujeres maltratadas, hacer una valoración de la autoestima que acostumbra a estar dañada y evaluar la capacidad de *insight* de la paciente. Si alguna de estas tres áreas está muy afectada, antes de abordar otros aspectos de la personalidad de la paciente habrá que incidir en ellas para optimizar el posterior trabajo terapéutico. En algunos casos, cuando estas áreas están muy afectadas, los objetivos terapéuticos del tratamiento pueden girar exclusivamente en torno a ellas (dado que el tratamiento tiene una duración determinada de un máximo de un año).

Una vez trabajadas la culpa y la autoestima debidamente, una parte muy importante del tratamiento gira en torno a la elaboración de la propia historia personal de la paciente y el patrón relacional derivado de ella. Durante la exploración se habrá dedicado especial atención a analizar las relaciones primarias de la paciente y el tipo de apego que han generado. También es importante prestar especial atención a la transferencia y a la contratransferencia que se deriva de esta. Este análisis sirve muy a menudo de marco de trabajo para analizar la relación de maltrato en la que la mujer se ha visto atrapada, como hemos explicado al inicio del capítulo.

Para poder explicar de manera detallada el tratamiento psicológico que realizamos en la UNADOM es necesario atender a los mecanismos inconscientes que se dan en la relación de pareja y que, muy probablemente, son los que han mantenido a la mujer en la relación. Gran parte del tratamiento girará en torno a la dilucidación de estos mecanismos para evitar futuras recaídas (Aznar Martínez, Pérez Testor, Davins & Aramburu, 2016). Como hemos visto en los anteriores capítulos sobre colusiones, en todas las parejas aparecen fenómenos transferenciales y contratransferenciales entre ambos miembros que se retroalimentan e interaccionan continuamente en un juego de proyecciones y retroproyecciones. Para entender este fenómeno, me parece útil la conceptualización de Hoffman (1983), que lo divide en tres partes inconscientemente actuadas:

1) Cada miembro de la pareja selecciona aquello que ve del conjunto de características de la otra persona.
La pareja de uno ofrece, entre otras señales, aquellas características que el otro selecciona y que tiene más tendencia a percibir. Otros rasgos, sin embargo, parecen borrosos u ocultos para la pareja. En el caso de mujeres víctimas de violencia en la relación, suele ocurrir que los aspectos agresivos de la pareja y aquellos indicios de maltrato en la relación quedan ocultos para la mujer mediante el mecanismo psicológico de la disociación o, en casos más graves, la escisión.

Blanca es una mujer de 26 años que ha mantenido una relación de pareja con David durante 3 años. La deriva al centro el psiquiatra de un hospital en el que ha estado ingresada por lesiones que le causó David y contra el que ha interpuesto una denuncia. En la primera sesión explica lo siguiente:

«Nos conocimos en una discoteca; él no dejaba de mirarme mientras yo bailaba en el podio; aunque tenía pinta de chico duro, su sonrisa era muy dulce y no me quitaba la mirada de encima. Cuando fui a pedir una copa, vino hacia mí porque me vio hablando con otro. Al volver me preguntó: "¿Te está molestando?". Yo le respondí que no conocía a aquel chico, y él, con una mirada de seguridad en sí mismo que me dio muchísima confianza, le dijo al otro chico: "¡¡Lárgate!!". En ese momento pensé que me protegería para siempre».

2) Una vez seleccionadas estas características en la pareja, estas parecen confirmar la propia visión interna del mundo y las expectativas de cada miembro.
Esto sugiere que cada cónyuge tiende a interpretar las características seleccionadas en función de antiguas relaciones familiares. Cada miembro de la pareja selecciona hechos reales de su pareja, pero construye una historia de aquellos hechos en función de sus relaciones previas.

Blanca, en esta misma sesión, sigue explicando cómo se conocieron: «Sabes, es que en mi casa nunca nadie se ha preocupado por mí. Mi padre siempre estaba trabajando o de juerga con los amigos y mi madre se ocupaba de mis tres hermanos menores y no de mí. En cambio, David, al principio se preocupaba tanto... Siempre quería saber dónde estaba y con quién, y eso para mí era "amor del bueno". Luego vi que era un poco exagerado».

3) Cada cónyuge influye inconscientemente en el otro para probar lo que ya sabe o cree. Se trata de comunicaciones inconscientes que aparecen en la pareja mediante el mecanismo de identificación proyectiva. Llega un momento en que la intensidad y la repetición de las interacciones problemáticas empiezan a dominar la experiencia de la pareja y esto hace que los cónyuges se polaricen (Goldklank, 2009).

En la tercera sesión de tratamiento, en la que se empiezan a analizar las dinámicas disfuncionales de la relación de maltrato, Blanca explica que después de 3 meses de relación él empezó a mirarle el móvil y las conversaciones que tenía con sus amigas. «Un día leyó unos mensajes con mi amiga Sofía en los que le decía que tenía muchas ganas de que saliéramos las dos de marcha y que nos emborracháramos como hacíamos antes. Entonces él me empezó a decir que era "una guarra", que para qué quería salir sin él y emborracharme como "una cualquiera". Empezamos a discutir y me dio una bofetada fortísima. Yo me quedé congelada, no supe qué hacer. Después de ese día nada volvió a ser igual; cada vez era más celoso y posesivo; yo hacía todo lo que él me decía e intentaba hacer que no se enfadara, pero por otro lado sentía mucha rabia hacia él y empecé a hablar con mi ex, al que él le tenía mucha manía. No sé por qué lo hacía, porque en realidad mi ex no me interesaba nada y nos trajo muchos problemas».

Es muy importante que la paciente tome conciencia de las dinámicas (contra)transferenciales que se han dado en la relación de pareja porque forma parte del proceso de conocerse mejor y entender sus patrones relacionales. Es adecuado que el terapeuta ayude a la paciente a trazar conexiones con sus relaciones objetales primarias para que pueda llegar a entender su patrón transferencial. En el caso de Blanca era muy importante que entendiera qué le atrajo de David: su seguridad en sí mismo y su capacidad de protegerla, que luego resultaron ser todo lo contrario. Seguramente, las relaciones primarias deficitarias que tuvo Blanca con ambos progenitores y las carencias que le generaron, jugaron un papel muy importante en la elección de pareja. Inicialmente solo percibió en David las características que ella ansiaba ver en el otro, y pasó por alto muchas otras, entre ellas la agresividad y los celos desmedidos. Más adelante, cuando estos celos y la agresividad se hicieron patentes y Blanca empezó a ser consciente de ellos en mayor medida, estos provocaron en ella una actitud sumisa hacia su pareja, pero a su vez estimularon cierta ira que proyectó en él haciendo incrementar sus celos. De esta manera, en la propia relación de maltrato de David hacia Blanca, una parte de ella se resistía a aceptar el poder de él y mediante pequeñas dosis de resistencia, que estimulaban en David su enfado y agresividad de manera totalmente desproporcionada, ella se resistía a la sumisión completa a la pareja (por ejemplo, retomando el contacto con su ex e iniciando un tonteo de forma intermitente), pero tampoco era capaz de zanjar la relación. Una vez analizadas las dinámicas relacionales, siempre desde la legitimación del dolor de la mujer y apartándola de los sentimientos de culpa que pudieran aparecer, es importante escrutar los aspectos regresivos de la paciente, que la mantuvieron durante tanto tiempo atrapada en esa relación hasta el punto de tener que acudir al hospital dos veces a causa de las lesiones.

Evelina es una mujer de 33 años que acude al centro derivada desde Servicios Sociales. Tiene dos hijos de un matrimonio anterior: uno de 12 años y una de 8. En la actualidad tiene una relación de pareja con un hombre de 29 años, alcohólico y drogodependiente, que la ha agredido en presencia de sus hijos. Por este motivo han intervenido los Servicios Sociales que amenazan con retirarle la custodia de sus hijos si este hombre no desaparece de su vida. Ella se muestra totalmente dependiente de él y atribuye los malos tratos a sus adicciones. En la tercera sesión de exploración lo expresa de esta manera: «Él es un buen hombre, me quiere mucho, a mí y a los niños. Quiere lo mejor para nosotros. Pero tiene malos hábitos y vicios... Me ha prometido que lo dejará; esta vez lo dice con convicción. Lloró mucho cuando se dio cuenta de la que lió la última vez y tiró por el váter todo el alcohol que había en casa. Tengo que confiar en él, soy lo único que tiene».

Más adelante, en la sesión 7 de tratamiento, después de una recaída en la bebida, la empuja causándole una herida en la cabeza. Ella lo explica así: «Esta vez ha sido distinto; solo me empujó un poco y yo tropecé... No bebió tanto como otras veces; supo frenar a tiempo. Necesita mi apoyo; no puedo dejarlo ahora».

Como terapeuta es muy difícil contenerse ante estas situaciones y sería muy fácil caer en un *acting out* presionando a la mujer para romper esta relación, tal y como demandan los Servicios Sociales. Pero nuestra función es otra. Para que realmente haya un cambio en esta mujer que la prevenga de futuras idas y venidas en esta relación u otras similares, el cambio debe ser profundo y producto de la toma de conciencia de sus propios mecanismos psicopatológicos. Es necesario que la paciente sea consciente de aquello que la mantiene unida a su agresor para poder empoderarla y que en un futuro se vea capaz de separarse y formar relaciones más sanas.

En la sesión 13 de tratamiento vuelve a aparecer un término que ya ha aparecido en anteriores sesiones y que suele aparecer de forma similar en los relatos de mujeres que han sido maltratadas: El extraño caso del doctor Jekyll y el señor Hyde. *«Es que realmente él es tan buena persona... bueno, no siempre... a veces... cuando no bebe ni toma coca. Cuando do está colocado se vuelve un monstruo; parece que disfrute haciendo daño; no lo reconozco. Cuando lleva un tiempo sin consumir es bueno, cariñoso, me abraza todo el tiempo».*

En muchos casos hay una dificultad para percibir a la persona de manera holística, con aquellos rasgos más progresivos y los más regresivos, lo que lleva a la mujer a relacionarse de una manera parcial. Muchas mujeres víctimas de violencia tienden a disociar en los agresores los aspectos más sanos de aquellos agresivos y dañinos, como si en una fotografía solo se pudieran observar con nitidez unas imágenes mientras las otras permanecen borrosas, y al querer enfocar las borrosas se perdieran de vista las otras. Muchas veces este mecanismo se da a partir de la idealización en la que se extreman las cualidades y virtudes del otro para reprimir los sentimientos de odio hacia la persona amada, de manera que solo quedan en la conciencia los aspectos positivos idealizados (Armant, 1994). Es importante que el terapeuta ayude a la paciente a poder ver la fotografía completa, que pueda observar a la persona y entenderla en su complejidad; esto la ayudará a relacionarse de manera más madura y sana y a entender mejor los mecanismos en los que se sustenta la relación de maltrato.

En la fase media-final del tratamiento, en la sesión 19, se produce un insight muy valioso en la paciente: «Empiezo a ver claro que siempre me han gustado los hombres conflictivos; con mi exmarido me aburría porque era demasiado tranquilo... Yo siempre he admirado a mi padre, a pesar de lo mal que se lo hizo pasar a mi madre, pero conmigo era tan divertido, me hacía reír sin parar y me traía regalos de sus viajes... Ahora veo que no era tan bueno como yo creía... Siempre culpé a mi madre de no saberlo retener en casa, de no darle suficiente, de estar siempre enfadada cuando él estaba en casa, pero ahora entiendo el dolor que sentía y por qué estaba siempre deprimida y no nos cuidaba. Ella lo quería igual y lloraba sin parar cada vez que se iba. En cierto modo, yo he buscado un hombre así y he intentado ser paciente y comprensiva para retenerlo en casa con nosotros, como mi madre no pudo hacer... Siempre he esperado que cambiara, he creído que podría hacerlo, pero no...» (y llora desconsoladamente).

Finalmente, Evelina pudo separarse de manera definitiva de su pareja y tomar distancia para romper el vínculo. Dada esta situación, acordamos alargar el tratamiento hasta el verano (12 sesiones más) para que tuviera un espacio en el que apoyarse para superar la ruptura.

Otro aspecto que merece especial atención en la clínica con mujeres maltratadas es la importancia de que la mujer no quede atrapada bajo el rol de víctima, ya que no permitiría que esta avanzara. Es importante legitimar su dolor desde el inicio y, como he expresado anteriormente, trabajar el sentimiento de culpa que suele aparecer en las primeras sesiones, pero identificarla como víctima paraliza a largo plazo el proceso terapéutico; una vez se colectiviza a alguien se hace más difícil poder escucharlo como sujeto y se pierde de vista lo singular de cada caso (Gracia Sifuentes & Rojas Hernández, 2015). Si a menudo incorporamos el calificativo de *víctima* a la mujer este acaba formando parte de su identidad, y el maltrato deja de ser una circunstancia que se puede superar para convertirse en una parte indisoluble de la persona. Estada (2011: 55) explica esta identificación como una «falsa consistencia de su yo», que impide el cuestionamiento del maltrato como una circunstancia susceptible de cambio. Cuando se da esta situación y observamos que la mujer se identifica permanentemente como víctima, es importante que no usemos el mismo calificativo, que la escuchemos y demos relevancia a su experiencia subjetiva y personal, cosa que el enfoque psicoanalítico potencia y por eso es tan adecuado en estos casos. Poco a poco, el terapeuta deberá ir poniendo el foco en la situación de maltrato como algo que se puede cambiar y superar, de manera que otros aspectos de la identidad de la mujer puedan aflorar y ser trabajados y potenciados.

Quaglia y Debieux (2008) señalan que reducir a una persona a la condición de víctima presenta el riesgo de contribuir a la emergencia de un sujeto fijado y rígido, que lo aleja de cualquier implicación de su propio relato. En mi experiencia clínica, muy a menudo observo cómo las mujeres de edad más avanzada o provenientes de culturas con un poso más machista y patriarcal, tienden, por herencia cultural, a identificarse con el rol de víctima como una característica positiva que denota fortaleza; frases como «mira todo lo que aguanto», «he soportado de todo» o «nunca pido nada, solo doy todo lo que tengo» forman parte de su relato habitual, habiendo renunciado a sus propios deseos y necesidades y asumiendo que han cumplido con el rol femenino que deben desarrollar las mujeres. En estos casos, el trabajo terapéutico deviene complejo porque hay que trabajar de raíz aspectos que forman parte del «yo víctima» y los rasgos masoquistas de la paciente, que han ocupado y desplazado el resto de aspectos identitarios y fortalezas de la mujer. De manera conjunta habrá que rescatar otros aspectos singulares que definan a la paciente y la ayuden a encontrar y expresar sus deseos, anhelos y motivaciones.

7.3.2. Tratamiento de parejas

En nuestra unidad de tratamiento también atendemos parejas en las que hay violencia. Diversos estudios muestran que solo un 5% de las parejas reconocen que existe violencia en su relación desde el inicio del tratamiento, pero si se les pregunta directamente, hasta un 30% reconoce haber experimentado violencia en la relación y hasta un 60% de las parejas que acuden a consulta reconocen haber experimentado algún episodio violento en el último año de relación (Johnson, 1995; Mc Collum & Stith, 2008; Stith & Mc Collum, 2011; Strauss, 2011). Por supuesto, estos episodios violentos incluyen un amplio espectro de situaciones, desde gritos o faltas de respeto leves, hasta golpes y humillaciones. La normalización de estas conductas hace que en muchas parejas se den incidentes de este tipo a partir de situaciones cotidianas y los conflictos que generan. Cuando esta *violencia situacional* es bilateral, leve y se genera por propias dinámicas enraizadas en la pareja y no por psicopatología grave en ninguno de los dos miembros, el tratamiento conjunto es posible, ya que tratar la raíz del problema en la relación conyugal será la única manera de cambiar la dinámica relacional de la pareja (Johnson, 1995; Strauss, 2011). Otro indicador a tener en cuenta es la estabilidad de la relación de pareja y que ambos miembros tengan el deseo expreso de seguir juntos; en relaciones de corta duración en la que hay episodios de violencia, aunque sean leves y aislados, no se recomienda hacer una terapia conjunta. Es muy importante que el terapeuta se cerciore de que esta violencia no se da bajo un patrón de control y dominación por parte de uno de los miembros, porque en este caso no estaríamos hablando de *violencia situacional*, sino de *terrorismo íntimo*, y el tratamiento conjunto está totalmente contraindicado (Johnson, Leone & Xu, 2014). Recordemos, tal como hemos mencionado al inicio del capítulo, que en los casos de violencia grave con marcados patrones de control y dominación el agresor suele ser el hombre (Johnson, 1995); es importante que el terapeuta tenga esto muy presente en el momento de indicar un tratamiento conjunto o individual.

María (36) y Jessica (42) son una pareja que llevan juntas 8 años. Acuden a consulta porque según ellas «han pasado por muchas crisis» y actualmente están inmersas en la peor de todas. En la entrevista inicial, la terapeuta detecta en Jessica miradas y comentarios muy despectivos hacia su pareja, y que cuando esta llora desconsolada ella sonríe maliciosamente y resopla. Inicialmente, la terapeuta pone en cuarentena esta apreciación y cree que quizá se deba a una actitud defensiva de Jessica. En las dos sesiones de exploración posteriores, Jessica sigue manteniendo hacia María una conducta muy hostil y la humilla con comentarios como «Ella es una floja y una llorona», y agrega: «Es que me saca de quicio, todo el día llorando. ¡¡Pero haz algo!! No es capaz de hacer nada por sí misma y yo necesito acción. Ni siquiera me apetece tener sexo con alguien así. Prefiero dejarla en casa y distraerme con otra gente el fin de semana.

Cada vez que Jessica hace comentarios de este tipo, María se queda cabizbaja y solloza. A veces se excusa diciendo: «Tiene razón, yo soy muy débil y ella me daba la fuerza que necesitaba, pero ahora me dice continuamente que me va a dejar; no sé qué hacer...».

En algún momento la situación es tan tensa y desequilibrada que la terapeuta se ve forzada a intervenir en algunos momentos para bloquear los ataques de Jessica a María, cosa que, en general, no sucede en las sesiones exploratorias en las que se pretende que la pareja se explique e interaccione libremente, con el objetivo de captar sus dinámicas relacionales. En este caso, en la sesión de devolución se indicaron tratamientos individuales para ambas, dada la relación de maltrato basada en la dominación, el control y el abuso de Jessica, que mostraba rasgos caracteriales, narcisistas, sádicos y perversos, en contraposición a la personalidad dependiente con rasgos masoquistas de María.

En los tratamientos conjuntos en relaciones estables de pareja en los que haya episodios leves y recíprocos de violencia, los principales objetivos terapéuticos serían los siguientes:

1. Atender las maneras en qué ambos cónyuges contribuyen a una atmósfera de agresión.
2. Diseñar intervenciones que reduzcan cualquier tipo de violencia en las relaciones.
3. Facilitar que los miembros de la pareja puedan revelar sus miedos y sus experiencias de abuso privadamente.
4. Abordar los factores de riesgo más relevantes.
5. Incorporar estrategias de control de las emociones.
6. Mejorar sus estrategias comunicativas y habilidades para la resolución de conflictos.
7. Entender los mecanismos inconscientes que llevan a los miembros de la pareja a actuar los conflictos de forma violenta.

Tal y como hemos explicado en diversos capítulos, muchas veces aquello que inicialmente atrajo a cada miembro de la pareja se transforma en la esencia de sus quejas (Felmlee, 2001). Por lo tanto, en el tratamiento conjunto es interesante poder recuperarlo y analizarlo ya que, colusivamente, ambos miembros seleccionan aquellos aspectos de la pareja que confirman sus peores miedos sobre ellos mismos y el otro. Las necesidades mutuas, a menudo en un nivel arcaico, son estimuladas en la relación de pareja y frecuentemente la frustración y la decepción de estas necesidades de desarrollo son las que llevan al conflicto matrimonial y a reacciones violentas. Robert (2006) define la pareja como el lugar en que se vuelve a actuar y a veces se intenta mantener cueste lo que cueste lo infantil, dando lugar en ocasiones a reacciones hostiles y agresivas contra la pareja. Ayudar a la pareja a reconocer que sus miedos son fundamentalmente similares es crucial para superar la desilusión y la polarización y permitir la integración de soluciones que para ellos son aparentemente opuestas (Goldklank, 2009). Cuando ambos miembros aceptan la responsabilidad de sus aportaciones personales, la culpa y la vergüenza quedan en cierta manera aliviadas y aumenta la calidad de su relación (Scharff & Scharff, 2004); de esta manera podemos lograr que sus estilos comunicativos cambien y la agresividad dé paso a un diálogo más productivo.

Sandra (33) y Ramón (35) llevan ocho años casados. En la primera sesión, al preguntarles el motivo de su consulta contestan:
Sandra [S.]: *No podemos seguir así* (llora); *es que siento que lo odio... Me da vergüenza contarlo... Nadie de nuestro entorno se puede imaginar esto, pero es que no puedo más... Hemos llegado a las manos varias veces.*
Terapeuta [T.]: *¿A las manos?*
S.: *Sí, nos hemos empujado, yo una vez le di una patada... Nos insultamos... es de locos...* (llora)
T.: (gira la mirada hacia el marido).
Ramón [R.]: *Se pone muy nerviosa, histérica... y si me pega me tendré que defender... Yo solo la he empujado para que deje de agredirme.*
S.: *Histérica porque me ignoras, no me hablas; ¡¡es el maltrato del silencio!! ¡¡Cómo no voy a ponerme nerviosa!!*
R.: *Lo ve, siempre es así: chilla, pierde la razón.*

Como vemos en este caso, en general las parejas que observamos en consulta no solo se han sentido heridas por el otro miembro de la pareja e incapaces de reparar las rupturas de su vínculo, sino que también las posturas defensivas que han adoptado han creado barreras para la comunicación y la intimidad (Livingston, 1995). La violencia es muchas veces el signo de esta incapacidad y el terapeuta debe ayudar a la pareja a recuperar la comunicación para abordar los conflictos dolorosos. La violencia en los miembros de la pareja muestra su dificultad para poner palabras e interaccionar de manera sana y madura; el miedo a la intimidad y mostrarse emocionalmente al otro son muchas veces los responsables de las agresiones. Las experiencias infantiles tempranas influyen en la preparación de los cónyuges para responder a las necesidades transferenciales y demandas del otro, así como en la comunicación entre ellos, que hace que muchas veces se vean inmersos en repeticiones de actuaciones que los esclavizan y dan lugar a situaciones de violencia. Inconscientemente están recreando escenas pasadas y viven con el miedo a la repetición; se encuentran de nuevo ante lo que Stolorow, Brandchaft y Atwood (1987) definieron como *conflicto fundamental*. Los conflictos matrimoniales y la insatisfacción que trae la pareja al tratamiento frecuentemente son el resultado de la repetición de intentos para solucionar este dilema de la infancia y cambiar estas dinámicas que han funcionado durante tanto tiempo.

En la segunda sesión de exploración, la terapeuta pregunta a la pareja por sus familias de origen y descubre que Sandra es la cuarta hija de un matrimonio que describe como «muy infeliz», con un padre «ausente, pero buena persona» y una madre «tirana y caprichosa». Ramón, por su parte, es hijo único y viene de una familia «bien avenida, pero muy independiente». Al padre lo describe como «despistado y ensimismado en sus libros» y la madre como «trabajadora y exitosa profesionalmente». Ambos definen sus relaciones familiares como carentes de afecto y cercanía, poco comunicativas y marcadas por el distanciamiento emocional de los miembros del núcleo familiar. Parece evidente que estas son las mismas dificultades que enfrentan ahora: la incapacidad para comunicarse en un plano afectivo, trabajar en proyectos comunes y responder empáticamente a las necesidades del otro.

La terapia de pareja se sitúa con mucha frecuencia en un entorno caracterizado por el conflicto, la emocionabilidad, la vulnerabilidad y la amenaza (Rait, 2000). Muchas veces nos encontramos en un escenario en el que el resentimiento, la frustración y la hostilidad están presentes en detrimento de la colaboración, la mutualidad y el respeto, que son claves para lograr el entendimiento de la pareja. Ambos cónyuges se sienten amenazados por el otro; la razón de este caos de emociones primitivas es que la pareja, como venimos diciendo, es el equivalente más cercano, en la vida adulta, al vínculo temprano entre madre y bebé (Dicks, 1967). Alexander y Van der Heide (1997) destacaban que en terapia de pareja aparecen comúnmente demostraciones de rabia y agresión muy intensos; la premisa de que el origen del enfado y la agresión se encuentran en los primeros patrones relacionales y se reactivan en el contexto de posteriores relaciones intensas proporciona un valioso *insight* terapéutico que puede ser interpretado para ayudar a las parejas en conflicto a sobrellevar las interacciones destructivas aparentemente basadas en la rabia. Por eso será importante que el terapeuta atienda a estos patrones relacionales y explore los mecanismos que unieron a la pareja para posteriormente arrojar luz sobre ellos y fomentar la toma de conciencia de ambos miembros de la pareja en el conflicto y las reacciones violentas.

La mayoría de parejas que asisten a terapia creen que el otro es mayoritariamente responsable de los problemas de la pareja. El terapeuta deberá decirles lo que ellos no quieren reconocer: la pareja está atrapada en un sistema que ambos han cocreado. Mediante maniobras inconscientes pero observables, cada miembro de la pareja mantiene al otro repitiendo los mismos comportamientos a los que denomina «problema». En la mayoría de casos, interpretar el problema de la pareja desde un punto de vista interpersonal permite que ambos se muestren más colaborativos para solucionar el conflicto. Las interpretaciones sobre la coconstrucción del problema son cruciales para la terapia de pareja. Cada uno de los cónyuges, a su vez, debe ser apoyado para desarrollar la habilidad de posponer sus propias necesidades y descentrarlas de su propia experiencia subjetiva para proveer al otro de un soporte empático (Aznar Martínez, 2012).

A lo largo de la terapia de Sandra y Ramón, ambos pudieron comprender cómo de manera inconsciente actuaban de manera hostil hacia el otro y finalmente pudieron romper el círculo vicioso en el que se encontraban atrapados. Hay que señalar que ambos expresaron la firme voluntad de solucionar sus problemas y que en ningún momento hubo una escalada de violencia que hiciera a la terapeuta dudar de la adecuación del tratamiento conjunto. Al contrario, la pareja mejoró mucho su comunicación, y la presencia e intervenciones de la terapeuta ayudaron a que pudieran expresar de manera íntima sus temores más profundos. Sandra temía que su marido huyera y la abandonara por no ser feliz en la relación, como sentía que había hecho su padre, y Ramón temía quedar atrapado en una relación en la que se veía incapaz de estar a la altura de las expectativas de su mujer, ya que en su familia jamás se habían exigido nada entre ellos. Estos miedos, sumados a otros de diversa índole, los mantenían en una relación en la que la comunicación era prácticamente nula y en la que ninguno se sentía capaz de expresar lo que necesitaba y esperaba del otro. La terapeuta les ayudó, primero a contactar y entender sus miedos, y después a poder comprender y empatizar con los del otro. La relación con sus dos hijos también mejoró mucho a partir del tratamiento, ya que a menudo los hijos son el blanco de las proyecciones de los conflictos parentales.

7.4. Conclusiones

Para concluir, me gustaría reflexionar de nuevo sobre algunas de las cuestiones que han ido apareciendo a lo largo del capítulo.

7. Violencia en la Pareja

Ante todo, querría recalcar el papel de la prevención en la lucha contra la violencia en las relaciones de pareja. El tema de la prevención será tratado en el capítulo 12, pero vale la pena insistir aquí en el tema. Como hemos constatado, la cultura patriarcal en la que se desarrolla la identidad de niñas y niños es un caldo de cultivo de desigualdades que se manifiesta muchas veces en forma de violencia en la vida adulta. Por lo tanto, medidas para garantizar la socialización de los más pequeños en igualdad y alejada de estereotipos de género son totalmente necesarias para reducir este problema. Estas medidas implican a todos los agentes transformadores, pero sin duda deben ser impulsadas desde las instituciones públicas y deben traducirse en inversiones por parte de las administraciones (por ejemplo, la erradicación de la brecha salarial, un sistema educativo que promueva la coeducación, la equiparación de la baja de parentalidad, etc.).

Otro aspecto clave que también parte de la toma de conciencia de que la prevención en la infancia es fundamental, es el de potenciar relaciones sanas en el seno de cada familia para evitar futuras psicopatologías en los más jóvenes. Este punto está ligado al anterior, pero además implica que haya ayudas para las familias que lo necesiten y que puedan recibir el apoyo necesario para crear relaciones saludables entre los miembros de la familia, o romper una relación en caso de que así se decida (por ejemplo, que la mujer en situación de violencia pueda recibir asesoramiento y ayudas suficientes por parte del Estado). Sería interesante que las familias percibieran este soporte como algo positivo en vez de como una amenaza, ya que ello a menudo los lleva a esconder sus carencias y conflictos a las administraciones públicas por miedo a represalias.

En cuanto al proceso psicoterapéutico, es muy importante prestar especial atención a la indicación del tratamiento: el tratamiento conjunto solo será posible si la violencia es situacional, leve y recíproca y se debe dar en relaciones de pareja estables en las que no haya un patrón de dominio y control desmedido ejercido por uno de los dos. Si la mujer busca su propio espacio de escucha y desarrollo al encontrarse en situación de violencia, el trabajo conjunto con el otro miembro de la pareja debe posponerse, al menos hasta que haya un convencimiento compartido por parte de la mujer y el terapeuta en cuanto a la indicación del mismo (esta consideración parte de la idea de que la mujer debe ser protegida de posibles situaciones de maltrato desde la perspectiva de la violencia de género).

El tratamiento debe focalizarse inicialmente en formar una alianza de trabajo que permita a los pacientes abrirse al proceso terapéutico sin miedo a ser juzgados. Posteriormente, elaborar la propia historia personal y de la pareja cobrará una especial importancia, esencialmente para entender los mecanismos psicológicos que han llevado a cada persona a formar y mantener una relación de pareja en la que existe violencia. La perspectiva interpersonal es clave para entender e incidir posteriormente en el conflicto.

También es deseable que el terapeuta tenga formación y especial sensibilidad en perspectiva de género. El motivo no es otro que la necesidad de entender los mecanismos que llevan a hombres y mujeres a pensar, actuar e interaccionar de distinto modo y que, en cierta medida, son los responsables de situaciones de conflicto y dificultades relacionales. No se trata de que ello sirva para justificar algún comportamiento, pero sí para que este elemento forme parte del *setting* mental del analista y lo ayude a comprender de una manera más amplia las dinámicas de la pareja. Incluso es útil, en las ocasiones que lo requieren, para explicar didácticamente a la pareja el origen de algunos conflictos cotidianos que no tienen que ver con sus relaciones objetales, sino simplemente con su socialización en una cultura que potencia o desatiende habilidades, comportamientos y actitudes en función del sexo de la persona.

Me gustaría finalizar remarcando que escuchar a la persona desde su singularidad es esencial y que un tratamiento estereotipado desde la teoría y la aplicación protocolaria de este no permitirán trabajar de manera óptima las situaciones de violencia en la pareja.

8. La infidelidad

Carles Pérez Testor e Inés Aramburu

8.1. Introducción

La infidelidad ha sido y sigue siendo uno de los principales motivos de crisis en las parejas debido a la repercusión que genera en la relación. Es considerada como uno de los motivos de consulta más frecuentes en la práctica clínica y como principal causa de divorcio a nivel mundial (Romero, Rivera & Díaz, 2007). En EEUU, más del 50% de los matrimonios se divorcian y en la mayoría de los casos es la infidelidad, por parte de uno o ambos miembros, la causa de la ruptura (Amato & Previti, 2003; Ortman, 2005).

Debido a la presencia de la infidelidad de pareja en nuestra sociedad y al impacto que causa en los individuos y en la relación, la infidelidad ha sido un fenómeno cada vez más estudiado. En los últimos 20 años han aumentado considerablemente los trabajos acerca de las relaciones extramatrimoniales, centrándose estos en el estudio de la prevalencia y de los factores de riesgo a través de la comparación entre miembros fieles e infieles. Existen también estudios más amplios, como los realizados por Allen (Allen *et al.*, 2005) que no solo profundizan en las características de la persona infiel, sino también en su pareja, en la relación matrimonial y en el contexto en el que se lleva a cabo. Asimismo, son frecuentes los estudios que se centran de forma más específica en las consecuencias y en el tratamiento terapéutico de la infidelidad y no tanto en la descripción y en los factores que intervienen.

Nuestro grupo ha realizado diversas investigaciones sobre el tema dando como resultado varias publicaciones, como el estudio sobre el fenómeno de la infidelidad y de cómo es tratado desde el cine (Aramburu *et al.*, 2011) o nuestras publicaciones desde la intervención clínica publicados por Karnac (Pérez Testor *et al.*, 2014) y por Franco Angeli (Pérez Testor *et al.*, 2015). En relación con la definición que utilizan los diferentes autores a la hora de estudiar la infidelidad encontramos que básicamente hay tres tipos: la **infidelidad sexual,** descrita por algunos autores como una relación puramente sexual con una tercera persona fuera de la relación primaria (Choi, Catania & Dolcini, 1994; Forste & Tanfer, 1996; Whisman, Gordon & Chatav, 2007); la **infidelidad emocional,** que implicaría dedicar tiempo y espacio mental a una persona que no es la pareja, donde una relación amorosa, un deseo, una fantasía sexual, puede surgir, pero sin consumar una relación sexual (Shackelford, Leblanc & Drass, 2000); y la **infidelidad combinada,** entendida como una relación sexual y emocional llevada a cabo fuera de la relación primaria y que supone una violación y una ruptura de los acuerdos pactados (abierta o encubiertamente) por parte de uno o ambos miembros de la pareja (Blow & Hartnet, 2005; Allen & Baucom, 2004; Glass & Wright, 1985).

Esta clasificación nos permite profundizar en las dinámicas relacionales y nos ayuda a diferenciar los distintos tipos de infidelidad.

8.2. Perspectiva psicoanalítica de la infidelidad

Cuando hablamos de infidelidad en la pareja tendemos a pensar en un tipo determinado de infidelidad, como es la actuación sexual, pero esto no deja de ser un reduccionismo. Proponemos entender la infidelidad como la ruptura de los acuerdos implícitos o explícitos que fundamentan el vínculo de la pareja. Nos basamos en las teorías de Dicks sobre el concepto de **díada** y el concepto de **membrana** o límite diádico.

Siguiendo a Dicks (1967), podemos entender por díada aquella unidad formada por los dos miembros de la pareja que comparten un espacio vincular interpersonal común. Mucho se ha escrito sobre este espacio. Sami-Ali (1976) lo ha descrito como un «espacio psíquico de inclusión recíproca». Siguiendo a Balint (1957) diríamos que en la díada la vida interna formada por los deseos, esperanzas, desilusiones y temores de un cónyuge interactúa con los mismos elementos del mundo interno del otro, y a partir de esta interacción uno puede formular teorías sobre la vida conyugal, como hizo Dicks con la teoría de la colusión, Guillermo Teruel (1974) con su «objeto dominante interno» o Anna M.ª Nicolò Corigliano con su concepto de «conyugalidad» (Nicolò, 1995).

Infidelidad significa romper el acuerdo intradiádico. En el ámbito de la exclusividad sexual, la infidelidad, para Dicks (1967), representa una actuación sexual, un *acting out* de los acuerdos tomados por los dos miembros de la pareja. Para Kernberg (1995), la infidelidad es un tipo de triangulación que puede destruir la pareja o, en el mejor de los casos, puede reforzarla. Kernberg distingue entre triangulaciones directas y triangulaciones inversas.

Triangulación directa es para Kernberg «la fantasía inconsciente de ambos *partenaires* con un tercero excluido, un miembro idealizado del género del sujeto: el rival temido que duplica al rival edípico». Todo hombre y toda mujer teme consciente o inconscientemente la presencia de alguien que sería más satisfactorio para su pareja; este tercero es el origen de la inseguridad emocional en la intimidad sexual y de los celos como señal de alarma que protege la integridad de la relación.

La *triangulación inversa* es «la fantasía compensadora y vengativa de compromiso con una persona que no sea el *partenaire,* un miembro idealizado del otro género que representa el objeto edípico deseado», con lo cual se establece una relación triangular en la que el sujeto es cortejado por dos miembros del otro género, en lugar de tener que competir con el rival edípico del mismo género por el objeto edípico idealizado del otro género.

Kernberg (1995) propone que en una relación de pareja, la cama siempre es compartida por seis personas: la pareja, sus respectivos rivales edípicos inconscientes y sus respectivos ideales edípicos inconscientes.

Josephs (2010), en una revisión sobre la función del conflicto edípico, desarrolla la teoría de diversos psicólogos evolutivos que afirman que este podría haber evolucionado con un fin de adaptación sexual selectiva que asegura la función reproductiva. El conflicto edípico facilita la resolución monogámica que asegura el cuidado biparental de la descendencia, creando una intensa ansiedad frente a la infidelidad sexual y la aparición de un tercero que haga peligrar la relación. A su vez, el conflicto edípico en los humanos puede facilitar el engaño de nuestras intenciones sexuales reales a los otros e incluso a nosotros mismos.

Para Kernberg (1995) una forma que toma a menudo la agresión relacionada con los conflictos edípicos es la colusión inconsciente de ambos cónyuges para encontrar realmente una tercera persona que represente, de manera condensada, el ideal de uno y el rival del otro. Siguiendo las aportaciones de Armant (1994), Dicks (1967) y Willi (1978) entendemos por colusión (co-ludere, o juego entre dos) aquel acuerdo inconsciente que determina una relación complementaria en la que cada componente de la pareja desarrolla partes de uno mismo que el otro necesita y renuncia a partes que proyecta sobre el cónyuge (Font & Pérez Testor, 2006). Lo más frecuente es que la infidelidad marital, tanto las relaciones triangulares breves como las duraderas, reflejen colusiones inconscientes en la pareja como la tentación de escenificar lo más temido y deseado.

Kernberg apunta una idea desarrollada 30 años antes por Dicks:

> El rival inconsciente es también un objeto deseado sexualmente en el conflicto edípico negativo: la víctima de la infidelidad a menudo se identifica inconscientemente con el *partenaire* que traiciona, en fantasías sexuales acerca de la relación de este último con el rival odiado con celos. (Kernberg, 1995: 157)

El mismo autor plantea en su obra otra sugerente idea:

> Cuando la patología narcisista severa en uno o ambos miembros de la pareja hace imposible que haya capacidad para los

celos normales —una capacidad que implica lograr una cierta tolerancia a la rivalidad edípica—, es fácil que estas triangulaciones se escenifiquen. (Kernberg, *ibid.*: 157)

La pareja capaz de mantener su intimidad sexual, de protegerse contra la invasión de terceros, no solo conserva sus límites convencionales obvios, sino que también se reafirma en su lucha contra los rivales. La gratificación inconsciente de la fantasía del tercero excluido representa un triunfo edípico y una sutil rebelión edípica al mismo tiempo. Las fantasías sobre el tercero excluido son componentes típicos de las relaciones normales.

Dicks (1967), en su obra *Tensiones matrimoniales* distingue entre la infidelidad benigna y la infidelidad maligna.

La **infidelidad benigna** se caracteriza por la aparición de un «acuerdo diádico en el sentido de ignorar las transgresiones sexuales de carácter casual que no perjudican el sentimiento de pertenencia mutua» (Dicks, 1967: 244). «El cónyuge infiel distingue entre los actos triviales y los de carácter significativo» (*Ibid.*: 245). Los actos triviales son vividos como escaramuzas sin importancia, relaciones de vinculación parcial que no comprometen los límites diádicos a diferencia de una relación significativa, que podría abrir una brecha en la membrana o límite diádico. «Este límite siempre es reconocido inconscientemente por las díadas conyugales, aunque su elasticidad y el área incluida varían considerablemente» (*Ibid.*). Para Dicks, «las diferencias de cultura y de normas pueden fijar el límite según formas más o menos inconscientes para los dos cónyuges, hecho que no se reconoce hasta que sobreviene una crisis, o que se la disimula con negativas» (*Ibid.*).

La herida en el límite diádico puede tener resultados inesperados. En este tipo de infidelidades llamadas benignas, la respuesta del cónyuge herido es la liberación de una considerable proporción de odio y celos junto con un avanzado deshielo de la frialdad antilibidinosa, lo cual ahonda el reconocimiento del cónyuge como el objeto libidinoso necesario y el reconocimiento de las potencias sexuales adormecidas de uno mismo. El cónyuge silencioso subordinado o complaciente se encuentra ante un rival identificable y siente que su fuerza crece hasta el punto de que reacciona agresivamente ante el intruso y se manifiesta como un cónyuge nuevo con gran placer para la pareja, para quien este fue el último y desesperado intento inconsciente de conseguir algún resultado.

Los dos miembros de la pareja confiesan que ahora se sienten mucho más cerca el uno del otro tras aquella «horrible etapa». En estos casos, el «tercero» cumple con el papel de «objeto transicional» y es utilizado por los propósitos de la díada; a menudo desaparece sin dejar rastro. Sin embargo, la invasión del límite diádico ha propiciado la erupción de la inversión libidinosa y las idealizaciones sobre este tercero, que se desvanecen ante la reacción del cónyuge herido.

Muchas veces este tercero surge del sector del «mejor amigo» del cónyuge herido. Podemos encontrar desde la identificación proyectiva ambivalente del cónyuge inocente con el rival, que suministra el eslabón faltante en la relación sexual diádica, a la manipulación de la situación para poner fin a un matrimonio prácticamente destruido. Para Dicks (1967), la manipulación inconsciente dentro de la díada que merece más atención es aquella en la que un cónyuge casi empuja al otro a la infidelidad. Muchas son las variantes: desde el marido que utiliza a un amigo varón envidiado en quien proyecta su fuerza libidinosa ausente, hasta la variante de la relación inconsciente con el «mejor amigo» de carácter homosexual mediante la identificación proyectiva con la satisfacción de la esposa que mantiene relaciones con dicho amigo. Desde esta perspectiva, el objeto transicional puede beneficiar no solo a un cónyuge frustrado, sino también encarnar la sexualidad reprimida del cónyuge ofendido.

La siguiente viñeta ilustra cómo en algunos casos la infidelidad parece ser el fruto de la incitación inconsciente de uno de los miembros de la pareja:

Es lo peor que me podía pasar. Jamás había dudado de mi marido y mucho menos de mi mejor amiga. Qué estúpida

*he sido. No puedo entenderlo. ¡Cómo no lo imaginé! Por eso
dicen que la esposa es la última en enterarse. ¡Y tanto! Hasta
tal punto estaba confiada que si mi marido traía entradas
para el teatro y yo tenía un compromiso de trabajo le decía
«llama a Laura; seguro que ella puede». Me parecía mal
que él no pudiera ir a una fiesta si yo no podía... «llama a
Laura; a ver si ella puede acompañarte»... ¡Y yo, agradecida
a Laura: era mi mejor amiga! No sé cómo podré sobrevivir
a esta traición... mi marido y mi mejor amiga... parece una
película de terror».*

La **infidelidad maligna,** en cambio, es un fenómeno destructivo
que termina definitivamente con la relación de pareja. En esta
situación aparece el rechazo o la destrucción posterior del compañero como objeto libidinoso, mediante la exaltación del rival,
a quien se le atribuyen cualidades sexuales muy superiores. En
lugar de sentimientos de culpa y de actitudes de reparación tras
la transgresión de los límites diádicos hay insensibilidad e indiferencia ante las consecuencias que puede sufrir el cónyuge, ahora ofendido. En estos casos, la infidelidad puede servir para he-
rir, rebajar o enloquecer a la pareja, establecida previamente en
una colusión sadomasoquista y cruel.

La conducta del cónyuge ofendido tiene su apoyo en el
sistema social que tiende a protegerlo. Puede aparecer odio
más o menos proporcionado y fantasías de represalia; una especie de ley del Talión donde se exige «justicia» y castigo para
el infiel. No hay reparación posible ni puede aceptarse acto de
contrición alguna; la herida es demasiado profunda y no puede cicatrizar. En estas situaciones, una estructura paranoide en
fase activa ante una herida insoportable puede actuar de forma violenta y causar la muerte de su cónyuge y/o del objeto
intermediario. Son muchos los casos que aparecen en la pren-
sa diaria y muchos de estos hechos han sido base de obras li-
terarias, películas o canciones.

Las conductas externas ante la infidelidad pueden ser muy
variadas. Desde la reacción a la que llamaríamos tipo «Otelo»,
basada en la obra de Shakespeare, donde el cónyuge herido

mata al cónyuge infiel, hasta la reacción tipo «Gabriela», basada en la obra de Jorge Amado, donde el cónyuge herido, a pesar de la presión social que lo obliga a vengarse matando a la mujer infiel, reacciona perdonando y reconciliándose con su pareja. Desde este punto de vista, el clínico deberá evaluar con mucho detenimiento si la pareja consultante puede beneficiarse de un tratamiento de pareja o es preferible un abordaje de tipo individual. Nuestra experiencia en este tipo de problemas nos indica que cuando la pareja viene a consulta conjuntamente significa que hay muchas posibilidades de que puedan ser tratados. Pero no siempre es así. Por lo tanto, si hay indicios de que puedan producirse actos violentos que pongan en riesgo la integridad física de uno de los miembros de la pareja, la indicación será tratamiento individual.

8.3. La infidelidad en nuestros días

Desde nuestra experiencia podríamos afirmar que no hay dos casos iguales. Podríamos decir lo mismo de cualquier situación de pareja, pero es difícil pronosticar lo que puede suceder hasta que no ocurre. No hay estadísticas oficiales... ni oficiosas. No es lo mismo una situación de infidelidad sexual que dura años, que varias situaciones de infidelidad que pueden durar unos meses cada una. No es lo mismo que un miembro de la pareja se enamore de un tercero y quiera mantener una relación duradera, que una infidelidad sexual esporádica de «cena con compañeros de trabajo».

La infidelidad sexual ha existido siempre y la sociedad ha intentado protegerse siempre del caos que puede provocar. La violencia que puede generar una situación de infidelidad ha sido descrita de manera amplia. La infidelidad de Helena acaba con la destrucción de Troya y la aniquilación de todos sus habitantes. A pesar de las prohibiciones sumarísimas de no desear al cónyuge del prójimo, la conducta infiel se ha producido en todas las culturas monógamas o polígamas, por lo que algunos investigadores han intentado encontrar el origen biológico de la infidelidad.

Lo cierto es que la fidelidad como valor empezó a perder estatus a mediados del siglo XX, a partir de los años sesenta, cuando la fidelidad se entendía como una sumisión al cónyuge dominante. Entonces apareció la diferenciación entre fidelidad y lealtad. La fidelidad era un acto de sumisión: el perro es fiel al amo o el criado al señor. En cambio, en la pareja era más importante la lealtad que trataba de igual a igual a ambos miembros, sin diferencias de género.

En los años setenta proliferaron los denominados «matrimonios abiertos», donde la fidelidad no se consideraba un valor. Se aceptaban las relaciones extraconyugales y la promiscuidad, siempre y cuando no se ocultaran. El valor no era la fidelidad, sino la sinceridad. Pronto estas relaciones de pareja entraron en conflicto, y con la aparición del sida, la fidelidad y las relaciones estrictamente monógamas volvieron a cobrar auge. Es la generación de *Atracción fatal,* película de Adrian Lyne y protagonizada por Michael Douglas, Glenn Close y Anne Archer, donde una infidelidad ocasional abre la «caja de Pandora» y destruye la felicidad de una familia.

En las parejas que nosotros atendemos, la infidelidad se vive de manera muy variada. Por ejemplo, una pareja consideraba una infidelidad intolerable que el marido fuera a comer con una compañera de trabajo sin informar previamente a su esposa. Los dos estaban de acuerdo en que había sido una actuación inadecuada. O, por ejemplo, la mujer que confesaba que no le importaba que su marido tuviera «historias ocasionales», pues así «estaba entretenido», eso sí, siempre y cuando no fueran historias de amor, sino solo sexuales.

Podemos recuperar aquí el concepto de «membrana» de Dicks (1967; véase punto 2.3. del segundo capítulo). Los dos miembros de la pareja tienen acuerdos implícitos o explícitos sobre qué está bien y qué está mal; qué pueden hacer y qué no pueden hacer. Cada pareja es diferente y es importante que el terapeuta se adapte a lo que desea y cree cada pareja. Sería un error que el terapeuta trabajara con «su» concepto de membrana o con «su» concepto de fidelidad. Para ayudar a la pareja hemos de poder trabajar con la escala de valores de los consultantes.

Otra cosa es que esa escala sea patológica, pero hemos de actuar con mucho cuidado, porque no dejaría de ser una actuación del terapeuta creer que la única escala de medida válida es la suya.

8.4. Caso clínico: Johan y Marianne

El caso clínico que exponemos se refiere a una primera entrevista de una pareja de mediana edad que consultó por el descubrimiento, impactante para la mujer, de que el marido era infiel. Dado que la situación recordaba algunas situaciones de la película *Escenas de un matrimonio,* del director Ingmar Bergman, utilizamos los nombres de Johan y Marianne para designar a los miembros de la pareja consultante.

La pareja acudió a la consulta a petición de la esposa. Marianne, de 48 años, se mostraba desconcertada por lo que había sucedido. Había descubierto la infidelidad de su marido, de 50 años, cosa que la había descolocado completamente. Jamás hubiera sospechado que su marido le pudiera ser infiel, aunque, si lo piensa detenidamente, podría tener motivos. Las relaciones sexuales se habían enfriado tanto que quizá llevaban 6 o 7 meses sin tenerlas; no lo recordaba bien. Ella lo achacaba a la menopausia y a su trabajo en una ONG, *que la absorbía demasiado, y creía que el marido tenía demasiado estrés en el trabajo como para pensar en relaciones sexuales. Siempre llegaba muy tarde a casa, y muy cansado.*

Tenían un hijo de 22 años y una hija de 20 que estudiaban en la universidad y vivían con ellos. Marianne describe a Johan como un buen padre y un buen marido, y aunque pocas veces dio muestras de afecto, siempre había sido así y lo había aceptado tal como era.

Johan explica la situación como «un momento de enajenación mental o algo parecido». Estaba desbordado por el trabajo, las rutinas familiares, las dificultades... «Quizá fue la crisis de los cincuenta...». Se enamoró locamente de Paula, una compañera de trabajo de 32 años, recién separada y con una hija de 4 años. Sintió que renacía a su lado. Ella lo escuchaba atentamente, lo comprendía, lo animaba y lo admiraba, mientras que con su esposa todo era frialdad. Marianne lo interrumpe varias veces para decirle que eso no era así. Reconoce que había cosas que no funcionaban, pero en aquellos momentos ella no era consciente de ello. Ella afirma que tenían buenos momentos y que en las últimas vacaciones lo pasaron muy bien, aunque durante ese tiempo él ya salía con su nueva amiga sin ella saberlo. Según Marianne, él se portó muy mal; la engañó y fue un cobarde. Podía haberlo puesto sobre la mesa, hablarlo, darle una oportunidad. En cambio, tuvo que ser ella quien, tras leer un SMS en el teléfono de él, atara cabos. Jamás se había interesado por el teléfono o el correo electrónico suyo hasta que Johan empezó con un comportamiento extraño: «Se llevaba el teléfono móvil al lavabo».

Nos encontramos, por tanto, frente a un caso de infidelidad combinada, ya que aparece no solo una relación sexual, sino también un vínculo emocional con Paula, a la que Johan dedicó tiempo y espacio mental fuera de la relación primaria.

Johan [J.].: *Yo te dije lo que pasaba claramente.*
Marianne [M.]: *Sí, cuando ya lo había descubierto. Me dijiste cosas horribles: que no me querías, que no me habías querido nunca.*
J.: *Lo sentía así, estaba loco.*
M.: *Mis amigas me dijeron que lo echara de casa como a un perro, que me quedara con todo, pero a mí me daba pena..., llevábamos casados 25 años... curiosa celebración.*
J.: *Fui yo quien se marchó de casa. Alquilé un piso. Me fui a vivir con Paula. Creo que a las 24 o 48 horas lo vi claro. Me había equivocado. Quería volver. A los 10 días le dije que me perdonara, que solo la quería a ella.*
M.: *No salía de mi asombro. Me había abandonado tras 25 años de casados. Yo nunca me había fijado en nadie más que en él... y de pronto me encontraba sola, sin nadie a mi lado. No había salido del shock cuando me dice que quiere vol-*

ver. Demasiado para mí. No sabía qué hacer. Unos amigos me dijeron que viniésemos aquí.

J.: Yo le dije inmediatamente que sí. Que lo que fuera.

M.: A mí me da pena Paula. Su marido la abandonó y ahora se queda sola otra vez. Pero Johan es mi marido. Yo lo quiero. Lo he querido siempre, aunque ahora no sé qué he de hacer.

J.: La semana pasada hablamos. Fui a casa porque los chicos no estaban. Están enfadados conmigo.

M.: Es normal. Su padre me había abandonado.

J.: Hicimos el amor como hacía años que no lo habíamos hecho.

M.: Yo te he querido siempre. Pero no sé qué hacer. No sé si puedo confiar o si volverá a pasar lo mismo otra vez.

J.: No, no va a pasar nunca más. Puedes confiar en mí.

Esta viñeta nos muestra una situación bastante frecuente. Un porcentaje importante de parejas no puede tolerar la infidelidad, y el odio y la rabia invaden todo el vínculo; pero en otras parejas aparece un tipo de reacción como la de Johan y Marianne. La colusión predominante en este caso es una colusión tipo 2 por dependencia (cuidador-cuidado), donde Johan hace de niño travieso bajo la atenta mirada de Marianne, que ejerce funciones maternas protectoras y que tolera las travesuras de Johan. La infidelidad es tratada como una travesura. El comportamiento básico de esta colusión de cuidador-cuidado se acerca a la relación que se establece entre un niño y su madre, pero un niño ávido y con muchos temores de que la madre sea mala y pueda abandonarlo y una madre víctima de su hijo, sometida a este y obligada a satisfacerlo en todo dado su desvalimiento.

Johan desea ser cuidado y se caracteriza por la necesidad de obtener satisfacciones inmediatas y por su afán de devorar todo aquello que le sea posible. Esta avidez lo lleva a buscar satisfacciones de forma insaciable. Puede convertirse en un pozo sin fondo. Busca una pareja que se le ofrezca de manera ilimitada, que lo cuide maternalmente. Al mismo tiempo, teme llegar a depender de su pareja y no puede soportar la frustración. La infidelidad escondida lo tranquiliza, ya que siente depender menos de Marianne. Johan se muestra con un toque encantador, con aire de ingenuidad, tal vez halagador. Tiene una apariencia física de juventud perenne. Parece una persona idealista, que presenta deseos infantiles y busca elementos irreales en el matrimonio, ya que él contacta con la realidad solo de manera parcial. Su manera de atraer a la pareja es mostrar cierta desconfianza que estimule al otro a cuidar de él.

Marianne encarna el papel de cuidadora, mostrándose como una persona aparentemente protectora y cálida, pero rígida en sus principios, los cuales vive de manera apasionada. Es una mujer competente, activa y abnegada en su profesión. Lo hace todo sin esperar algún tipo de retribución y se prodiga con esmero en los más necesitados o débiles; pero cuando no la necesitan más rompe la buena relación que tenía y se coloca en el papel de necesitada que demanda de manera agresiva. Mientras hace de cuidadora se mantiene con buenas energías y, si puede, tiene actividades psicosociales de ayuda que le resultan compensadoras y le permiten evitar los fracasos de las propias defensas psicopatológicas. Prefiere cuidar a ser cuidada, como si desempeñara el papel de madre; así evita la angustia que sentiría al experimentar la necesidad que tiene de ser cuidada.

Cuando cree que no ha cumplido bien su función, busca que la pareja quede muy desvalida hasta llegar, en ocasiones, a extremos destructivos; después experimenta sentimientos de culpa y también de inferioridad. Para recuperar su autoestima narcisista vulnerada deberá volver a ser altruista con otras personas.

Marianne llega a sentirse como una mala madre y quizá se convierte en ella. Johan encuentra en Paula una alternativa. Parece que Paula puede convertirse en una nueva cuidadora. A Marianne no le queda otro remedio que aceptar el fracaso, con «vergüenza y humillación» (Benghozi, 2006). El resultado es que el cuidador no cuida, y el cuidado no agradece; el conflicto está vivo y se convierte en irresoluble para ambos. Si los dos hacen de cuidadores necesitarán a alguien que los cuide, transferencialmente proyectado en el terapeuta. Si los dos son cuidadores necesitarán a alguien a quien cuidar.

Podemos remarcar que se trata de una relación de predominio oral, dependiente, como es la del lactante respecto de su madre. El lactante, si tiene una ansiedad excesiva, puede sentir ante el pecho de su madre temores destructivos y responde con una agresión; la convierte en mala madre y se siente desamparado. Busca una madre totalmente solícita, y si no la siente así, agrede; al agredir se siente aún más desamparado cuando la madre se retira.

Estamos ante una perturbación vincular entre Johan (lactante), que exige desmesurada y desconfiadamente, y Marianne (madre), que se retira; Johan intenta sujetarla, que no se escape, incluso haciéndole daño, pero cuanto más quiere sujetarla más se escapa. Lo que hubiera favorecido la relación por parte de Johan hubiese sido el agradecimiento a lo que recibe de la madre y sentir que cuando la madre se retira lo hace con amor.

Siguiendo la terminología de Dicks (1967), Johan y Marianne vivieron una situación de infidelidad benigna. Johan resta importancia y significación al *affaire* con Paula, se muestra arrepentido y promete que no volverá a ocurrir, mientras que para Marianne sus sentimientos de enfado y asombro ante la herida avanzan en paralelo con un deshielo de la frialdad antilibidinosa y un reconocimiento de su sexualidad adormecida.

Esto significa que, en realidad, aquí la infidelidad juega un papel secundario. Son muchas las interpretaciones que podrían darse, pero seguramente estaríamos de acuerdo en que ha sido un *acting out* que ha revitalizado la relación. Las crisis, en su etimología griega, pueden tener esta función de nueva oportunidad. La infidelidad ha servido para desbloquear la rutina y el deterioro de la relación de Johan y Marianne, por lo que Paula ha tenido un papel de objeto transicional en la situación.

8.5. A modo de conclusión

En este capítulo hemos entendido la infidelidad como una ruptura de los acuerdos implícitos o explícitos que fundamentan el vínculo de la pareja. En muchas ocasiones este conflicto es el que moviliza a las parejas a pedir ayuda a un profesional. De hecho, la infidelidad es una de las principales consultas de las parejas que acuden a nuestro servicio. Evidentemente, el hecho de que acudan los dos a la consulta es un signo positivo. Muchas de estas parejas vienen con el deseo consciente de recuperar la relación. Otras, en cambio, vienen para separarse de la forma más adecuada posible. En el material clínico presentado, los protagonistas forman parte del conjunto de parejas que acuden con el propósito de rescatar su relación.

Desde nuestro punto de vista, la infidelidad conyugal suele reflejar colusiones de pareja, como la tentación de escenificar lo más temido y deseado. Es decir, detrás de una infidelidad es frecuente que haya un determinado funcionamiento relacional previo, consciente e inconsciente, que determina la vida de la pareja e influye en sus vicisitudes. Por ejemplo, algunas dinámicas inconscientes de la pareja pueden promover, sin ella darse cuenta, que se produzca una infidelidad por parte de uno o ambos miembros.

Entonces, nuestro trabajo asistencial sería poder ayudar a que la pareja comprenda el papel que juega la infidelidad en su relación e identificar lo que está ocurriendo emocionalmente entre ellos. Intentamos generar un cambio terapéutico en la relación que permita movilizar la colusión predominante.

Nuestra labor terapéutica pretende favorecer la capacidad de pacto entre ambos y así ayudar a desmitificar el temor a discutir. La función del terapeuta también consiste en mostrar a la pareja aquello que desconoce por sí misma, tanto desde el punto de vista conceptual como operativo. Uno de los aspectos más significativos es la toma de conciencia de los consultantes respecto de las contradicciones y frustraciones sentidas o provocadas que les produce la infidelidad.

No obstante, es importante tener en cuenta que cada pareja tiene sus particularidades, que cada infidelidad es singular y, por tanto, que el tipo de abordaje será exclusivo para una determinada pareja. No hay dos parejas iguales; cada una construye su propio sistema diádico a través de su objeto dominante interno.

La herida que a veces produce la infidelidad no permite trabajar la separación vincular y empieza una guerra litigante sin un final previsible, excepto el sufrimiento de todos los miembros de la familia. Ayudar a la pareja a reparar sus relaciones vinculares o ayudarlos a separarse sin agresión jurídica es una buena alternativa a la destrucción sin final de muchas parejas.

9. El divorcio
Carles Pérez Testor y José A. Castillo

9.1. Introducción

Como ya hemos comentado en diversas publicaciones sobre el tema (Pérez Testor, 2001; Pérez Testor *et al.*, 2002a y b, 2006b, 2007b, 2009a) las rupturas matrimoniales (divorcio, separación, nulidad, ruptura de pareja estable) generan situaciones dolorosas para los miembros de la pareja que se disuelve, repercutiendo en los familiares que conviven con ellos y en la familia extensa.

Los terapeutas de pareja somos conscientes del aumento del divorcio en España en las últimas décadas, con un leve descenso durante la crisis, de 2008 a 2014, y con un repunte a partir de 2015. Destacaríamos sobre todo comunidades como Cataluña, Baleares y Canarias, donde el porcentaje de rupturas acostumbra a ser mayor (Valls *et al.*, 2009). En efecto, España, con la ley del divorcio de 1981, ha sido uno de los últimos países de la Unión Europea en regular el divorcio y uno de los países en el que las tasas de divorcio se habían situado tradicionalmente entre las más bajas. Sin embargo, tras la reforma de la ley en 2005, en la que se agiliza el proceso del divorcio, España llega a 2,8 divorcios por cada 1000 matrimonios, en una estimación para 2006 (Flaquer & Garriga, 2009), lo que la sitúa entre los países líderes en número de divorcios de la Unión Europea.

Cataluña es una de las comunidades autónomas que registra más rupturas matrimoniales. En 2005 se registraron 55,75 divorcios por cada 100 matrimonios (Valls *et al.*, 2009).

Según los últimos datos de que disponemos, en 2017 se casaron en Cataluña 28 594 personas, mientras que rompieron su relación 18 220 personas (divorcio, separación o nulidad) (IDES-

CAT, 2019), por lo que la tasa sería de 63,7 rupturas por cada 100 matrimonios.

La separación y el divorcio como ruptura vincular producen en la pareja una sensación de fracaso. En un primer momento puede aparecer un sentimiento de liberación por la decisión tomada, por haber decidido solucionar un problema insoportable o por haber dado un paso decisivo hacia un nuevo camino. Pero la duda, la sensación de haber fallado, la culpa, generan desazón y un profundo sentimiento de pérdida.

9.2. El divorcio como ruptura vincular

Elena [E.]: *No hay nada que hacer. Tú no quieres cambiar, y te va bien la vida que te has montado. Trabajas lo justo y te corres unas juergas increíbles...*
Juan [J.]: *Y tan increíbles. Ya me dirás... No sé de qué juergas me hablas. ¿A qué te refieres?*
E.: *Ya sabes a qué me refiero. ¿A qué hemos venido aquí? ¿De qué nos sirve hacer terapia? Sigues haciendo lo mismo que antes de venir.*
J.: *No sabía que el único que debía cambiar era yo. No he notado ni más simpatía, ni más cariño, ni más preocupación por mí...*
E.: *Me preocupo por los niños. No necesito un tercer hijo.*

Juan y Elena son una pareja casada desde hace 20 años. Él tiene 47 años y ella 42. Tienen dos hijos, un chico de 15 años y una niña de 8. Acudieron a tratamiento de pareja como «la última oportunidad para salvar el matrimonio». El motivo de consulta son las supuestas infidelidades de Juan, de las que Elena sospecha sin tener certeza absoluta. El hecho de que Juan no afirme ni desmienta provoca constantes disputas que crean una atmósfera familiar irrespirable. Tras las primeras sesiones, Elena toma conciencia de la dificultad de generar cambios en la relación.

La sensación de fracaso acostumbra a estar presente al menos en uno de los dos miembros de la pareja, aunque muchas veces hasta el miembro que decide el divorcio tiene esta sensación. Inés Alberdi afirma:

La pérdida por fallecimiento del cónyuge es mucho más grave y definitiva que la que supone el divorcio y, sin embargo, al estar más regulada y mejor asumida socialmente plantea problemas que parecen menos graves. Cuando muere el cónyuge la sociedad tiene una respuesta organizada, quedan claros los derechos y responsabilidades de cada cual y el apoyo de los parientes y amigos toma una forma prescrita y conocida. Sin embargo, no existen medidas estructurales para ayudar a los que se divorcian. No está muy claro cuáles son las responsabilidades y las obligaciones de cada uno de los cónyuges, ni las actitudes que deben tomar los de su entorno, ya sean amigos o familiares. A la vez, la estructura del hogar se desintegra en dos partes que no llegan a independizarse totalmente una de otra, manteniendo entre ambas obligaciones y lazos de familia que no están claramente delimitados (Alberdi, 1999: 188-189).

Tanto la pareja como el propio entorno se sienten desorientados ante una situación de ruptura. Nadie sabe qué hay que hacer ni qué es lo más conveniente. Aunque el divorcio puede poner el colofón a una situación que ya era conflictiva, supone oficializar la ruptura de la pareja y del núcleo familiar, lugar privilegiado de intercambio y de protección de la pareja y de sus hijos (Meltzer & Harris, 1989; Pérez Testor, 1994b). En el modelo ideal tradicional, la familia representa una matriz biológica, cultural y afectiva donde se dan los intercambios necesarios para el crecimiento de los miembros de la familia (Pérez Testor, 1994b).

En la medida en que el divorcio conlleva la ruptura familiar y, por lo tanto, la supresión de los puntos de referencia y la desaparición momentánea de las líneas de desarrollo, constituye una experiencia de riesgo, aunque los miembros de la pareja y los hijos puedan reaccionar de forma normal o patológica en función de sus disposiciones estructurales propias, del ambiente familiar previo y de cómo se desarrolle el proceso de separación (Wallerstein & Blakeslee, 1995). El divorcio, en tanto que ruptura de equilibrio, conlleva sufrimiento para la pareja y para los hijos aunque no constituye un trastorno por sí mismo. Así, ningún trastorno ni cuadro clínico son específicos de la situación de divorcio, y los síntomas que aparecen se elaboran a partir de la personalidad subyacente y de su nivel de evolución (Wallerstein & Resnikoff, 1997).

9.3. El divorcio como proceso de duelo

Desde hace años, nuestro grupo afirma que una ruptura de pareja es un acontecimiento vital que genera un proceso de duelo (Pérez Testor, 2001; Pérez Testor *et al.*, 2002a y b, 2006b, 2007b, 2009a). En efecto, desde nuestro modelo de comprensión psicoanalítico, toda separación supone una pérdida. El ser humano reacciona ante cualquier pérdida que lo afecte organizando una gama compleja de sentimientos, emociones, fantasías, actitudes, conductas que afectan a la persona en su totalidad y a las que denominamos «procesos de duelo» (Klein, 1934). El duelo y la pérdida ya fueron descritos por Freud en 1917 en *El duelo y la melancolía,* pero quizás aparecen de forma más desarrollada en los trabajos de Melanie Klein.

En la obra de Klein (1934) el «objeto interno» es el sedimento experiencial y representacional que produce en nosotros el conjunto de nuestras relaciones con el objeto externo (que es la figura o figuras de apego que han tenido cuidado de nosotros desde el nacimiento), es decir, nuestras ansiedades, sentimientos, ideas, recuerdos con que nos representamos el objeto externo. La «relación de objeto» es la interacción que el recién nacido ha mantenido con las personas que han cuidado de él y han atendido sus necesidades vitales desde el nacimiento.

Desde este paradigma, Klein (1934) entiende el proceso de duelo como aquella serie de procesos psicológicos que empiezan con la «pérdida» y acaban con la «reintroyección» del «objeto interno» perdido. Es un proceso dinámico que cambia la situación de quien ha perdido alguna cosa o ha sufrido una decepción o frustración. Quien ha sufrido la pérdida puede pasar por las fases descritas por Bowlby (1968; 1969) en la separación: protesta, desesperanza y desafección.

En una ruptura de pareja son los dos miembros de la díada quienes sufren el proceso de duelo, pero pocas veces los dos se encuentran en situaciones parecidas. Normalmente uno vive la ruptura como un paso adelante y el otro, como un paso atrás, pero para los dos es un proceso de pérdida que tendrán que elaborar. Será necesario entender qué elementos de protesta se mezclan con la nostalgia y la pena inicial y cómo estas oscilan entre la melancolía, la desesperanza y el desafecto. Además, todo está interferido o favorecido por emociones tales como el odio, la rivalidad, los celos, la envidia, la necesidad y los deseos de controlar al «objeto» o a otros «objetos» sustitutos para no perderlos igualmente.

De esta manera se va formando una situación psicológica especial a la que denominamos duelo. En las situaciones de ruptura vincular el proceso de duelo empieza mucho antes de la separación. En efecto, cuando empieza a imponerse el sentimiento de que no habrá manera de recomponer la relación, empieza el proceso con la sensación de pérdida.

Elena [E.]: *Me lo has dicho muchas veces y yo no quería verlo. Me oponía por el miedo al fracaso...*
Juan [J.]: *... y al qué dirán tus padres, tu familia...*
E.: *Me importa muy poco el qué dirán... Me duele que no hayamos sido capaces de entendernos, no haber podido darles a los niños una familia, hacerles daño...*
J.: *Hay muchos niños con los padres separados y son felices.*
E.: *Tú te libras de mí y de los niños. Tú vas a conseguir lo que hace tiempo querías. Para mí es distinto... Yo de aquí a tres años me habré vuelto invisible, una mujer a los 45 ya no le interesa a nadie. Con los hombres es distinto... es injusto, pero es así... Me aterra la soledad.*
J.: *Yo no tengo la culpa de lo que nos ha pasado.*
E.: *Los dos somos responsables de nuestro fracaso.*

El duelo acaba con la reintroyección del objeto que se perdió en los momentos de tristeza, protesta y desesperanza. En los casos de divorcio la reintroyección de lo que se ha perdido y la resolución de la ambivalencia aparecen cuando los cónyuges han integrado la nueva situación sin necesidad de negar la realidad, aceptando el fracaso de su anterior relación de pareja.

El duelo adecuadamente contenido supone una «posición depresiva» elaborada. M. Klein (1952) relacionó la elaboración del duelo con la capacidad de elaboración de la primera y siguientes posiciones depresivas. Esta posición se consigue mediante la capacidad de contener ansiedades desestructurantes que no ayudan al crecimiento, como las ansiedades paranoides y confusionales. Elaborar un conflicto querrá decir contenerlo suficientemente en nuestro interior como para experimentar en nuestro mundo interno sus diferentes facetas y en especial darnos cuenta de que nos afecta profundamente y de que nosotros también hemos participado en el desarrollo del conflicto movidos por sentimientos de odio, envidia o celos. Esto genera sentimientos de culpa. Si la elaboración de las ansiedades depresivas es suficiente podremos convivir con nuestra culpa hasta que se generen en nosotros «fantasías y deseos reparatorios», y así predominarán progresivamente las «culpas reparatorias» sobre las «culpas persecutorias», que están menos elaboradas, interiorizadas y simbolizadas. La elaboración de un conflicto incluirá una reviviscencia de las representaciones mentales de vinculación y un aumento de la capacidad de *insight*. Por el contrario, el *acting out* de las ansiedades provocadas por un conflicto impedirá la elaboración del mismo, ya que tendemos a atribuir a causas externas lo esencial de este e intentamos resolverlo en el mundo externo: la culpa es de otro.

La «posición depresiva» incluye una disminución de la escisión o disociación tanto del *self* como de los «objetos». Durante esta posición introyectamos los aspectos beneficiosos y persecutorios del objeto y los integramos progresivamente, mientras aumenta la tendencia del «yo» a identificarse con los «objetos buenos introyectados». Por tanto, será necesario protegerlos de los ataques que en nuestra fantasía les dirigimos. Todo esto no se consigue si no disminuye la importancia de la «proyección» en la vida mental. El «mecanismo de proyección» funciona de manera que siempre se tiende a colocar fuera de nosotros todo aquello que es percibido como peligroso. De esta manera, al expulsar de nosotros el «objeto persecutorio» también sacaríamos de nuestro mundo de significados los aspectos beneficiosos del objeto.

La elaboración normal del duelo tiende a la reconstrucción del mundo interno, enriquecido por la nueva experiencia y por una confianza básica fortalecida. Entonces uno puede recomponer los vínculos con el mundo externo, deteriorados parcialmente por la pérdida. El crecimiento de toda persona está ligado a su capacidad de gestionar de modo constructivo las pérdidas de su vida. La mala elaboración del duelo puede aparecer por la persistencia del odio hacia el objeto perdido con actitudes maníacas de triunfo sobre el mismo, situación que incrementa los sentimientos de culpa y que puede imposibilitar la buena marcha de todo el proceso. Si fracasa la elaboración del duelo ante la situación de divorcio los resultados pueden provocar una desorganización más profunda.

Una falsa salida, como decíamos, puede ser la utilización de defensas maníacas. Los sentimientos de control, triunfo y menosprecio hacia el otro miembro de la pareja pueden provocar una reacción de negación de la pérdida y de la afectación que esta pérdida produce. Puede empezar entonces una auténtica huida hacia delante: todo lo que queda atrás se ha de olvidar y rechazar. En estas situaciones se establece una lucha desesperada por la integración rápida y forzada que puede comportar nuevos emparejamientos que se convierten, de esta manera, en una pseudointegración. Se niega el dolor y no se reconocen los sentimientos de tristeza, melancolía o celos, provocando una tensión interna difícil de controlar.

E.: *No te necesito para nada, ¿te enteras?, para nada.*
J.: *Mira lo que me preocupa.*

E.: *No te preocupa porque tienes a tu amiguita, esa que te llama por las noches al móvil y te consuela.*
J.: *A mí no me llama nadie... pero consuelo sí que necesito, y mucho... porque a tu lado no se puede vivir... Cuando llego a casa el único que sale a recibirme es el perro. Es el único que se alegra de verme.*
E.: *Y tus amigos y amigas también se alegran en las juergas que te corres... Pero mejor... yo también voy a divertirme a partir del divorcio... ya verás... Más de uno me tira los tejos.*

Otra forma de fracaso en la elaboración del duelo puede ser la utilización de defensas obsesivas, intentando una reparación repetitiva e insuficiente. La pérdida es vivida y reconocida, pero con el sentimiento de que está profundamente ligada al daño que nosotros hemos provocado al objeto, dado nuestro odio y sadismo. El cónyuge que se separa es ambivalente debido al temor de que la ruptura no haya sido una buena decisión o de que haya sido motivada por el orgullo o desdén del momento. Puede sentirse culpable por el mal que en su fantasía ha provocado en los objetos internos con sus ataques, críticas y desvalorizaciones. El proceso puede complicarse más al revivir todos estos ataques dirigidos a su pareja.

J.: *Dijiste que lo hablaríamos con los niños cuando volvieran de las colonias.*
E.: *Dije en septiembre. Dejemos que tengan un verano feliz.*
J.: *¿Feliz? ¡Ellos están perfectamente! Somos nosotros los que no vamos hacia adelante ni hacia atrás.*
E.: *Ya me has hecho suficiente daño; no permitiré que les hagas más daño a mis hijos. Los dejaremos terminar el verano en paz.*
J.: *Resulta que he sido yo quien ha hecho daño a toda la familia.*
E.: *No voy a permitir que empeores la situación.*

S. Freud (1917) y M. Klein (1952) insistieron en que el duelo por la pérdida externa (en el caso del divorcio sería la ruptura del vínculo y la disolución del hogar), si es elaborado adecuadamente lleva a la reconstrucción del mundo interno enriquecido por una nueva experiencia. El duelo por lo que se ha perdido supone un dolor por la pérdida, una percepción de los sentimientos que nos unían a lo que se pierde y una sensación de que, a pesar de todo, la vida continúa. El divorcio o la separación, como proceso de duelo, son un factor de riego que debe ser tenido en cuenta.

9.4. Fases del divorcio

El proceso de separación de una pareja suele ser largo y puede pasar por diversas fases, cada una de las cuales puede tener consecuencias sociales y psicológicas específicas sobre los miembros de la pareja y sobre el grupo familiar. En una publicación anterior (Pérez Testor, Castillo & Davins, 2006) hemos descrito las fases del proceso de separación basándonos en las fases de ajuste específicos (Ripol, 1994).

Fase 1. La decisión de divorciarse. Implica el proceso de reconocer la incapacidad para resolver el conflicto de pareja y la aceptación de parte de la responsabilidad de lo que está ocurriendo. No es infrecuente que esta fase comporte inseguridad, sentimientos de culpa, aislamiento, insuficiente atención a otros temas familiares y, eventualmente, depresión y ansiedad. A menudo esta primera fase incorporará los sentimientos de culpa de los dos implicados en la ruptura matrimonial por no poder ofrecer a sus hijos un hogar intacto. Más adelante, en algunos casos, podrán aparecer sentimientos de hostilidad hacia sus hijos, los cuales serán vividos como un obstáculo para restablecer nuevas relaciones de pareja.

Fase 2. Planteamiento de la ruptura del sistema familiar. Implica, básicamente, llegar a acuerdos sobre la custodia de los hijos y el reparto patrimonial. En este momento aparecerán, probablemente, sentimientos más agresivos, de descalificación de la otra parte, de rabia, comportamientos de *acting out*, etc.

Fase 3. Separación. Supone, en primer lugar, la elaboración del duelo por la pérdida de la relación de pareja y de la unidad familiar. Conlleva también la reestructuración de la relación previa a la ruptura y la aceptación del hecho de que hay que iniciar una nueva forma de ejercer la responsabilidad sobre los hijos. La adaptación a la nueva forma de vida implica hacer un cambio importante: hay que readaptar la economía, el trabajo y el tiempo libre a las nuevas responsabilidades. Habrá que llegar a establecer un nuevo equilibrio entre las necesidades propias y las de los hijos. En otras palabras, habrá que hacer un nuevo proyecto de vida.

Fase 4. Desvinculación. Implica la aceptación de la realidad de la separación, y la superación, por parte de un miembro de la pareja o de los dos, de la fantasía de reunificación. Forman parte de esta fase los procesos para restablecer la autoestima, la capacidad para afrontar con ecuanimidad el juicio de terceros, el inicio de nuevas relaciones sociales y, eventualmente, la vinculación con una nueva pareja.

9.5. Impacto del divorcio en la familia

La adaptación por parte de la pareja separada a la nueva situación no será fácil ni rápida. Según R. Weiss (1979), será necesario que pase un período de entre dos y cuatro años para que las personas directamente implicadas en una ruptura puedan llegar a una resolución constructiva de los problemas generados por la separación. Algunos de los efectos psicológicos de la ruptura podrán permanecer mucho más tiempo. Por ejemplo, el *sleeper effect,* que podríamos traducir como «efecto latente», descrito por Wallerstein (1992), parece manifestarse a los 15 años del divorcio y se observa en un 60% de las mujeres que han vivido una ruptura matrimonial. El *sleeper effect* se manifiesta en forma de temor al rechazo por parte de la pareja cuando se intenta formar una nueva relación estable.

Pero lo cierto es que se ha prestado muy poca atención a los efectos del divorcio en los miembros de la pareja, y que la atención principal se ha centrado en los posibles efectos sobre los hijos. En la literatura especializada se diferencian dos épocas en las investigaciones sobre este tema. Una primera abarca hasta 1970, con su momento más álgido en las décadas de 1950 y 1960. En ella, los estudios se centran en la comparación de la adaptación psicológica de los hijos de familias con un solo progenitor (no diferencian si es a causa del divorcio o por fallecimiento) y familias «intactas». En general, los resultados no mostraron diferencias entre ambos grupos.

Por problemas metodológicos (entre otras dificultades los grupos a comparar no eran homogéneos) a partir de 1980 las investigaciones se centran en el estudio de la estructura familiar y en el proceso por el cual las parejas se separan. Hay una suposición implícita entre los autores, y es que no siempre se da una reacción psicopatológica a la separación, sino que se produce un proceso de adaptación del niño a la nueva situación. Desde este planteamiento se estudian las variables que intervienen en la ruptura de la pareja y las repercusiones de dicha ruptura en las vivencias personales de los hijos y en aspectos más específicos, como el rendimiento académico. Las diferencias en función del género de los hijos y de su edad también reciben una atención especial. A pesar de la abundancia de estudios en esta línea, la gran diversidad existente entre las muestras utilizadas por las diferentes investigaciones produce una inevitable dispersión de los resultados. Con todo, hay puntos de acuerdo que nos parecen relevantes y que podríamos resumir del siguiente modo:

1. El divorcio en tanto que ruptura de equilibrio comporta sufrimiento para los hijos (Soler, 1996; Surís, Parera & Puig, 1998; Wallerstein & Resnikoff, 1997; Tizón, 2004).

2. Ningún trastorno ni cuadro clínico específico es consecuencia de la situación de divorcio, y los síntomas que aparecen se elaboran a partir de la personalidad subyacente y del nivel de evolución de los hijos (Jarne *et al.*, 1997; Wallerstein, 1990).

3. Los niños y niñas que viven un divorcio se encuentran con problemas adicionales a los propios de su momento evolutivo.

4. La transición que sigue a la separación o divorcio es altamente estresante para la mayoría de los hijos (Merino, Iriarte, Aguado, Corral, Cormenzana & Martínez-Pampliega, 2017; Martínez Pampliega, Aguado, Corral, Cormenzana, Merino & Iriarte, 2015).

5. Es necesario diferenciar los divorcios litigiosos o contenciosos de los de mutuo acuerdo. En estos últimos años se ha mostrado cómo los divorcios litigiosos son más patogénicos que los de mutuo acuerdo, donde se puede mantener una parentalidad adecuada.

Shaw (1991) sistematiza las variables que juegan un rol importante en el proceso de adaptación, tales como el conflicto interparental, el factor tiempo, la edad del niño en el momento del divorcio, el tipo de relación con el progenitor con el que vive, las nuevas parejas y relaciones de los padres, los aspectos económicos, el sexo del hijo, etc.

En el metaanálisis de Amato y Keith (1991), se concluye que los hijos expuestos al divorcio de los padres tienden a presentar más problemas de comportamiento, psicológicos y cognitivos. Los porcentajes de riesgo de sufrir problemas psicopatológicos o de inadaptación social a raíz del divorcio serían —muestras británicas— del 29% para los hijos varones y del 21% para las hijas. En Estados Unidos, Wallerstein y Kelly (1980) hallaron que el 35% de los hijos de padres divorciados padecían algún tipo de psicopatología o sufrían problemas sociales.

Así pues, los datos indican que la separación o divorcio de los padres tiene un considerable impacto sobre la vida de los hijos, que se expresa no solo en una mayor incidencia de trastornos psicopatológicos y en un incremento de la desadaptación social, sino también en una disminución de logros académicos (Caplan, 1993; Soler, 1996). Por el contrario, un factor protector será que los padres puedan mantener sus funciones parentales a pesar de su ruptura conyugal (Pérez Testor, 2002).

9.6. Factores que favorecen la adaptación de los hijos al divorcio

En un trabajo anterior (Pérez Testor *et al.*, 2002a y b, 2006b) describimos los factores que de alguna manera podían favorecer la adaptación de los hijos en situaciones de divorcio y que pueden ser de gran utilidad para terapeutas de pareja y de familia. Seguimos el trabajo de J. Wallerstein (1986) cuando describe seis tareas que los niños que viven o han vivido una ruptura familiar han de desarrollar:

1. Reconocimiento y aceptación de la ruptura

Implica, en primer lugar, entender qué quiere decir el divorcio y en segundo lugar, aceptar las realidades que conlleva. Entre los aspectos más relevantes que aparecen en este momento, destacan las fantasías terroríficas de abandono que se han desencadenado por el conflicto parental.

La mayoría de los niños logran asumir esta tarea al final del primer año de separación, aunque un número significativo lo consigue antes de ese tiempo. La alta incidencia de divorcio en la comunidad ayuda a los niños mayores y a los adolescentes a comprender la situación: a pesar de que este hecho no tranquiliza, sí promueve la comprensión realista. La aceptación de la ruptura marital forma parte de otra tarea más difícil, que es la aceptación de que el divorcio es definitivo (véase la tarea 5).

2. Establecimiento de cierta distancia para preservar la identidad y poder manipular la inevitable angustia que se va a producir

Retomar las actividades cotidianas y las relaciones con la escuela puede *contener* las ansiedades. Esta tarea requiere del niño la capacidad de tomar cierta distancia psicológica de los adultos: en un momento de desequilibrio familiar en que uno o los dos padres pueden estar preocupados, deprimidos o enfadados, el niño necesita proteger su identidad individual. La segunda parte de esta tarea requiere que el niño traslade la crisis familiar desde una posición dominante en su mundo interno a una posición más parcial. El logro de todo ello va a disminuir la ansiedad, la depresión y otros sentimientos conflictivos que se producen con la ruptura de la pareja. A diferencia de la primera tarea, superar esta segunda fase no es fácil para los niños mayores.

3. Elaboración de la pérdida total o parcial de alguno de sus progenitores, especialmente en los casos en los que la custodia no va a ser compartida legal o prácticamente

El divorcio implica múltiples pérdidas, la más importante de las cuales es la pérdida total o parcial de un progenitor. Pero las pérdidas inducidas por el divorcio pueden incluir también la pérdida de las rutinas familiares diarias, de símbolos y de tradiciones. A menudo estas también incluyen la escuela y el estatus socioeconómico.

Esta tarea de aceptar la pérdida es quizá la más difícil que impone el divorcio. El niño tiene que lamentarse de las pérdidas para ver las limitaciones y potencialidades de la nueva situación. En esencia, esta tarea requiere que el niño se sobreponga al sentimiento de rechazo, humillación e impotencia que suscita la partida de un progenitor. Ello se ve facilitado por el establecimiento del régimen de visitas formal que puede restablecer el sentido psíquico de integridad y sus roles nuevos respectivos de «padre/madre en dedicación parcial» e «hijo/hija en dedicación parcial». La resolución de esta tarea a menudo tarda muchos años y se consigue más fácilmente cuando el régimen de visitas se lleva a cabo adecuadamente.

4. Elaboración de los sentimientos de rabia contra los padres y de autoculpabilización

Para entender esta tarea es importante enfatizar el contexto social de la ruptura marital. A diferencia de un desastre natural o muerte, el divorcio es un hecho decidido por hombres y mujeres y representa una decisión voluntaria de al menos uno de los miembros de la pareja. Los niños son conscientes de que el divorcio no es inevitable, que la causa inmediata es la decisión de uno o de los dos padres de separase y que la causa verdadera es la desgana o el fracaso de mantener el matrimonio. La experiencia indica claramente que los niños y adolescentes no creen que el divorcio no tenga culpables. Culpan a uno o a los dos padres o se culpan a ellos mismos, sobre todo los niños pequeños.

5. Aceptación de que el divorcio es definitivo

Se ha observado que en niños, adolescentes y adultos persisten las esperanzas de restablecer la familia intacta y no se han abandonado las fantasías de reconciliación décadas después del divorcio. Se ha concluido que los hijos de padres divorciados tienen una tarea más difícil en la aceptación del carácter definitivo de este acontecimiento en comparación con los niños afligidos por la muerte de uno de los padres. El hecho de que ambos padres estén vivos y de que el divorcio sea percibido como evitable, al igual que volverse a casar, favorece y estimula las fantasías de reconciliación.

Los factores evolutivos parece que ayudan en la resolución de esta tarea. En niños pequeños resulta más dificultoso el abandono de estas fantasías, que se ven reforzadas cuando uno de los padres persiste en la idea de restablecer el matrimonio.

6. Aceptación de sí mismo como una persona capaz de querer y ser querida

Finalmente llegamos a la tarea que quizá sea la más importante tanto para el niño como para la sociedad: la resolución de conflictos relacionales que pueden afectar a vínculos futuros. Se trata de que la persona joven sea capaz de conseguir y sustentar una visión realista en referencia a su capacidad para querer y ser querido.

Los programas de prevención, como Egokitzen, desarrollado por el grupo de Ana Martínez, de Deusto, han demostrado una alta eficacia para favorecer la adaptación de los hijos al divorcio de los padres (Merino *et al.*, 2017).

9.7. Conclusiones

En este trabajo hemos querido mostrar cómo desde la práctica clínica podemos observar la ruptura de los vínculos en la relación de pareja como un proceso de duelo. A pesar de la intensidad del dolor que puede sufrir uno o los dos miembros de la pareja que se rompe, si el duelo puede elaborarse de forma adecuada, el dolor puede superarse y fortalecer la capacidad relacional de los miembros de la pareja rota.

El proceso de duelo también puede aparecer en los hijos. Si la pareja puede mantener sus funciones parentales a pesar de la ruptura conyugal, protegerá el proceso ayudando a sus hijos a elaborar la separación de los padres y se evitarán complicaciones psicopatológicas.

PARTE IV: INTERVENCIÓN

10. Diagnóstico de los trastornos de pareja

Carles Pérez Testor, Susana Pérez Testor
y Berta Aznar Martínez

10.1. Objetivo del diagnóstico

La descripción del diagnóstico de los conflictos de pareja que especificamos a continuación hace referencia a la formas de trabajar de la Unidad Asistencial de Pareja y Familia del Centro Médico y Psicológico de la Fundació Vidal i Barraquer* de Barcelona.

El objetivo del tratamiento de pareja es posibilitar a los cónyuges una comprensión suficiente de sus dificultades que les permita generar un cambio terapéutico en la relación. Cuando la pareja decide consultar y buscar ayuda a un terapeuta es porque, en principio, desea mejorar la relación y no es capaz de resolver la situación por sí sola. El terapeuta ofrece un espacio donde se facilita la interacción entre los dos cónyuges y propone un trabajo de investigación que proporciona comprensión a los conflictos de la relación para con ello ayudar a descubrir aspectos de la pareja que hasta el momento podían haber sido ignorados o encubiertos.

---

* Siempre que nos referimos a la Unidad Asistencial de Pareja y Familia del Centro Médico Psicológico de la Fundació Vidal i Barraquer de Barcelona lo realizamos de forma abreviada con las siglas UAPF.

Cuando nos referimos al Centro Médico Psicológico de la Fundació Vidal i Barraquer de Barcelona lo realizamos de forma abreviada con las siglas CMP.

Si nos referimos a la Fundació Vidal i Barraquer de Barcelona lo realizamos de forma abreviada con las siglas FVB.

Si nos referimos a la Unidad Docente de Intervención Familiar del Máster de Terapia Familiar (URL) lo realizamos de forma abreviada UDIF.

Antes de empezar un tratamiento es necesario realizar un diagnóstico. El objetivo del diagnóstico es identificar y llegar a comprender lo que está ocurriendo emocionalmente entre los dos miembros de la pareja respecto de su relación, a partir de la información que ellos mismos le exponen al terapeuta. Antes del primer contacto entre pareja y terapeuta ya se inicia una relación fantaseada con el terapeuta en la mente de los dos miembros de la pareja. Se crean unas expectativas y ambos miembros de la pareja llegan a la consulta con versiones propias de sus conflictos.

Cuando se realiza la demanda de ayuda generalmente acuden con la intención de buscar comprensión y claridad, que es lo que realmente les puede ofrecer el tratamiento psicoterapéutico; aunque no siempre es así, a veces se pretende que el terapeuta certifique la incapacidad de uno de los cónyuges o que dé por finalizada la relación de pareja y de esta forma conseguir aminorar el sentimiento de culpabilidad.

Así pues, es necesario que el terapeuta analice cuidadosamente la situación en la que se encuentra la pareja y no se precipite con actuaciones inadecuadas.

10.1.1. Primer contacto

En la UAPF de la FVB el primer contacto generalmente se realiza por teléfono con la secretaría. La demanda puede ser directa, es decir, el interlocutor reconoce tener problemas en su relación de pareja y pide hora para acudir a la consulta, o indirecta, donde generalmente el proceso de dicha demanda empieza con la solicitud de asistencia individual y en las primeras entrevistas cuando se sospecha que en realidad se puede tratar de un conflicto conyugal, se recomienda al paciente realizar una entrevista de pareja.

10.1.2. Primera entrevista

En la primera entrevista, el terapeuta deja que la pareja se exprese libremente, pero al principio suele tomar la palabra con una breve presentación e informar de la duración de la visita, que habitualmente es de setenta y cinco minutos. En las primeras intervenciones suele preguntar por el motivo de consulta. Las reacciones dependen de cada pareja, pero en el caso de que uno de los cónyuges no permita la participación del otro, el terapeuta intentará favorecer esa intervención ofreciéndole la oportunidad de expresarse.

El motivo principal por el cual la entrevista acostumbra a ser de carácter libre, es que permite al terapeuta observar cómo interactúan los dos cónyuges y llegar a conocer los datos necesarios para elaborar la historia clínica de forma espontánea. Pero si no es así, tiene la oportunidad de solicitar algunas aclaraciones, pedir mayor profundización en aspectos poco comprensibles e incluso contradictorios y preguntar cuando lo considere oportuno mostrando igual interés hacia los dos miembros de la pareja.

Al final de la primera entrevista, el terapeuta ha de ser capaz de estructurar un pequeño comentario de devolución. Generalmente, se trata de un pequeño resumen sobre la información recibida de la pareja y lo que se ha podido observar. Cuando se acerca el fin del tiempo disponible es conveniente indicar a los consultantes de la terminación del mismo. Si el terapeuta considera que no puede hacerse cargo del caso o que no es adecuado el abordaje de pareja, debe comunicarlo y derivarlo a otro terapeuta al finalizar la primera entrevista. Esto suele ocurrir cuando se considera que no es un problema de pareja, derivando por ello a los consultantes a una terapia individual.

Si el terapeuta considera que puede ser adecuado el abordaje conjunto propone a la pareja un espacio diagnóstico consistente en otras tres entrevistas para obtener una descripción lo más aproximada posible de la relación.

10.1.3. Segunda entrevista con el terapeuta

En esta segunda entrevista el terapeuta suele adoptar un papel más activo, solicitando alguna ampliación de los aspectos expresados por los dos cónyuges o preguntando directamente sobre algún tema del que no se haya hablado.

10.1.4. Tercera y cuarta entrevista

Estas dos entrevistas se centran en la relación para poder observar la interacción matrimonial y, si es posible, reproducir *in situ* distintas situaciones a las que se encuentra sometida la pareja. Es aconsejable realizar algún tipo de interpretación para probar la capacidad de *insight* que presentan ambos consultantes.

Siguiendo a Andrés, Coca y Romagosa (1994), cuando el terapeuta llega a la cuarta entrevista diagnóstica la información que generalmente ha recogido es la siguiente:

Motivo de consulta
- Problema actual por el que consultan.
- Inicio del problema ¿lo relacionan con algo?
- Actitud que adoptan frente al problema.
- ¿Cómo han llegado al centro? ¿Quién los envía?
- ¿Por qué consultan ahora? ¿Qué esperan?
- ¿Cómo creen que los podemos ayudar?

Antecedentes de la pareja
- ¿Cómo y cuándo se conocieron?
- Primeras relaciones. Grado de comunicación inicial.
- Etapa inicial de convivencia. Evolución.
- Si hay hijos, ¿qué tipo de relación mantienen con ellos?

Trabajo y ocio
- Trabajo actual.
- Aficiones. Tiempo compartido y actividades individuales.
- Sentimientos de cada uno respecto de sus actividades y de las de la pareja.
- Puntos de avenencia y desavenencia.

Relaciones
- Relaciones actuales; amigos de uno y otro, amigos comunes.
- Relaciones anteriores de cada miembro; amistades y parejas anteriores.

Relaciones sexuales
- Sentimientos actuales referentes a su vida sexual.
- Inicio de las relaciones sexuales de la pareja.

Antecedentes familiares
- Composición de las respectivas familias.
- Tipo de relación de los padres como pareja.

Después de las cuatro entrevistas diagnósticas el terapeuta ha establecido una hipótesis y pronostica sobre cuál es la colusión predominante en la relación de pareja. Describe, entonces, esta relación colusiva a los miembros de la pareja de forma que pueda entenderse y propone el tratamiento que considera más adecuado. Una vez aceptado el tratamiento es menester perfilar los objetivos que se persiguen y la forma de alcanzarlos. Esto incluye las pautas de relación, la manera de llevar a cabo las sesiones, la frecuencia y la duración. Todo ello queda incluido en el marco de trabajo.

10.2. Marco de trabajo

Aunque el marco de trabajo contiene aspectos externos, es conveniente, que se interioricen de manera que haya un verdadero marco terapéutico interno que permita superar los imprevistos y los obstáculos que puedan presentarse en el curso del tratamiento.

10.2.1. Setting

El *setting*, entendido como la distribución en el espacio del terapeuta y la pareja, por lo general es triangular en la UAPF. Un solo terapeuta se ocupa de los dos cónyuges. Se sientan de modo que ambos quedan frente al terapeuta en una disposición en V. Las ventajas de esta ubicación es que no hay predominio y que permite visualizar por igual a los otros dos miembros. En estos últimos años los terapeutas que colaboramos en la UDIF del Máster de Terapia Familiar de la Universitat Ramon Llull, trabajamos en *foursome*, o entrevista a cuatro (Armant & Bobé, 1994), tal como habían hecho nuestros compañeros fundadores de la Unidad de Pareja y Familia, como Jordi Font o Antoni Bobé. La entrevista a cuatro consiste, como su nombre indica, en que para atender a la pareja que consulta se disponen a trabajar dos terapeutas que constituyen una pareja terapéutica. En este caso, la distribución en el espacio es en forma cuadricular, de modo que cada individuo se encuentra en un vértice del cuadrado.

Hay unas características específicas relacionadas con la técnica y la dinámica del trabajo de las entrevistas a cuatro que presentamos a continuación:

- Los terapeutas constituyen una pareja y, por lo tanto, representan en la pareja consultante un modelo de identificación.
- Por lo general, facilitan la comunicación de la pareja de pacientes; suele haber una disminución de la desconfianza y, además, un mayor contacto con la realidad, ya que perciben mejor las interferencias inadecuadas que se dan entre ellos (Armant & Bobé, 1994).

En lo que se refiere a la intervención de los terapeutas encontramos dos variantes: que ambos intervengan, es decir, que tengan una parecida experiencia, o bien que haya uno que intervenga y el otro se mantenga en silencio, lo que es frecuente cuando el observador es un terapeuta en formación como ocurre en la UDIF.

Armant y Bobé advierten en su capítulo de 1994:

- Es necesario que la pareja de terapeutas comparta contenidos teóricos y modelos de trabajo clínicos parecidos.

- Es conveniente que los terapeutas sigan en cada sesión la orientación interpretativa que el otro ha iniciado; naturalmente, con los movimientos transferenciales que se producen durante la sesión. No obstante, cuando no están del todo de acuerdo, la pareja de pacientes tendrá una buena experiencia si percibe que los comentarios contradictorios de los terapeutas no destruyen la relación terapéutica.

- Es necesario observar y tratar de comprender las comunicaciones no verbales como por ejemplo, la calidad de las miradas, los silencios, la postura corporal... (Armant & Bobé, 1994: 132).

En las entrevistas y tratamientos a cuatro las evoluciones básicas son iguales que en la técnica a tres. No obstante, se producen algunas manifestaciones más específicas que consideramos seguidamente.

- En el trabajo a cuatro se incrementan los mecanismos proyectivos; con frecuencia se dan identificaciones proyectivas intensas que tienen como continente a la pareja de terapeutas y los proyectos introyectivos que pueden ser distorsionados de tal modo que, según el momento transferencial concreto, no reciben lo que los terapeutas han dicho, sino aquello que les parece y sienten, de acuerdo con lo que han proyectado, en relación con su mundo interior.

- Desde la contratransferencia es necesario tener en cuenta las repercusiones que las proyecciones intensas de la pareja de pacientes pueden producir en la relación interpersonal de la pareja de terapeutas. Por este motivo es conveniente que los terapeutas se comuniquen después los problemas emocionales que hayan podido surgir durante las sesiones (Armant & Bobé, 1994: 133-135).

10.3. Alianza terapéutica

En los últimos 10 años, una de las principales líneas de investigación desarrollada en la UAPF por parte de nuestro grupo de investigación (GRPF) ha sido la de estudiar la importancia de la alianza terapéutica en la vinculación de las parejas al tratamiento, tanto en el de orientación psicoanalítica (Aznar Martínez, 2012; Aznar Martínez, Pérez Testor, Davins Pujols, Aramburu & Salamero, 2014; Aznar Martínez, Pérez Testor, Davins & Aramburu, 2016), como en el de orientación sistémica (Mateu Martínez, Vilaregut Puigdesens, Campo López, Artigas Miralles & Escudero Carranza, 2014; Günther, 2017; Vilaregut Puigdesens, Artigas Miralles, Mateu Martínez & Feixas Vilaplana, 2018).

Nuestra experiencia clínica nos permitía intuir que aquellas parejas que establecían una buena alianza terapéutica en las primeras sesiones de diagnóstico eran las que mejor se beneficiaban del tratamiento de pareja indicado. ¿Pero qué entendemos por alianza terapéutica (AT)?

Para nosotros, dos autores serían claves para entender el constructo AT. Uno de estos autores es Bordin (1976), que definió la AT como el vínculo colaborativo entre el paciente y el terapeuta e identificó tres componentes que la configuran: acuerdo en las tareas, vínculo positivo y acuerdo en los objetivos. El otro autor destacado es Luborsky (1976), que describió también este concepto con una definición más próxima a la visión psicodinámica: como entidad dinámica que evoluciona con los cambios de las demandas de las diferentes fases de la terapia. Luborsky describió dos tipos de AT.

La AT *tipo 1* se da sobre todo al inicio, y se caracteriza por brindar al paciente una experiencia principalmente de apoyo, ayuda y contención. La AT *tipo 2* corresponde a fases posteriores, y se orienta a la construcción de un trabajo conjunto hacia la superación del malestar del paciente e implica mayor participación del componente confrontativo, presente en todo proceso psicoterapéutico. Ambas definiciones de Bordin y Luborsky se pueden considerar como complementarias.

De acuerdo con Meissner (2007), creemos que la AT implica diversas cualidades constitutivas que son esenciales para establecer y mantener un contexto de trabajo terapéutico efectivo, como son el marco de trabajo terapéutico, la autoridad, la responsabilidad, la empatía, la confianza, la autonomía, la iniciativa, la libertad, la neutralidad, la abstinencia y algunas consideraciones éticas. Nos parece interesante la aportación de Meissner (2007), pues favorece una visión clara y útil de la AT y la diferencia de otros fenómenos que pueden crear confusión. Este autor distingue tres elementos que determinan los patrones de relación entre analista y paciente: la transferencia, la AT y la relación real. La *transferencia* está basada en los residuos o afectos y las actitudes relacionales dibujadas en función de las relaciones significativas del paciente, normal pero no exclusivamente, desde las relaciones establecidas con los padres u otras figuras importantes de su infancia. De esta manera, el analista es percibido inconscientemente por el paciente de manera similar a los objetos originales. En cambio, la AT concierne a las cualidades y acuerdos negociados para estructurar y facilitar el trabajo analítico que pertenece a la función analizadora y el rol contributivo del paciente de avanzar en el proceso analítico. En lo que respecta a la *relación real,* esta está asociada a otros aspectos de interacción entre el terapeuta y el paciente que reflejan su existencia y estatus como personas reales funcionando en el mundo real (Aznar Martínez, Pérez Testor, Davins Pujols, Aramburu & Salamero, 2014).

La AT se forma y funciona dentro de la relación analítica y la interacción, mientras que las otras dos dimensiones influyen en la situación analítica, aunque su origen se encuentra fuera de esta. Según De Jonghe, Rijnierse y Janssen (1991) la relación real y la alianza están basadas en relaciones de objeto más maduras, mientras que la transferencia está basada en objetos más infantiles. Las tres dimensiones, aunque conceptualmente diferenciadas, interactúan y dan lugar a diversos procesos en el marco terapéutico.

En la relación terapéutica con las parejas creemos que es importante que el terapeuta entienda bien el concepto de AT y tenga un modelo claro de qué aspectos o dimensiones esenciales configuran la AT en el tratamiento conjunto de pareja. Siguiendo el modelo del SOATIF (Sistema de Observación de la Alianza Terapéutica en Intervención Familiar) (Friedlander *et al.*, 2006) creemos que la AT en terapia de parejas se puede conceptualizar en función de cuatro dimensiones diferentes que interaccionan entre sí:

1) *Enganche en el proceso terapéutico:* el paciente otorga sentido al tratamiento, transmite la sensación de estar involucrado en la terapia y trabajar conjuntamente con el terapeuta. Los objetivos y las tareas en terapia pueden discutirse y negociarse con el terapeuta. El paciente percibe el proceso terapéutico como serio e importante y cree que el cambio es posible. Las intervenciones del terapeuta para potenciar esta dimensión deben incluir explicaciones sobre el funcionamiento de la terapia, preguntar al paciente respecto de su conformidad con este, mantener una posición que invite al diálogo y mostrarse positivo y optimista respecto de los cambios fruto del tratamiento. En esta línea, Meissner (1996) señala que estas intervenciones incluyen acuerdos contractuales entre terapeuta y paciente respecto de la logística de la terapia, acuerdos sobre cómo trabajará conjuntamente cada parte y hacia qué propósitos, la comprensión y aceptación de las dos partes (pacientes y terapeuta) y sus respectivas responsabilidades.

2) *Conexión emocional con el terapeuta:* el paciente ve al terapeuta como una persona importante en su vida. Tiene la sensación de que la relación se basa en la confianza, el afecto y el interés. Cree que al terapeuta le importa de verdad y que «está allí» para él y siente que él y el terapeuta comparten una visión del mundo (por ejemplo, que tienen perspectivas vitales y valores similares), y que la sabiduría y experiencia del terapeuta son relevantes. Las intervenciones del terapeuta en este sentido deben ir orientadas a expresar aceptación, confianza, empatía, afecto e interés por el paciente. En este sentido, Stine (2005) subraya la importancia del uso de metáforas en el proceso analítico, en tanto que son significados compartidos entre analista y paciente que mejoran la comunicación entre ellos y tienen un

efecto positivo en la AT, ya que se trata de la evolución de un dialecto compartido, especial y de construcción emocional que forma una comunidad psicológica de dos (o de tres, en el caso de que se atienda a parejas).

3) *Seguridad dentro del sistema terapéutico:* el paciente ve la terapia como un lugar en el que puede arriesgarse, estar abierto y ser flexible. Tiene la sensación de confort y expectación hacia las nuevas experiencias y aprendizajes que pueden tener lugar. El paciente admite que hay cosas buenas que provienen de estar en terapia, que el conflicto dentro de la pareja puede manejarse sin hacerse daño y que no es necesario estar a la defensiva. El terapeuta puede incidir positivamente en esta dimensión proporcionando al paciente directrices de confidencialidad y seguridad, discutiendo con él procesos que puedan intimidarlo aceptando que la terapia comporta riesgos y, sobre todo, ayudando a los pacientes a no estar a la defensiva entre ellos y a hablar con sinceridad, sin hostilidad ni intrusismo emocional. La instauración del marco-*setting* psicoanalítico puede significar para la pareja una ayuda al proveerlos de seguridad. El mantenimiento del marco, tanto al inicio de la terapia como a lo largo del tratamiento, puede favorecer la elaboración de un proceso terapéutico transfero-contratransferencial que permite la reactualización de una vivencia de pareja más liberadora. Al inicio de la terapia de pareja es útil enunciar las reglas del marco de intervención psicoanalítico: para la pareja, la libertad de asociar sobre aquello que piensan, imaginan o sueñan, y para el analista, la atención flotante y la abstención de dar consejos.

4) *Sentido de compartir el propósito:* los miembros de la pareja se ven a sí mismos trabajando en colaboración para mejorar la relación conyugal y conseguir objetivos comunes. Ambos tienen un sentimiento de solidaridad en relación con la terapia y valoran el tiempo que comparten en ella. Se trata esencialmente de un sentimiento de unidad dentro de la pareja en relación con la terapia. Esta dimensión es única de las terapias conjuntas. El terapeuta puede potenciar el sentimiento de compartir el pro-

pósito mediante intervenciones orientadas a adquirir compromisos entre los pacientes, animarlos a preguntarse sus puntos de vista y a mostrarse afecto, destacando aquellos aspectos que comparten y realizando interpretaciones sobre la relación de pareja en lugar de interpretaciones individuales. En este sentido, Sommantico y Boscaino (2006) recalcan la importancia de estar atento a la «dimensión diádica de una demanda o un síntoma» para comprender qué es lo que, del síntoma de uno de los dos cónyuges, pertenece al funcionamiento de la pareja como entidad, así como las funciones del síntoma en la pareja y sus significados inconscientes.

El terapeuta de parejas deberá tener en mente estas cuatro dimensiones a lo largo de la terapia, intentando intervenir en cada una de ellas y sin dejar de lado los procesos transfero-contratransferenciales que pueden influir en todas ellas. Uno de los fenómenos relativos a la alianza de trabajo en las parejas que ha suscitado gran interés por sus implicaciones clínicas es el de la *Alianza dividida (Split Alliance)* (Heatherington & Friedlander, 1990; Pinsof & Catherall, 1986; Pinsof & Wynne, 1995) que se da cuando un miembro de la pareja muestra una relación no positiva (negativa o neutral) con el terapeuta mientras que el otro mantiene una buena alianza de trabajo con él. Se trata de situaciones comunes en terapia de parejas y familias. Las *alianzas divididas* pueden aparecer a causa de conflictos individuales o de pareja (Knobloch-Fedders *et al.*, 2004; Mamodhoussen *et al.*, 2005; Symonds & Horvath, 2004), y su reparación es esencial para que el tratamiento tenga éxito (Friedlander *et al.*, 2006).

Como ya hemos reconocido en otros trabajos (Aznar Martínez, Pérez Testor, Davins Pujols, Aramburu & Salamero, 2014), hace falta profundizar más en ciertos aspectos como los mediadores, moderadores y moduladores de la AT en parejas, así como replicar ciertos estudios que se han llevado a cabo para resolver interrogantes y abrir nuevas líneas de investigación en este campo.

Además, los estudios en que se analizan los tres elementos de la relación terapéutica —alianza, transferencia y relación

real— y su interacción son escasos y en muchos casos contradictorios. Creemos que observar el fenómeno de la alianza terapéutica desde una óptica psicoanalítica puede aportar interesantes datos que abran nuevos campos de estudio en la
investigación y en la praxis clínica.

10.4. Conclusión

El proceso diagnóstico permite al terapeuta conocer la relación
que predomina en la pareja y a la pareja conocerse mejor y conocer al terapeuta y su manera de trabajar.

El diagnóstico permite decidir el tratamiento más adecuado, aunque hemos de reconocer que toda sesión terapéutica
también tiene una parte diagnóstica y que las sesiones diagnósticas tienen una función terapéutica. Pensamos que es conveniente diferenciar claramente los dos espacios porque nos ayuda a ordenar y clarificar la tarea a desarrollar en cada situación.

Estamos convencidos y la investigación empírica lo avala,
de que la AT es básica para establecer un vínculo terapéutico
entre los miembros de la pareja y el terapeuta, y si esta alianza
de trabajo se logra en las primeras sesiones diagnósticas favorecerá la realización exitosa del tratamiento psicoterapéutico.

11. Tratamiento de los trastornos de pareja
Carles Pérez Testor y Cristina Nofuentes

11.1. Introducción

Tras una primera etapa en la cual los terapeutas psicoanalíticos, excepto casos aislados, se negaban a atender a la familia del paciente o a tratar a dos miembros de la misma familia por las evidentes interferencias que ello provocaría, Clarence P. Oberndorf y Bela Mittelman publicaron casos de matrimonios tratados con una metodología psicoanalítica y por el mismo psicoanalista a los dos miembros de la pareja en conflicto. Pensaban que así se obtenía un cuadro más completo y claro de la realidad, pudiéndose observar las reacciones complementarias de los dos individuos durante el tratamiento psicoanalítico.

Siguiendo a Peter A. Martin diferenciaríamos la «psicoterapia diádica consecutiva» de Oberndorf de la «psicoterapia concurrente» de Mittelman (Martin, 1983). La «psicoterapia consecutiva» consiste en tratar primero a uno de los miembros de la pareja y después, una vez terminado el primer tratamiento, empezaría el otro miembro de la pareja (Oberndorf, 1938). Mittelman, por otra parte, defendió el tratamiento individual de los dos cónyuges por el mismo terapeuta, pero simultáneamente en el tiempo (Mittelman, 1948).

Alexander Thomas trataba simultáneamente, aunque por separado, a los dos miembros de la pareja introduciendo cambios en la técnica: trabajaba menos la interpretación de la neurosis de transferencia y priorizaba la interpretación de los aspectos clínicos de la neurosis de la pareja (Thomas, 1956). Victor H. Rosen también estaba de acuerdo con la terapia de pareja porque los problemas de transferencia del aspecto no tratado de la pareja tiende a no reconsiderarse. Entiende este autor, que la figura del analista que no trata a la pareja, sino a un miembro individual, distorsiona y lleva a la formación de situaciones triangulares o poligonales (Eisenstein, 1956).

Henry V. Dicks trabajó en terapia conjunta en la Tavistock de Londres. En una primera etapa la técnica de la terapia era la de *foursome*, con una pareja de terapeutas y la pareja que consultaba. Más tarde, desarrolló conjuntamente con Guillermo Teruel la terapia conjunta triádica. Como el mismo Teruel ha comentado, esta empresa produjo mucha ansiedad y más de uno le advirtió, aludiendo a la relación triádica edípica, que el tratamiento podría ser inadecuado: «sería desastroso, tres es un número malo para el tratamiento. [...] En otras palabras, había algo de atemorizador en el establecimiento de estas relaciones terapéuticas» (Teruel, 1970: 190). Pero pronto se mostró como una técnica adecuada tras un tiempo de entrenamiento para un terapeuta experimentado que tuviera formación en terapia individual y terapia de grupo.

En este tipo de terapia de pareja el terapeuta asume un papel activo y su principal instrumento es su capacidad interpretativa. Para Teruel, la forma de controlar la fuerza destructiva de una pareja son las interpretaciones adecuadas y la lenta adquisición de *insight* «mediante la introyección o internalización de lo que el terapeuta hace y representa para la pareja en términos de su interacción en el matrimonio» (*Ibid.: 207*).

En mi experiencia ha sido un error fatal hacer interpretaciones dirigidas solamente a uno de los cónyuges. Esto fue considerado inconscientemente por el otro como un «agrupamiento», como «seducción», «rivalidad», etc. Al hacerlo posibilitamos la formación de situaciones de tipo edípico, y desde este punto de vista coincido con las aclaraciones del profesor Krapf acerca de la «explosividad» de una relación triangular». (*Ibid.: 183*)

Seguramente aquí radica la principal dificultad de la terapia conjunta de pareja: **en cómo interpretar.** Siguiendo a Lemaire (1980) y a Castellví (1994), diríamos que el foco interpretativo es la pareja. No un miembro u otro, sino los dos, su relación, su colusión. Si evitamos el riesgo ya advertido por Teruel y que Jorge Thomas (1994) resumía en «interpretación individual en público» y nos centramos en la interpretación de la colusión podemos ayudar a los dos miembros de la pareja a tomar conciencia del funcionamiento inconsciente que los ha llevado a actuar sus conflictos.

Eduardo Kalina desarrolló los principios de la Terapia breve de pareja. Para Kalina se trataba de no favorecer los procesos regresivos y trabajar con la progresión. La técnica de Kalina consistía en comenzar con una serie de tres a cinco sesiones conjuntas con la pareja. El objetivo era determinar el diagnóstico y pronóstico de la pareja para seleccionar a aquellas con «niveles de integración depresiva» (Kalina, 1970). En el curso del tratamiento el autor centraba su atención en los siguientes ítems:

1. El interjuego y el complemento de roles.
2. El condicionamiento recíproco de actitudes.
3. Las discrepancias entre el rol asignado, el rol asumido y el rol esperado.
4. Los conflictos surgidos a raíz del rol que cada uno asume.
5. Las diferencias entre las conductas explicadas y las actitudes subyacentes.
6. La estereotipia de roles.
7. La pérdida de límites y la utilización de la regresión como defensa, lo que los hace actuar según pautas de conducta a veces pretéritas que hacen casi incomprensibles los mensajes que se intercambian.
8. Detectar e interpretar la significación del objeto u objetos internos dominantes. (Kalina, 1970; Corominas, 2002)

En sus trabajos, Teruel insiste en la importancia de la formación en la atención a las parejas en conflicto, ya sea para tratarlas o para aconsejarlas. La formación previa del terapeuta de pareja es básica para poder actuar en medio de la complejidad de las proyecciones de los miembros de la pareja (Andrés, Coca & Romagosa, 1994). Para Teruel, el trabajo con parejas en conflicto es una tarea de alta especialización y uno de los elementos que puede dificultar este trabajo es el problema de la contratransferencia, es decir, la repercusión de estos conflictos sobre el terapeuta dado que remueven sin parar su propio problema matrimonial y familiar. El hecho de observar y tomar conciencia de estos mecanismos contratransferenciales es fundamental en este tipo de tratamientos, y por ello es tan necesaria la supervisión y el trabajo en equipo, como ya hemos desarrollado en otro lugar (Pérez Testor, Bobé & Font, 1994) y repetiremos en este mismo capítulo y desarrollaremos después en el capítulo 14.

La supervisión y el trabajo en equipo son la mejor garantía de un trabajo que tenga en cuenta y pueda superar las dificultades transferenciales y contratransferenciales que todo tratamiento de pareja comporta.

11.2. Objetivo del tratamiento

La descripción del tratamiento de pareja que especificamos a continuación hace referencia al tratamiento de orientación psicoanalítica que se realiza en la Unidad Asistencial de Pareja y Familia (UAPF) del Centro Médico y Psicológico de la Fundació Vidal i Barraquer de Barcelona y en la Unidad Docente de Intervención Familiar (UDIF) del Máster de Terapia Familiar.

11.2.1. Objetivos generales

El objetivo principal del tratamiento de pareja es generar un cambio terapéutico en la relación. Cuando los miembros de una pareja deciden consultar y buscar ayuda a un terapeuta es porque, en principio, desean mejorar la relación y no son capaces de resolver la situación por sí solos. Generalmente, la conducta de cada miembro que forma la pareja puede desencadenar reacciones en el otro y estas a su vez generar nuevas conductas que inducen a los problemas a entrar en una espiral creciente sin salida aparente. Estas condiciones pueden modificar negativamente la relación y a cada uno de sus miembros. Para que se produzca un cambio efectivo y cortar el efecto de espiral es esencial que los dos consultantes entiendan que es imprescindible su participación en el trabajo común que se les propone de forma voluntaria y sin presiones externas.

El terapeuta ofrece un espacio donde se facilita la interacción entre los dos cónyuges, propone un trabajo de investigación que proporciona comprensión a los conflictos de la relación y con ello puede ayudar a descubrir aspectos de la pareja que hasta el momento podían haber sido ignorados o encubiertos.

La terapia puede cumplir diversas funciones, mejorar la relación de pareja, apreciar aspectos individuales de cada miembro, tomar conciencia de las dificultades y valorar si el cambio es posible o no.

Un buen tratamiento de pareja puede terminar con una mejora de la relación o con una separación aceptada por los dos miembros de la pareja que evite la repetición de sus conductas inadecuadas con futuras nuevas parejas.

Sintetizando lo que se ha tratado hasta el momento y siguiendo a Coderch (1987), Teruel (1970), Castellví (1994), Álvarez (1994) y Nicolò (1999), los objetivos fundamentales del tratamiento son:

- Generar un cambio terapéutico en la relación que permita movilizar la colusión.
- Alcanzar un buen conocimiento de sí mismo por parte de cada miembro de la pareja para poder entender cómo actúa en su relación.
- Aceptar y comprender al cónyuge tal como es.
- Mantener expectativas próximas a la realidad respecto de cada uno y la propia relación.
- Permitir y respetar las áreas personales.

- Detectar e interpretar el elemento patógeno compartido por la pareja que, como ya hemos comentado en el
  capítulo 3, denominamos colusión.

11.2.2. Objetivos centrados en el tipo de colusión

En nuestra técnica y teniendo en cuenta que la psicoterapia de
pareja es focal, centraremos los objetivos de forma absolutamente personalizada en cada pareja consultante. No hay dos parejas
iguales ni hay una manera común de abordar los conflictos, por
lo que estableceremos los objetivos según el foco escogido. Pero
una vez establecido el tipo de colusión de la pareja deberemos
tener en cuenta aspectos que la experiencia de estos 25 años nos
aconseja y por ello, dirigiremos nuestras intervenciones a modificar algunos rasgos que acostumbran a aparecer.

Tipo 1. Colusión narcisista o caracterial

En este tipo de colusión tendremos que estar muy atentos a
nuestra contratransferencia. Es cierto que esta atención deberá
prevalecer en todos los tipos de colusión, pero en esta tipología
es más fácil que el terapeuta genere anticuerpos hacia uno de
los dos miembros de la pareja dada la tendencia al *acting out*.
Cuando fijemos el foco y los objetivos, será necesario centrar-
nos en disminuir las actuaciones y ayudar a reconvertir el desprecio y el triunfo hacia el otro.

Tipo 2. Colusión por dependencia (cuidador-cuidado)

En esta tipología deberíamos centrar los objetivos en favorecer
una mayor autonomía de los miembros de la pareja y una menor vinculación simbiótica. Esto lo conseguiremos con intervenciones que ayuden a la diferenciación, a contener ansiedades de separación y a disminuir la identificación proyectiva.
Será necesario trabajar formas de cuidar que no favorezcan la
dependencia, sino la autonomía y el crecimiento de la pareja.

Tipo 3. Colusión dominio-sumisión

En esta colusión intentaremos que la relación sea más horizontal, trabajando las ansiedades para construir un vínculo más compenetrado. Dado que cada miembro de la pareja intenta dominar y controlar al otro como forma de imponerse al compañero, uno de nuestros objetivos será estimular la confianza en el vínculo y en la pareja y así poder flexibilizar y movilizar posturas muy individuales hacia la construcción de un espacio mental conjunto donde cada uno sea capaz de ceder o dejar una parte suya para construir un «nosotros». No se trata de ser el ganador de una lucha de poder, sino tolerar la necesidad hacia la pareja. El trabajo del terapeuta deberá disminuir la agresión entre la pareja, el control y la rigidez, y, por el contrario, estimulará la comunicación, la confianza, la colaboración y la tolerancia ante cambios que generarán inseguridad.

Tipo 4. Colusión edípica o por triangulación

El objetivo fundamental de esta colusión es evitar la triangulación y convertir la pareja en una relación de dos, sin la permanente necesidad de un tercero para vincularlos. Aquí también se deberá tener muy en cuenta la contratransferencia para evitar que el terapeuta se convierta en ese tercero.

Se trabajarán temas como los celos, la rivalidad y la provocación. El objetivo será disminuir las actuaciones, la identificación proyectiva, la disociación y favorecer la elaboración edípica.

11.3. Marco de trabajo

Aunque el marco de trabajo contiene aspectos externos es conveniente que se interioricen de manera que haya un verdadero marco terapéutico interno que permita superar los imprevistos y los obstáculos que puedan presentarse en el curso del tratamiento.

11.3.1. *Setting*

Como hemos explicado en el capítulo 10, el *setting* en la distribución del espacio del terapeuta y la pareja, en nuestra unidad, acostumbra a ser triangular. Un solo terapeuta se ocupa de los dos cónyuges. Se sientan de modo que ambos quedan frente al terapeuta en una disposición en V. La ventaja de esta situación es que no hay predominio y cada uno puede visualizar por igual a los otros dos miembros. Algunos terapeutas de la UAPF y todos los de la UDIF realizan tratamientos en *foursome*. La entrevista a cuatro consiste, como ya hemos comentado, en que para atender a la pareja que consulta se disponen a trabajar dos terapeutas que también constituyen una pareja: una «pareja terapéutica».

11.3.2. Ritmo de trabajo

De forma resumida y generalizada, la información que recibe la pareja sobre los aspectos aparentemente más externos del *setting* sería:

- *Frecuencia:* las sesiones se realizarán semanalmente.
- *Duración:* cada sesión será de 60-75 minutos.
- *Honorarios:* se especificará el precio de la sesión y se acordará la conducta a seguir si no acuden a la entrevista.
- *Vacaciones:* se detallarán los días o la época del año en que no se realiza terapia.
- *Finalización del tratamiento:* si se prevé que el tratamiento será breve puede acordarse su finalización en ese momento. Habitualmente, proponemos una fecha aproximada (por ejemplo, finales de noviembre) y se concreta el día de la última sesión en un acuerdo posterior.
- *Atención individualizada:* desde nuestro marco de trabajo consideramos que es mejor que el terapeuta no los atienda individualmente, ya que cualquier intervención individual interferiría en el tratamiento de la pareja.

Dado que trabajamos en equipo, en caso de atención individualizada proponemos que el miembro que lo solicite sea atendido por un compañero de la UAPF.

11.4. Características y particularidades del tratamiento conjunto

Una vez empieza el tratamiento, es primordial que el terapeuta tenga claros los objetivos, que sepa adónde quiere ir y que cuente con un esquema mental flexible y adaptable a las necesidades de cada momento. Es primordial que sepa escuchar y entender lo que la pareja aporta a cada sesión, las dificultades, las ansiedades y las defensas.

El terapeuta debe intentar favorecer la comunicación entre cónyuges, ponerlos en contacto unos con otros para establecer un diálogo sobre un mismo tema, evitando situaciones en las que uno habla de algo y el otro de otra cosa, manteniendo una conversación paralela, así como que presenten argumentos equivocados para justificar su conducta con defensas como la racionalización o puntos de vista distorsionados a partir de criterios personales, etc.

La pareja ha de ser capaz de discutir para poder llegar a conclusiones y realizar pactos, y es conveniente que el terapeuta no entre en discusión con ellos ya que no se trata de dar la razón a uno u otro, sino que debe prevalecer la neutralidad y que le quede muy claro a los dos cónyuges la existencia de dicha neutralidad. Han de entender que el terapeuta no opta por uno u por otro, sino que acepta la existencia de puntos de vista distintos.

11.4.1. Indicaciones y límites para realizar terapia de pareja

Las indicaciones, siguiendo a Lemaire (1977), serían:

- Que ambos miembros estén de acuerdo en realizar la terapia.

- Que sepan distinguir entre mejora de la comunicación y mantenimiento de una vida en común.

- Que el terapeuta pueda intervenir libremente sin verse molestado por demasiadas contradicciones entre las dos condiciones precedentes.

Los límites y/o contraindicación de la terapia, siguiendo a Bueno (1994) y Castellví (1994) serían:

- Cuando uno de los miembros viene forzado por la insistencia del otro y después de algunas entrevistas la situación no ha cambiado.
- Cuando se teme que la nueva comprensión que adquiere cada persona en la terapia puede ser utilizada patológicamente.
- Cuando los cónyuges presentan un frente unido que frustre los esfuerzos del terapeuta por efectuar un cambio.
- Cuando es necesario derivar a uno de los consultantes a una terapia individual, ya que no debe ser abordado en una terapia conjunta.

11.4.2. Inicio de la sesión

Es conveniente dar tiempo y espacio para que sea la pareja la que tome la iniciativa. En el caso de que ninguno de los dos componentes tome la palabra, el terapeuta debería intentar que el silencio no durase demasiado tiempo. No hay una regla fija acerca del tiempo que el terapeuta debe esperar, pero no tendría que superar los dos minutos. En el caso de que el terapeuta deba intervenir, puede empezar señalando la dificultad de empezar la sesión o plantear cuestiones acerca de lo que les impide expresar sus dificultades.

Si el terapeuta, por su impaciencia, empieza proponiendo un tema, obligará a responder la pregunta que él propone, forzando a hablar de una cuestión que por sí solos no hubieran tratado y no favorecerá que emerja la angustia que provocaba el silencio. Habitualmente, muchos pacientes acostumbrados a ir al médico creen que es el terapeuta el que ha de iniciar la sesión o quien ha de realizar las preguntas, ya que él es el experto. En estos casos, el terapeuta ha de facilitar que la pareja vaya entendiendo que son ellos los que han de iniciar los temas según sus preocupaciones, ya que esto forma parte del tratamiento.

Es relevante que el terapeuta tenga en cuenta la comunicación verbal y no verbal, como los gestos o la mirada, pero es aconsejable no interpretar la comunicación no verbal, ya que los pacientes lo pueden vivir de forma persecutoria.

11.4.3. Delimitación de las áreas de discusión

Como hemos comentado, la terapia de pareja es una psicoterapia focal; se trabaja la relación de pareja o díada como unidad, aquí y ahora, por lo que es aconsejable delimitar los temas que van directamente ligados a la relación, intentando evitar los temas individuales. Esto no quiere decir que no se han de percibir los cambios que le van ocurriendo a cada cónyuge. En el caso de que surja un tema individual es conveniente reconducir el tema de manera que puedan participar los dos. Es fundamental que el terapeuta tenga en cuenta que todo comentario se puede encaminar hacia la pareja y dé la oportunidad a los dos miembros de poder participar. Si un cónyuge habla de su trabajo, o de un sueño, aunque en principio es una cuestión individual, puede ser una manera de iniciar un tema concreto para llegar a entender conjuntamente cómo lo conciben los dos consultantes y cómo afecta en la relación.

Toda sesión de terapia de pareja tiene como finalidad aumentar la comprensión sobre sí mismos y su relación. Es fundamental que el terapeuta ofrezca instrumentos sobre la comprensión de lo que les está pasando y favorezca la capacidad de pacto entre ellos. Sería adecuado que aprendieran a poner límites y a desmitificar el miedo a discutir. Si se enfadan, lo importante es que después sepan aceptar los errores, ya que es la base para poder reparar.

11.4.4. Establecimiento de la relación de trabajo

Consideramos tan importante lo que dice el terapeuta como la manera de expresarlo. Aunque no se pretende que este sea un modelo para el paciente, realmente le ofrece un modelo de diálogo o relación. Cuando el terapeuta dialoga con la mujer o el hombre está ofreciendo un modelo de diálogo. En caso de trabajar en *foursome*, la pareja de terapeutas evidentemente ofrece un modelo de relación. Sobre todo si la pareja terapéutica utiliza la «interpretación mutativa», que explicaremos más adelante.

11.4.5. Utilización de la contratransferencia

El terapeuta ha de ser capaz de reconocer si puede hacerse o no cargo del caso. Cuando decide aceptar el tratamiento es porque considera que podrá configurar una relación de trabajo favorable. Debe aceptar a los dos miembros de la pareja en su totalidad sin ejercer juicios de valor hacia uno u otro e intentar conocer profundamente los conflictos de la relación, pero no participar en ellos. Es inadecuado interpretar la transferencia de uno de los miembros de la pareja, ya que el otro puede sentirse excluido. Por ello es fundamental que el terapeuta tenga en cuenta que el foco es la relación, y las transferencias, ansiedades y defensas que se han de interpretar son las de la pareja.

Ciertos problemas específicos de la personalidad del terapeuta pueden entorpecer la relación que mantiene con los consultantes, ya que no hay ningún terapeuta que no experimente emociones hacia cada uno de los miembros de la pareja y estas dependen del *background* de cada especialista; debe estar alerta escuchando a los dos cónyuges y escuchándose a sí mismo para entender la causa de sus sentimientos, que aparecen cuando se halla frente a ellos; debe ser capaz de discriminar entre comunicación y obstaculización, y diferenciar entre los sentimientos específicos provocados por su relación *in situ* con la pareja y sus sentimientos personales. La supervisión y las sesiones clínicas favorecen la reflexión sobre la contratransferencia.

11.4.6. Temores del terapeuta

Como indicamos en la utilización de la contratransferencia al tratarse de entrevistas psicodinámicas, el terapeuta debe observar y analizar las emociones que le despierta la pareja. El análisis de la propia contratransferencia le proporciona valiosos indicios de los sentimientos y ansiedades que la pareja le origina. Vamos a resumir algunas de las ansiedades que pueden aparecer:

- *Temor a no tener la formación suficiente.* Consideramos que un cierto nivel de ansiedad y duda es positivo porque frena posibles actuaciones inadecuadas. Suele aparecer al inicio de la actividad del terapeuta novel, ya que tiene más ansiedades que el terapeuta experimentado: miedo a equivocarse, a no ser capaz de entender suficientemente a la pareja-paciente o a intervenir de forma inadecuada.
- *Temor a no ser capaz de pensar en la pareja* y analizar lo que le parece la patología individual de uno o de los dos miembros.
- *Temor a aliarse inconscientemente con un miembro de la pareja.* El terapeuta puede encontrar grandes dificultades para empatizar con los dos componentes de la pareja y puede caer en la formación de alianzas que le impiden pensar de forma adecuada.
- *Temor a confundirse.* El terapeuta puede sentirse perdido, confundido, no entender qué está ocurriendo a su alrededor. Si se da cuenta de ello debe ser capaz de

aguantar estas ansiedades y esperar a poder ir comprendiendo lo que ocurre.

• *Temor a sentirse invadido por ansiedades persecutorias.* El terapeuta se puede encontrar solo, sentir que son dos contra uno (si trabaja a tres). La pareja puede aliarse contra el terapeuta y hacer que se sienta excluido o perseguido (Andrés *et al.,* 1994).

Estos temores, si no bloquean al terapeuta, no son negativos, sino que al ser capaz de percatarse de sus ansiedades llevará al terapeuta a pedir la colaboración del equipo, a trabajar en coterapia, a buscar supervisión de su trabajo y a mantener una permanente formación continuada, absolutamente necesaria para cualquier terapeuta, ya sea novel o experimentado.

11.4.7. El interés por la pareja

El principio fundamental es que ha de prevalecer el absoluto respeto del terapeuta hacia los dos miembros de la pareja. Este interés y respeto empieza por cumplir los horarios acordados; ya que el terapeuta no debería hacer esperar, debería prestar atención a las explicaciones de ambos, esforzarse por recordar los detalles, mirar de forma equitativa a ambos miembros, etc. Todo ello es una demostración del interés por la pareja.

11.4.8. Ofrecimiento de tolerancia y aceptación

El terapeuta debe mostrarse flexible y tolerante. Debe aceptar la libre expresión. En ningún caso debe manifestar sus opiniones personales, demostrar impaciencia, o desaprobar las confidencias que le realizan. Ha de procurar transmitir, con su actitud, que a pesar de la asimetría terapéutica, ni él es superior ni los miembros de la pareja son inferiores por el hecho de que vengan a solicitar ayuda y él sea el encargado de proporcionarla. Ha de dar a entender implícitamente que valora la sinceridad y valentía que supone el reconocimiento de las propias dificultades y el afán por vencerlas y superarlas.

A partir de la tolerancia y aceptación por parte del terapeuta se mejoran las condiciones para soportar las ansiedades que irán presentándose a medida que avanza la terapia y se moviliza la colusión.

11.4.9. Neutralidad

La neutralidad es fundamental. Una de sus primordiales finalidades es no perturbar el desarrollo de la transferencia. El terapeuta ha de ser consciente de que sus creencias no son mejores ni peores que las de cualquiera de los dos miembros de la pareja y, por tanto, evitará emitir juicios. Los dos cónyuges han de sentirse equilibradamente comprendidos y aceptados por el terapeuta para proporcionar la comprensión y comunicación necesarias para el buen desarrollo de la terapia. El reconocimiento del derecho que tienen los dos consultantes de forma individual o conjunta de sostener sus propias opiniones, incluso en los casos en los que la evidencia parece ser contraria, ayudan a que el vínculo entre pareja y terapeuta sea una verdadera relación terapéutica donde cada uno puede desarrollar la función que le corresponde.

11.4.10. Empatía

Empatía es la capacidad de entender lo que el otro siente. Dicha capacidad le permite al terapeuta concebir los sentimientos y deseos de los dos miembros de la pareja, lo cual no quiere decir que experimente las mismas vivencias; los entiende, pero no se siente como ellos. Al transmitir esta capacidad la pareja suele sentirse comprendida.

Es importante advertir que el concepto de empatía es contrario al concepto de indiferencia, frialdad y distancia, conceptos que a veces pueden crear desconcierto y confundirse con neutralidad y anonimato. Una actitud exageradamente indefinida y desprovista de sensibilidad por parte del terapeuta puede ser interpretada como inaccesible, que no es capaz de comprender su relación.

11.4.11. La sesión terapéutica como unidad de significado

Cada sesión terapéutica es una unidad de significado. La pareja expone una determinada situación o problema que sería conveniente que estuviera atendida y clarificada. Aunque surjan otras preocupaciones y ansiedades, estas acostumbran a ir supeditadas a una misma temática central. Las distintas asociaciones que van apareciendo son manifestaciones del mismo conflicto. Una de las tareas principales del terapeuta consiste en reconocer en cada sesión el tema central que Coderch (1987) denomina «conflicto básico», el cual se da a entender ya sea verbalmente o a través de la actitud de uno o de los dos miembros de la pareja. Para lograr identificar el conflicto básico, el terapeuta ha de estar atento, especialmente en el inicio de la sesión, ya que es el primer momento en que se descargan las ansiedades y preocupaciones sin contaminaciones. En el momento en que el terapeuta interviene, el conflicto puede verse alterado y modificado.

Bion (1963) apunta que durante el tratamiento «el terapeuta no ha de tener deseo ni memoria». Con este enunciado analítico entendemos que el terapeuta no ha de imponer o recuperar temas o problemas discutidos en otras sesiones, aunque en psicoterapia de pareja el terapeuta ha de conservar activamente su memoria, utilizándola cuando la situación lo requiera. El terapeuta en el inicio de la sesión no ha de tener en su mente una imagen rígida o estereotipada de la pareja que está tratando, pues esta actitud le puede imposibilitar llegar a nuevos significados y perspectivas. El terapeuta ha de poder tener la capacidad suficiente para referirse a hechos actuales del «aquí y ahora» a partir de hechos tratados con la pareja.

11.5. Intervenciones del terapeuta

Las intervenciones del terapeuta son fundamentales en todo proceso terapéutico. El *setting* ha de generar el marco que permita que las intervenciones del terapeuta, ya sean verbales o no verbales, puedan ser eficaces. Sus intervenciones han de generar pensamiento compartido en la pareja que les permita comprender y generar un cambio.

El trabajo del terapeuta de pareja se concretaría en tres ámbitos:

1. Actitud de disponibilidad y atención.
2. Silencio.
3. Intervenciones verbales.

11.5.1. Actitud de disponibilidad y atención

El espacio y la situación que se concede a los dos cónyuges para comunicarse en un ambiente tolerante, con disponibilidad y atención por parte del terapeuta introduce respuestas nuevas en el contexto de la pareja.

11.5.2. Silencio

El terapeuta debería guardar silencio al principio de la sesión, tal y como se ha indicado en el apartado 11.4.2. (Inicio de la sesión), con el propósito de no perder la información que nos transmite la pareja de manera espontánea.

Unos minutos en silencio pueden ser necesarios en muchos momentos, pues favorecen la capacidad de observación y pueden tener numerosos significados. Ante los problemas de contratransferencia, el terapeuta puede llegar a sentirse incapaz de tolerar el silencio y reaccionar interviniendo verbalmente de forma excesiva como respuesta a su ansiedad. Si llega a darse el caso, puede ser una señal que le indique al terapeuta que no está en disposición de seguir con el tratamiento, y si con supervisión no puede afrontar las dificultades contratransferenciales la solución más adecuada sería remitir a la pareja a otro especialista. El silencio puede ser una forma de intervención, ya que es un tipo de comunicación. Puede ser interpretado positivamente cuando se entiende como atención, disponibilidad, comprensión, respeto a la intimidad e incluso libertad, pero también puede ser entendido como comportamiento destructivo y revelar frustración e irritación.

11.5.3. Intervenciones verbales

Con las intervenciones verbales el terapeuta estimula la capacidad de la pareja para observar de forma diferente su conducta y fomentar una nueva comprensión de su mundo interno. Las tres intervenciones principales en nuestra técnica psicoanalítica de pareja son la *confrontación*, la *clarificación* y la *interpretación*.

Confrontación

La confrontación se utiliza para dirigir la atención de la pareja hacia aspectos de su comportamiento o de sus verbalizaciones, de los que no se ha percatado adecuadamente. El terapeuta utiliza la confrontación siempre que le parezca conveniente que la pareja profundice en torno a algo de lo que en realidad es consciente, pero sobre lo que no ha podido o no ha querido reflexionar suficientemente y permanece relegado en un segundo plano, como si no mereciera ninguna atención especial. Aunque la confrontación puede referirse a innumerables aspectos de la comunicación o comportamiento de la pareja, algunos de ellos son esencialmente idóneos como instrumento terapéutico. Se suele utilizar para poner de relieve omisiones o repeticiones importantes de los consultantes, así como aquellas partes de la narración de la pareja que se apartan de la realidad de forma notoria y excesivamente destacada como para ser pasadas por alto.

Siguiendo a Coderch, la confrontación se suele utilizar en las siguientes circunstancias:

- Cuando el relato de los consultantes presenta lagunas, omisiones o contradicciones importantes.
- Cuando el terapeuta juzga conveniente hacer resaltar algunos aspectos de la comunicación a los que no han prestado suficiente atención.
- Cuando es necesario para señalar alteraciones de las pautas descritas en el marco de trabajo, tales como faltar a las sesiones, llegar tarde...

Una característica de la confrontación es que siempre es directiva, ya que se asigna directamente a la pareja un tema de comunicación. De hecho, se les dice que se detengan y presten atención sobre su conducta, ya que al terapeuta le parece importante. Entonces es posible despertar el interés por comprender aquello que se oculta bajo unas conductas y, a su vez, preparar el camino para poder clarificar las distintas situaciones que se van presentando.

Clarificación

En la clarificación el terapeuta resume, sintetiza y devuelve en forma de extracto la comunicación mantenida entre pareja y terapeuta que ayuda a entender su relación. Una característica de la clarificación es que no se introducen ideas o sentimientos que no se hayan expresado.

Podemos distinguir tres formas principales de clarificación: *síntesis, retorno de los sentimientos* y *elucidación.*

- *Síntesis:* es el resumen de lo expresado verbalmente por los cónyuges. La síntesis se dirige a organizar el material de la comunicación que muchas veces se presenta de forma desordenada. La pareja puede llegar a pensar que el terapeuta les comunica algo nuevo y en realidad les devuelve su relato organizado y sintetizado.
- *Retorno de los sentimientos:* su objetivo es detectar cuáles son los sentimientos y comunicarlos. Se trata de una intervención más dinámica que la síntesis, ya que el terapeuta da la oportunidad de aceptar o rechazar su versión

y de esta manera estimula las perspectivas mentales que muchas veces pueden haber quedado encubiertas.

- *Elucidación:* el objetivo es sacar a la luz elementos que no surgen directamente en las palabras de los cónyuges pero que son deducibles. Son elementos que la pareja podría entender por sí misma en condiciones apropiadas. La elucidación está más próxima a la interpretación que a la síntesis y al retorno de los sentimientos, ya que es susceptible de ser rechazada.

Interpretación

Revisando la literatura especializada sobre interpretación, hemos podido constatar que se trata de un concepto difícil de operativizar y los trabajos que se refieren a la construcción de la intervención terapéutica en terapia de pareja son escasos. Destacaríamos en nuestro ámbito más próximo a Henry V. Dicks (1967), Guillermo Teruel (1974), Jean G. Lemaire (1998), Anna M.ª Nicolò (1999) y David y Jill Scharff (2016).

A partir de Coderch (1995) y del trabajo que se realiza en la FVB, describiremos la interpretación en terapia de pareja.

Interpretar en el sentido estricto de la palabra es, única y exclusivamente, mostrar a la pareja aquello que desconoce de sí misma, tanto desde un punto de vista conceptual como operativo. Lo más significativo es la toma de conciencia de los consultantes respecto de las contradicciones y frustraciones sentidas o provocadas.

Muchas veces se describe a la pareja como el grupo más pequeño formado por dos personas y se la trata como tal. Es indudable que la pareja configura un grupo, pero uno muy particular, diferente de los grupos artificiales que emprenden un tratamiento; su particularidad fundamental se debe a su formación espontánea, establecida en función de las afinidades procedentes de las bases pulsionales más profundas del ser, y, como hemos explicado, a partir de su estilo de vinculación pueden configurar uno o varios tipos de colusión. La asociación móvil y dinámica de defensas inconscientes personales de cada compañero se coordinan adoptando la forma de resistencia que surge espontáneamente en la sesión. Generalmente, se avanza de manera gradual en las intervenciones del terapeuta, donde el análisis de las defensas y ansiedades de uno, a menudo, es llevado al análisis de las defensas y ansiedades del otro, en un movimiento por lo general alternativo. El terapeuta intenta interpretar la colusión mostrando las defensas y ansiedades que han llevado a formar este tipo específico de objeto dominante interno. La reacción global de la pareja, habitualmente, nos confirma si la interpretación ha sido correcta y oportuna. Las respuestas por la intervención del terapeuta pueden provenir de uno u otro cónyuge y frecuentemente ambos reaccionan ofreciendo cada uno un rico material asociativo. Cuando esto ocurre consideramos que la interpretación es susceptible de tener un efecto terapéutico.

Podríamos describir dos formulaciones técnicas de la interpretación:

- *Reflexiva:* terapeuta y coterapeuta dialogan construyendo conjuntamente una interpretación.
- *Mutativa:* la interpretación se realiza de forma directa a los dos miembros de la pareja, de forma global y completa.

Lógicamente, la interpretación reflexiva puede utilizarse en aquellos casos en los que se trabaja en coterapia, mientras que la mutativa será de elección en el trabajo con un solo psicoterapeuta y opcional en coterapia.

Las bases teóricas y la intencionalidad de las interpretaciones corresponden por igual a las interpretaciones que llamamos «transferenciales» y a las interpretaciones conocidas como «extratransferenciales». En ambas, se trata de un esfuerzo por mostrar a la pareja aquello que desconoce de sí misma, por descubrir y poner a la luz aquellas partes de su mundo mental que se hallan reprimidas o disociadas a fin de que puedan recuperarlas y reintegrarlas en el conjunto de su sistema psíquico. La única diferencia radica en el hecho de que así como en las interpretaciones transferenciales intentamos alcanzar esta finalidad mostrando el entramado de su mundo interno, que la pareja externaliza en su relación con el terapeuta, en las interpretaciones extratransferenciales damos a conocer esta misma trama afectiva del mundo interno poniendo de relieve cómo se externaliza en las relaciones con aquellos con quienes convive y con el mundo externo en general.

De forma más resumida, en las relaciones extratransferenciales el terapeuta le expone a la pareja las fantasías inconscientes que subyacen, en cada momento, a su estilo de vida, a su comportamiento y a su manera de vincularse con los otros. No hay experiencias totales y exclusivamente nuevas únicamente determinadas por las condiciones externas, sino que en todas ellas se infiltran, en mayor o menor medida, las primitivas relaciones objetales internas que perviven en el inconsciente durante toda la vida.

En terapia de pareja intenta interpretar el «aquí y ahora» de lo que ocurre en la sesión, siendo las más frecuentes las de carácter extratransferencial. Estas son interpretaciones que se expresan y que se ponen de manifiesto en la vida cotidiana de la pareja y que fuera de la sesión impregnan cualquier acontecimiento y relación.

Lo más aconsejable técnicamente es que, tras cada interpretación extratransferencial, el terapeuta intente buscar e interpretar los motivos y fantasías inconscientes que han llevado a la pareja a traer a la sesión determinados hechos y situaciones, procediendo, por consiguiente, a la interpretación propiamente transferencial.

Como Coderch, dudamos de que todos los conflictos internos puedan ser expresados en algún momento de la transferencia. La transferencia en la terapia, como en toda relación humana, emerge a partir de unos hechos de la realidad en el trato humano. Las fantasías inconscientes que forman la transferencia surgen estrechamente ligadas a las características del objeto actual y presente, el terapeuta, y a las peculiares relaciones propias del *setting* terapéutico. En la función terapéutica, sean cuales sean los rasgos característicos de cada terapeuta y su propio modo técnico de operar, es suficiente para que la pareja reviva la trama fundamental de las relaciones objetales internas compartidas. Otros muchos matices y particularidades de estas relaciones no llegaran nunca a manifestarse, sino que precisan unas realidades presentes y actuales para surgir y desarrollarse. Tal y como se ha tratado en el apartado 11.4.9. (Neutralidad), una de las finalidades es no perturbar el desarrollo de la transferencia: la reserva y el anonimato del analista tiene unos límites. Todo analista muestra suficientes rasgos de su personalidad para influir de alguna manera en el despliegue de la transferencia y favorecer la aparición de ciertos elementos por encima de otros, aunque siempre aparecen en el curso de una terapia los factores más centrales y decisivos de la vida psíquica de los pacientes. Y también sucede lo contrario: que algunos componentes del mundo interno de la pareja dejan de mostrarse en la transferencia debido a que no se les brinda una realidad presente que les permita expresarse en la transferencia. En cambio, es posible que puedan hacerlo en diversas oportunidades de su vida, fuera de la sesión, cuando, por las circunstancias que sean, ciertos contenidos psíquicos inconscientes son reactivados.

Cada pareja responde a los acontecimientos de su vida de acuerdo con sus peculiares pautas de carácter, las cuales no siempre se presentan en la transferencia terapéutica; y si no son interpretadas es posible que los conflictos, ansiedades y defensas que han dado origen a las mismas permanezcan ocultas e inmodificadas. La transferencia está presente en todas y cada una de las relaciones humanas que cada miembro de la pareja mantiene en su vida, antes, durante y después de la terapia, y si no se interpreta, las fantasías inconscientes que se manifiestan no pueden ser recuperadas. El mundo interno de la pareja nunca aparece por completo en la transferencia. Elementos del mismo, tanto los más patológicos como los pertenecientes a las partes más sanas de la personalidad, pueden ser desplazados, disociados y representados fuera de la sesión terapéutica (Lemaire, 1974; Lemaire, 1998; Nicolò, 1999).

La dificultad del terapeuta para interpretar, teniendo en cuenta que la situación es triangular, es encontrar el momento y la forma adecuada de la interpretación que debe ser conjunta, ya que uno de los dos miembros puede sentirse atacado o puede intentar establecer una alianza individual con el terapeuta. El terapeuta debe percibir este tipo de movimiento transferencial, tenerlo presente y solo utilizar la interpretación cuando pueda ser conjunta.

Una de las dificultades del tratamiento de pareja consiste en la imposibilidad de hallar criterios absolutos que delimiten con claridad diferentes categorías de casos; el grado de profundidad de las interpretaciones, la conveniencia o no de continuar formulándolas y, en consecuencia, la duración de la terapia solo puede evolucionar gradualmente. La decisión de proseguir, o, por el contrario, de limitar el tratamiento, debe tomarse en la evaluación de las ventajas e inconvenientes que tendría en profundizar en las interpretaciones. El trabajo de agudeza comprensiva e integración de las interpretaciones se realiza de la misma manera que en el psicoanálisis o en las psicoterapias analíticas.

No obstante, debemos señalar dos características de las terapias de pareja:

- Puede ocurrir que la agudeza comprensiva se haga de forma espontánea, siguiendo un ritmo más o menos rápido, que es conveniente limitar, ya que una mayor capacidad de *insight* de uno puede convertirse en un arma a utilizar contra el otro si las intervenciones del terapeuta no le ponen límites.
- Se impone ajustar el ritmo de progresión a la del más lento o frágil de ambos cónyuges. En este caso, si no se pusieran límites se produciría una alianza terapéutica constante con el cónyuge que se halla más capacitado para comprender su fondo inconsciente común (Lemaire, 1974).

A veces este problema se plantea en las terapias de grupo cuando uno de sus miembros posee una capacidad de penetración mucho mayor que los demás. En las parejas, dicha situación se resuelve de distinta manera, ya que los cónyuges están en condiciones de percibir los aspectos más profundos de su compañero, y entre ellos hay afinidades inconscientes.

Según Lemaire, si la cohesión de los cónyuges llegara a ser quebrantada en su avance, queda la posibilidad de utilizar una resistencia en común que siempre es posible destacar y, si es necesario, reforzar, sin interpretarla, hasta que, en un elemento de transferencia negativa compartida, vuelvan a establecer su solidaridad frente al terapeuta.

El tratamiento de pareja tiene características propias y, en consecuencia, dificultades concretas. La dificultad más grande es el control de la contratransferencia. La forma que se manifiesta es clara para los terapeutas que se han enfrentado a ella. A menudo se traduce en una gran fatiga que habitualmente decrece con la experiencia. Si toda psicoterapia implica observar en varios planos, como los diferentes niveles de profundidad en que puede comprenderse lo que dice el paciente o los distintos movimientos transferenciales y contratransferenciales, en la psicoterapia de pareja no supone desdoblar los planos de observación, sino multiplicarlos.

En primer lugar, tenemos, en forma esquemática, tres planos a propósito de cada uno de los cónyuges. A ello es preciso añadirles la observación de la pareja global, conocida como díada. Por eso, la intensidad de las relaciones contratransferenciales es un factor importante en la dificultad ofrecida por la entrevista conjunta, sobre todo cuando se trata de psicoterapia de pareja.

La presencia de ambos miembros, con la complejidad contratransferencial correspondiente, produce no solo una superposición considerable de planos, sino, sobre todo, múltiples afectos movilizados por la realización simbólica de la escena primaria.

Estas dificultades se traducen en la fatiga que experimenta el terapeuta y en la necesidad de una sólida formación, una supervisión permanente y gran experiencia para poder superar dichas dificultades.

11.6. Conclusión

La Psicoterapia Psicoanalítica de Pareja es un tratamiento focal que trabaja sobre el inconsciente común de los dos cónyuges. No es un tratamiento rápido y fácil de realizar, dado que exige una sólida formación del terapeuta, pero es un tratamiento capaz de movilizar la colusión de la pareja y puede dar la oportunidad de generar cambios en su relación.

12. Prevención
Carles Pérez Testor

12.1. Introducción

La manera de vivir de las parejas está en constante evolución, de la misma manera que evoluciona la sociedad en la que viven. Desde hace décadas, voces pseudoproféticas anuncian el final de las relaciones de pareja y del matrimonio, pero lo cierto es que, lejos de desaparecer, se han transformado y adaptado a la realidad actual. Hemos pasado de una sociedad patriarcal a una sociedad igualitaria donde hombre y mujer tienen los mismos derechos y los mismos deberes. Algunos autores lo han interpretado negativamente por la volatilidad y complejidad de las nuevas relaciones líquidas de pareja, pero no tiene por qué ser así. Una buena dosis de complejidad aderezada con niveles de incertidumbre y unas gotas de ambigüedad no tiene por qué generar un entorno negativo para la pareja. Al revés, puede ser un entorno que permita explorar formas de libertad y de compromiso completamente nuevas, sin las cadenas que imponía la estructura patriarcal.

Vamos hacia una sociedad donde la pareja y la familia serán centrales en la vida de las personas. Lo hemos podido ver en esta reciente crisis que arrastramos desde 2008, que llegó a nuestro país en 2010. Ha sido la familia la que ha protegido a sus miembros más desamparados. La sociedad del bienestar ha quedado muy dañada y la familia ha sido la única que ha respondido. Pero dada la complejidad que se desarrolla con la gran movilidad de culturas y sensibilidades, sin duda van a convivir en un mismo espacio y tiempo parejas con estructura patriarcal y parejas de estructura pospatriarcal (ya sea moderna o posmoderna). Las familias monoparentales, las familias nucleares con pareja homosexual, las familias reconstituidas, las familias LAT *(Living Apart Together)*, y tantas otras estructuras familiares que irán apareciendo, convivirán con la familia nuclear con pareja heterosexual.

Pero para que la familia sea satisfactoria, la pareja del futuro deberá desarrollar tareas de contención, apertura y crecimiento adecuados y esto lo conseguirá si tiene capacidades suficientes para desarrollar esta tarea, y estas capacidades dependerán de la calidad de la relación. Una pareja que puede desarrollar un vínculo que les permita compartir un espacio mental común tendrá la capacidad suficiente para desarrollar su tarea.

Estamos francamente convencidos de que si existiera una buena prevención, muchos de los conflictos irresolubles que viven las parejas seguramente no habrían generado patología ni cronicidad, como ha ocurrido en estas últimas décadas. Pero por lo que nosotros conocemos, no hay en Europa ninguna institución que financie investigaciones científicas sobre temas de prevención de trastornos de pareja. Hay interés en la prevención de la violencia familiar y diversas administraciones públicas, tanto de nivel autonómico como estatal o europeo, han habilitado programas sobre protección, pero si salimos del marco de la violencia explícita, difícilmente encontraremos ayudas para la investigación. Estamos convencidos de que una correcta prevención de trastornos de pareja evitaría graves descompensaciones no solo a la pareja en cuestión, sino también a sus hijos, que muchas veces son los que reciben la proyección masiva de los problemas de sus padres.

La profilaxis pretende preservar de una patología, proteger contra ella y prevenirla, y la prevención supone un régimen de intervenciones que tiendan a reducir las posibilidades de enfermedad, en general, o bien una enfermedad concreta (Gomis, 1994).

Cusinato propone tres niveles de prevención. En primer lugar, habría una **prevención primaria,** «antes de que ocurra», que incluye todo lo que se puede hacer para impedir que llegue a producirse una disfunción o trastorno. En esta primera prevención se da importancia primordial a las intervenciones profilácticas del ámbito de la familia, de los fenómenos comunitarios y asociativos, de las políticas sociales e informativas, que de una manera más amplia se preocupa de los valores y de la cultura de una sociedad. La **prevención secundaria** se daría «antes de que sea demasiado tarde», detectando de forma precoz las dificultades y los trastornos ya evidenciados. El tratamiento de pareja sería la intervención adecuada en este nivel. Y, finalmente, la **prevención terciaria**, «antes de que se repita», consistente en atenuar las consecuencias de los trastornos y de las dificultades ya manifestadas (Cusinato, 1992; Gomis, 1994).

Ahora bien, para poder hablar de prevención de los trastornos de pareja necesariamente debemos partir de una concepción de la pareja. En diversas publicaciones hemos desarrollado el problema de las relaciones de pareja y de su patología (Bobé & Pérez Testor, 1994) y también nos hemos aproximado al concepto de calidad de las relaciones, la *marital quality* de los anglosajones (Pérez Testor, Castillo & Palacín, 2002). En el capítulo 1 de este libro, José A. Castillo y Pilar Medina nos han introducido en las dificultades de definir la calidad de las relaciones de pareja. Pero es necesario partir de un modelo y de unos indicadores para poder saber si estamos trabajando en la línea correcta cuando hablamos de prevención, por lo que hemos de volver a la cuestión de los indicadores para ayudarnos a definir qué entendemos por una relación sana de pareja y así poder prevenir sus posibles patologías.

12.2. Indicadores de salud de la pareja

La mayoría de autores parecen estar de acuerdo en que un indicador que nos permite identificar la calidad del vínculo de la pareja es la *estabilidad*. Jeong y colaboradores consideran que una pareja es estable cuando ninguno de sus miembros se plantea separarse, dado que para estos autores una pareja es inestable cuando aparecen pensamientos relacionados con el divorcio (Jeong, Bollman & Schumm, 1992). Podría darse a entender que la estabilidad de la pareja no tiene por qué estar fundamentada en una buena relación entre los cónyuges. Tan solo es necesario que, por el motivo que sea, la pareja desee mantener la convivencia. Evidentemente, este tipo de estabilidad no nos indica necesariamente calidad, dado que se puede mantener la convivencia por motivos puramente económicos o de conveniencia social.

Otro indicador es el de la *satisfacción*. De hecho, Karney y Bradbury, autores de una de las mejores revisiones sobre la calidad de las relaciones de pareja, encontraron que la «satisfacción matrimonial» es la variable que tiene una mayor influencia en la estabilidad y en la percepción que tienen las propias parejas de la calidad de su relación (Karney & Bradbury, 1995).

Otros estudios van más allá de la satisfacción y se han centrado en el llamado *amor apasionado*. Para Tucker y Aron (1993) significaría un deseo intenso de estar con el otro miembro de la pareja. Estos autores han observado que «el amor apasionado» es más importante que la satisfacción, sobre todo en momentos de transición. Los momentos de transición son situaciones que pueden generar estrés y presión en la vida de pareja, como por ejemplo cuando se tiene el primer hijo o cuando estos se marchan de casa en el denominado «nido vacío». Tucker y Aron han identificado que el amor apasionado es más importante que la satisfacción, dado que para ellos la satisfacción implica la ausencia de problemas y la percepción de un bienestar general, mientras que el amor apasionado comporta una atención intensa y mucho afecto. Estos autores opinan que el «amor apasionado» sería el «ingrediente activo» de la medida de la satisfacción de pareja y observan que este amor se puede mantener bastante estable a través del tiempo y recuperarse cuando decae, como ocurre, por ejemplo, en los momentos de transición.

Ya expresamos en otro trabajo (Pérez Testor, Castillo & Palacín, 2002) que todas estas distinciones, aun siendo interesantes y necesarias, nos reafirman en que no existe un concepto de calidad de la relación de pareja claramente definido. Seguramente, la estabilidad, la satisfacción y el amor apasionado son algunas de las dimensiones que definen la calidad de la relación de pareja, pero no las únicas. Amato y Booth han aportado otros aspectos como, por ejemplo, el grado de *felicidad*, el nivel de *comprensión* o el *afecto* recibido, la satisfacción en las *relaciones sexuales* o el *cuidado* en las tareas del hogar. También citan estos autores la frecuencia de la *interacción*, como comer juntos, visitar a amigos, trabajar en proyectos de manera conjunta, salir juntos... o la frecuencia y gravedad de los desacuerdos, conflictos y peleas. También los problemas que hay en la pareja, como la facilidad para enfadarse, los celos, el carácter dominante, estar poco en casa, gastar dinero, consumir bebidas alcohólicas, etc. (Amato & Booth, 1995).

Eugenia Scabini y Vittorio Cigoli revisan los diferentes factores que pueden proteger o poner en riesgo la calidad de la relación de pareja y los subdividen en *factores cognitivo-afectivos*, *factores interactivos* y *factores éticos*, aunque los propios autores nos indican la dificultad de diferenciar unos de otros (Scabini & Cigoli, 2000). La conclusión a la que nuestro equipo ha llegado es que la «calidad de la relación de pareja» es un concepto complejo y multifactorial de difícil definición.

Otro aspecto que no podemos obviar es la capacidad de la pareja para transformarse en familia. Son diversos los factores que nos pueden permitir definir la calidad de la relación, pero seguramente deberían pivotar sobre dos ejes básicos: la **conyugalidad** y la **parentalidad**. Estos dos vectores, íntimamente relacionados, delimitan dos espacios claramente diferenciados en el mundo interno de la pareja. La conyugalidad es un eje que implica la intimidad de la pareja. Es centrípeto, pues acerca a los dos miembros a un mundo de sensaciones, emociones y afectos, que les permite crecer como díada. En cambio, la parentalidad es el eje que abre a la pareja hacia la familia, que provoca un cambio en la dirección. Un mundo de dos que se abre a un mundo de tres.

La paternidad exige a las parejas redibujar los límites en sus relaciones con el entorno social y económico y con su mundo interno, tanto de pareja como de individuo. Hay un cambio en el lugar del compromiso y la intimidad. La paternidad examina la capacidad de la pareja para manejar los límites entre el acercamiento y la distancia, la intrusión y la exclusión, lo parecido y lo diferente…, cambios flexibles que permiten un equilibrio entre estar juntos y estar separados a través del tiempo. La conyugalidad y la paternidad se han de entender constantemente como un equilibrio dinámico en la relación con el otro de acuerdo con las demandas cambiantes de la vida familiar (Clulow, 1996).

Seguimos pensando, después de haberlo citado hace más de 25 años (Bobé & Pérez Testor, 1994), que la pareja que puede vivir los dos ejes de forma equilibrada podrá mantener una buena relación y presentará las siguientes capacidades:

- *Capacidad de dar y recibir.* Es decir, no hay uno que siempre da y el otro que siempre recibe, sino que existe un constante intercambio entre los dos.
- *Capacidad de enfrentar los sentimientos de frustración y hostilidad.* Una pareja sana no es aquella que no vive sentimientos de frustración u hostilidad, sino que la calidad de la relación pasa por ser capaz de aceptar situaciones difíciles para resolverlas posteriormente.
- *Capacidad de tolerar las diferencias individuales.* En una pareja las diferencias están siempre presentes: diferencias biológicas, de género, diferencias en las expectativas de uno mismo y del otro. Constatarlas, que el otro piense distinto a como lo hacemos nosotros y que no pueda adivinar lo que deseamos, exige una capacidad de aceptar la diferencia y mejorar la comunicación para que los dos miembros puedan acercarse y conocerse mejor.
- *Cooperación.* Es necesario que los dos miembros de la pareja estén convencidos de que comparten un proyecto común y que pueden ayudarse. La percepción de que son dos en una misma tarea ayuda a contener las ansiedades que pueden producir las dificultades que aparecen. La tarea de ser y hacer de padres no es fácil, y el hecho de ser dos permite un trabajo de equipo. Si el equipo trabaja individualmente tampoco funciona.

- *Creatividad.* La rutina es uno de los problemas más graves en la pareja. La repetición constante de las mismas cosas, los rituales estereotipados y rígidos pueden deteriorar poco a poco la relación. Ser creativos, tener la capacidad de realizar cosas nuevas y de improvisar es importante para evitar la rutina. El ritual está al servicio de evitar la ansiedad buscando reafirmarse con tranquilidad, si bien en la vida de pareja es necesario asumir el riesgo de lo que es nuevo y diferente.
- *Capacidad de reparación.* Es decir, capacidad para resolver las tensiones y disputas. Como ya hemos dicho, no se trata de evitar la discusión a cualquier precio. No es preocupante que una pareja disienta o discuta si tiene capacidad de hacer las paces, de reparar el mal que posiblemente haya infligido al otro. Los momentos reparadores de la pareja pueden ser espacios de unión y de superación.

Desde la perspectiva de la prevención, si potenciamos estos indicadores estimularemos la profilaxis de los trastornos de pareja.

12.3. De la reducción del riesgo a la promoción de la competencia

Con este elocuente título, Anna Bertoni y Cristina Giuliani, del Centro Studi e Ricerche sulla Famiglia de la Università Cattolica de Milán, redefinían el concepto de prevención. En efecto, estas investigadoras distinguen, dentro de la prevención primaria, entre la prevención proactiva y la prevención reactiva. Podemos entender por **prevención primaria proactiva** aquellos programas preventivos que tienden a eliminar o evitar los factores ambientales del estrés mejorando la calidad de vida del medio. Entenderemos por **prevención primaria reactiva** aquellos programas que potencian y desarrollan la capacidad de los individuos para afrontar más eficazmente el estrés o las dificultades que puedan aparecer. La primera de las dos orientaciones se centraría en los programas de reducción de daños, orientándose a prevenir la aparición de estilos disfuncionales de comunicación, modelos destructivos de interacción, etc. La segunda orientación centrada en el refuerzo de las competencias y en la mejora de los recursos es denominada por las autoras «promoción del bienser» (Bertoni & Giuliani, 2004) que nos recuerda la definición de salud mental que proponía Jordi Font cuando se inclinaba por la palabra «benèsser» (bienser) en lugar de «benestar» (bienestar) (Font, 1976).

La prevención primaria reactiva parte de la capacidad de las personas para desarrollar reacciones positivas ante las dificultades. No enseña contenidos nuevos ni intenta convencer de nuevas tendencias o imponer otras realidades. Parte de la experiencia que todos tenemos de lo que es una familia o una relación de pareja. En efecto, todos los que nos hemos criado en el seno de una familia hemos interiorizado una relación de pareja, la de nuestros padres, y hemos vivido una relación de familia con la que hemos crecido. Y es necesario que seamos capaces de evaluar esta experiencia. Vivimos en un mundo que valora los contenidos, las cosas que pueden adquirirse, pero no valora suficientemente todo aquello que podemos conocer por la experiencia. Vivimos en un momento de «enciclopedias por fascículos», donde el conocimiento lo tienen los expertos y nos cuesta confiar en nosotros. Es necesario que nos miremos hacia dentro y que confiemos en lo que sentimos.

Si queremos ayudar a las parejas a prevenir conflictos no hemos de explicar lo que han de hacer, sino estimular a que tomen sus propias decisiones a partir de sus propias experiencias. Potenciar sus capacidades y competencias, más que llenarlas obsesivamente de nuevos contenidos

12.4. El Taller de Parejas: un instrumento de prevención

Markman y colaboradores de la Universidad de Denver investigaron desde el Center for Marital and Family Studies las causas de los conflictos matrimoniales. De sus primeros estudios se deduce que la cualidad de la comunicación en la díada discriminaba significativamente las parejas con conflictos importantes de las parejas sin conflictos graves. A partir de estos estudios longitudinales llegaron a la conclusión de que uno de los mejores predictores de buena convivencia era la cualidad de la comunicación antes del matrimonio y antes de que se desarrollaran conflictos graves (Markman *et al.*, 1991).

Partiendo de estos datos desplegaron un programa de prevención específico llamado Prevention and Relationship Enacement Program (PREP). El objetivo de este programa era aportar a las parejas bases sólidas sobre las que construir un matrimonio satisfactorio. Las evidencias empíricas de investigaciones anteriores en las que se identificaron los signos de los conflictos en la interacción prematrimonial permitieron formular este programa.

A partir de esta experiencia desarrollamos hace años el Programa de Prevención de Trastornos de Pareja (PPTP) (Pérez Testor & Botella, 1995). Este programa se estructuraba en cinco sesiones de dos horas, con una periodicidad semanal para cada grupo de parejas. En estas sesiones conjuntas las parejas se exponían a una serie de experiencias simuladas destinadas a fomentar sus habilidades en la comunicación y en la resolución de conflictos.

También exploramos la posibilidad de crear un programa similar en nuestro entorno. La experiencia de muchos Centros de Pastoral Familiar con los que colaboramos es que muchas parejas que participan en cursos de preparación al matrimonio hace años que conviven, y fue a partir de las experiencias de esos centros, junto con los trabajos de Markman, cuando desarrollamos un programa de prevención aplicado a nuestro medio al que llamamos **Taller de Parejas** (TP), un programa destinado a grupos de parejas con pocos años de convivencia, casados, con hijos o sin ellos, que voluntariamente quisieran participar para enriquecer la relación.

El TP se desarrolla en seis sesiones de 3 horas de duración. Se compone de dos introducciones teóricas y nueve experiencias, que mediante técnicas de *role playing* y escenoterapia (Cabré, 2002), se permite a las parejas tomar un contacto experiencial y de resonancia personal con los principales conflictos que se dan en toda relación. La primera sesión consta de una introducción al taller, una aportación teórica y una experiencia (a la que llamamos *Conflictiva I*), que ha de permitir crear el clima de relación necesario para que las parejas se familiaricen con el grupo, favoreciendo un clima de distendimiento y confianza.

La segunda sesión consta de otras dos experiencias *(Conflictiva 2 y 3)* que pueden ser propuestas por los conductores del taller o por las parejas. La propuesta es la siguiente: si no es posible estimular a las parejas para que presenten *conflictivas* en esta segunda sesión se espera a que puedan aportar situaciones experienciales en la tercera. Las sesiones 3 y 4 presentan un formato idéntico a la segunda, con dos conflictivas en cada una de ellas.

Cada *conflictiva* consta de la exposición del conflicto, dramatización *(role playing)* y análisis por parte de las parejas y los conductores. Cada miembro de las parejas podrá expresar cómo ha vivido la representación y analizar las distintas formas de comunicación con el objetivo de tomar conciencia de las disensiones y de las satisfacciones que aporta cada modelo de comunicación. Los temas versarán sobre la distribución de tareas domésticas, el cuidado y la educación de los hijos, el ocio, la relación con las familias de origen, las relaciones afectivas y sexuales, etc.

Se hará especial énfasis en las habilidades para resolver problemas y se darán herramientas a los miembros de la pareja para desarrollar la capacidad de plantear con claridad los conflictos y abordar las diferentes soluciones a aplicar.

12.5. Conclusiones

Hay otras formas y otros instrumentos de prevención de los trastornos, así como programas de prevención del divorcio (Pérez Testor, Aramburu, Davins & Aznar, 2010). Tanto la

Universidad Católica de Milán (Iafrate & Bertoni, 2005), como la Universidad de Friburgo (Bodenmann & Shantinath, 2005), han desarrollado programas de prevención que están demostrando una interesante utilidad.

Sería de desear que las administraciones públicas pudieran tomar conciencia de la importancia de la investigación en programas de prevención cuya utilidad sería de gran interés.

PARTE V: INVESTIGACIÓN Y FORMACIÓN

13. Aportaciones de la investigación a la psicoterapia psicoanalítica de pareja

Josep Mercadal y *Carles Pérez Testor*

La investigación científica sobre terapia de pareja y terapia familiar siempre han ido de la mano. Aunque la investigación empírica en tratamientos de pareja va tomando importancia en las revistas especializadas, es poca la literatura científica disponible al respecto, más aún si hablamos de la terapia psicoanalítica de pareja. Es relativamente fácil encontrar literatura que hable de la eficacia de la terapia de pareja y familia, pero resulta más costoso encontrar artículos que hablen de ellas por separado.

De este modo, a la hora de escribir este capítulo se quiso diferenciar las publicaciones que tratan la terapia familiar (entendiendo la pareja como parte de la familia) y la terapia de pareja (interviniendo únicamente en la relación diádica). De esta manera, si nos centramos en la primera vemos cómo la literatura disponible en los últimos años es extensa, mientras que en el caso de la segunda, es más limitada.

13.1. Revisión de la literatura

Desde los años 1970-1980, tanto desde los paradigmas sistémicos, desde los cognitivos, como desde aquellos que desarrollaron aplicaciones del psicoanálisis en el ámbito de la pareja y la familia, coinciden en la importancia de integrar la familia y la pareja en el diagnóstico y tratamiento de los conflictos de un paciente.

De los primeros investigadores que empezaron a tratar la familia, destacaríamos el colectivo de pioneros que desarrollaron un modelo en la Clínica Tavistock: el Family Discussion Bureau, con Michel Balint, Enid Balint, Isabel Menzies Lyth, K. Bannister, Lily Pincus, etc. Otro autor importante fue John

Bowlby con su aportación «The study and reduction of group tensions in the family» (Bowlby, 1949).

Falloon (2003) relata que en el National Institutes of Health (NIH) de Bethesda se creó una unidad especial en la que residían familiares, parejas e incluso familias enteras durante períodos de tiempo que podían llegar hasta los dos años, donde realizaban reuniones con regularidad para evaluar sus patrones de funcionamiento, de relación, comunicación, etc. en la resolución de problemas en su día a día. Pudieron observar cómo el simple hecho de hacer reuniones y facilitar un espacio para que las familias hablaran de sus conflictos más cotidianos, expresando sus preocupaciones e intentando encontrar respuestas o soluciones todos juntos, a menudo daba la impresión de inducir un efecto terapéutico considerable.

Paralelamente, un grupo de psicólogos y psiquiatras sociales británicos empezó un estudio sobre los resultados del paso de los enfermos mentales crónicos residentes en hospitales al contexto familiar. En este proyecto, dirigido por George Brown y John Wing se observó que uno de los factores predictivos del buen resultado de estos cambios era el ambiente interpersonal existente en las casas en las que residían los enfermos. Del mismo modo, los peores resultados se observaron en los casos en los que los pacientes vivían en albergues, donde recibían poco apoyo y afecto. El dato curioso e impactante es que la segunda peor situación correspondía a las casas en las que los pacientes vivían con familiares próximos, lo que nos lleva a pensar que los factores familiares representan un parámetro clave para conseguir una recuperación estable en los pacientes con enfermedades mentales graves y por eso es necesario trabajar con las familias y no solo con los pacientes (Wing & Brown, 1970).

Si nos disponemos a hacer un repaso a la literatura de los últimos años vemos que los estudios y trabajos publicados presentan una gran variedad de variables analizadas, y desde un enfoque más global cabe destacar que la eficacia de la terapia de pareja y familia es eficaz tanto en tratamiento único como combinado, es decir, unida a otro tratamiento de tipo farmacológico, individual, social o educativo (Bischoff & Bessero, 2009).

Si nos centramos en entidades nosológicas concretas, como el TOC, **trastornos de la alimentación, de conducta, adicciones**, etc., encontramos que la literatura sugiere que al mejorar el funcionamiento familiar y conyugal en aquellas familias en las que un miembro padece TOC, el perfil de inteligencia emocional presenta características óptimas tanto en el paciente como en los familiares, dejándolos en situación favorable para conseguir mejores resultados terapéuticos (López, Barrera, Cortés, Guines & Jaime, 2011). De este modo, si se trabaja la adaptación con las familias aumenta la comprensión del trastorno y disminuye la tendencia a culpar al paciente o a la familia del sufrimiento, y se disminuye, a la vez, la tendencia a pensar que el paciente representa un problema o molestia. Del mismo modo, si se consigue dotar a las familias de estrategias básicas de expresión emocional que faciliten el acercamiento que el paciente necesita, se facilita la localización de las áreas conflictivas del funcionamiento familiar o de pareja que obstaculizan su desarrollo y tienen un papel destacado en el mantenimiento del trastorno (*Ibid.*).

Por otro lado, en un estudio en el que se evaluó la eficacia del modelo de Falloon sobre la intervención familiar psicoeducativa en pacientes con trastorno bipolar I, participaron un total de 137 familias, de las cuales 70 formaron parte del grupo experimental y las 67 restantes del control (Fiorillo *et al.*, 2014). Se pudieron observar mejoras significativas en el grupo experimental, tanto en el funcionamiento social como en la carga de los familiares de los pacientes. Además, la intervención en el grupo experimental tuvo impacto en otros factores, como el estado clínico del paciente y la carga personal.

En otro ámbito, Rienecke (2015) demuestra que la terapia familiar en adolescentes y jóvenes con **anorexia nerviosa** (y en algunos casos también con bulimia), conlleva mejoras significativas en el aumento de peso, autoeficacia de los padres y una mejora en el estado de ánimo y en la conducta alimentaria.

Por otro lado, diversos estudios evidencian que la intervención en los padres, como pareja y como padres, reduce y soluciona los **problemas de conducta de sus hijos**. Así pues, Robles y Romero (2011) realizan un metaanálisis en el que concluyen que el tratamiento y entrenamiento de los padres da resultados en forma de cambios positivos en la conducta del niño y de los padres. Esos cambios estaban relacionados con el desarrollo de conductas prosociales del niño, ofreciendo una mejor interacción cotidiana entre ellos, en las conductas y actitudes, todo ello unido al incremento de habilidades parentales enfocadas a su potenciación. Del mismo modo, Ato, Galián y Cabello (2009) afirman que este modelo de intervención produce mejoras en el rendimiento lingüístico, al menos en las mismas dimensiones que una terapia individual o de otro tipo. Pero cabe destacar que los beneficios de la intervención de pareja no solo son relativos al área del lenguaje, sino que también se integran en aspectos psicológicos y emocionales no solo del paciente en cuestión, sino de todos los miembros de la familia.

La terapia familiar en el tratamiento de las **adicciones** ha demostrado tener una gran eficacia y, muy probablemente, es donde más literatura podemos encontrar. De este modo, el tratamiento familiar consigue aumentar el compromiso de los pacientes y de sus familias en programas de tratamiento, aumenta la adherencia y disminuye el uso de sustancias, lo que provoca un mejor funcionamiento familiar y la normalización de los pacientes en la reinserción social (Marcos & Garrido, 2009; Garrido *et al.*, 2016).

Ahora bien, si nos adentramos puramente en la terapia psicoanalítica de pareja, apreciamos que en los últimos años ha pasado de ser una forma de tratamiento con relevancia marginal a un método efectivo ampliamente aceptado dentro de la comunidad psicoanalítica, aunque no se vea reflejado en la literatura científica (Günther, 2018). A pesar de que diversos autores han descrito la dificultad de integrar psicoterapia de pareja e investigación (Winter, 2000; Anderson, 2000) y de que tradicionalmente el psicoanálisis prestara poco interés para la evaluación de la eficiencia de los tratamientos, nos parece necesario incorporar este tándem en nuestra práctica clínica. De esta manera, en la revisión sistemática de Wright, Sabourin, Mondor, McDuff y Mamodhoussen (2007), se hallaron cincuenta estudios, la mayoría de los cuales correspondían a terapias cognitivo-conductuales de pareja. La terapia de pareja centrada en las emociones (basada en el apego) y la terapia psicoanalítica también cuentan con cierto apoyo empírico (Snyder & Wills, 1989; Snyder, Wills & Grady-Fletcher, 1991; Pérez Testor, C., Pérez Testor, S., Salamero, Castillo & Davins, 2008; Pérez Testor, Salamero, Castillo & Davins, 2009).

En cuanto a la literatura científica sobre la **efectividad de la terapia de pareja,** durante la década de los 90 numerosos estudios y revisiones (Pinsof & Wynne, 1995) han mostrado claras evidencias de su efectividad. No obstante, hay dos elementos que nos deben hacer replantear dichos resultados. Primero, los estudios de seguimiento muestran una declinación de los resultados con el tiempo y, segundo, la dificultad en definir qué es lo que se va a considerar «éxito» en una Terapia de Pareja. La Terapia de Pareja Centrada en las Emociones (EFT) ha sido la más estudiada. La EFT se centra en expandir las respuestas emocionales restringidas de la pareja, modificar los ciclos interactivos y promover vínculos de apego seguro; así combina técnicas experienciales-expresivas y estructurales sistémicas. La EFT ha probado ser efectiva en el tratamiento de parejas. En un metaanálisis realizado por Johnson en 1999 se obtuvo un tamaño del efecto *(Effect size)* de d = 1.31. Algunos de los estudios que formaron parte del citado metaanálisis han encontrado que cerca del 70% de las parejas habían mejorado después de 8 a 12 sesiones, con poca evidencia de deterioro a los 2 años de seguimiento (Johnson *et al.,* 1999). En estudios comparativos, la EFT fue más efectiva que las terapias centradas en la conducta (Johnson & Greenberg, 1985). Por su parte, la Terapia de Pareja Cognitivo-Conductual (BCT) combina el entrenamiento en herramientas de comunicación y de resolución de problemas con un contrato terapéutico. Los terapeutas de pareja conductuales han agregado elementos cognitivos a sus intervenciones, donde enseñan alternativas atribucionales a conductas negativas y examinan las expectativas y modelos que cada miembro de la pareja tiene en una relación sana. Shadish *et al.* (1993) mostraron un tamaño del efecto de 0.95. Baucom *et al.* en 1998 encontraron que el 42% de las parejas que recibieron un tratamiento combinado cognitivo-conductual obtuvo una mejoría de la relación. Como hemos comentado, hay numerosos trabajos que apoyan el efecto de las intervenciones en el cambio de las parejas; no obstante, hay voces más críticas respecto de los resultados. Así, en el análisis de los trabajos hechos por Gottman se estima que la terapia de pareja es efectiva en alrededor de un 35% y de estas recae al segundo año un 30-50%. Si le preguntamos a las parejas cuando les damos el alta si les sirvió la terapia de pareja, sobre el 80% responderá que sí, pero los resultados efectivos y medibles son solo de un 35%. Holtzworth-Munroe y Meehan (2004) condujeron un estudio de seguimiento de dos años y dividieron las parejas en dos grupos: el que mantenía los cambios (mantenedores) y el que hacía recaídas. El 80% de los mantenedores y el 100% de los que recaían habían manifestado su satisfacción con el resultado de la terapia, (lo cual indica lo poco confiable que son los estudios de *consumer reports*), y solo el 6% manifestó que la terapia no había sido útil. Es necesario conocer entonces cómo mejorar los rendimientos en terapia de pareja y una idea concreta es recurrir a las fuentes. Existe un material de información privilegiado que pasa por averiguar qué hacen las parejas que están felices y estables y qué aquellas que se separan. Con este objetivo se han realizado varias investigaciones prospectivas que comenzaron en la década de 1980; algunas llevan más de 25 años de seguimiento.

En estudios más recientes, como el de Byrne, Carr y Clark (2004), se han revisado veinte estudios de resultados del tratamiento, 13 de los cuales evaluaron la BCT y siete la EFT, lo que condujo a las siguientes conclusiones: la BCT conduce a beneficios a corto y largo plazo para las parejas con conflictos que van de moderados a severos. A largo plazo, la BCT no ha demostrado tener potencia para producir los mismos resultados. Las terapias de pareja integradas y la EFT pueden ser más efectivas que la BCT, pero los estudios que respaldan esta conclusión requieren una replicación. La EFT conduce a beneficios a corto y largo plazo en las parejas con conflictos que van de leve a moderado. La adición de un componente de terapia cognitiva a EFT no mejora su eficacia. Por otro lado, Roesler (2015) afirma que si bien los estudios científicos han confirmado empíricamente la eficacia de los enfoques de la terapia de pareja (conductual, sistémico y psicodinámico), su análisis más detallado de la eficacia clínica revela que esto es extremadamente limitado. Solo el 40% de las parejas logran una mejora notable de su situación, y a largo plazo hay tasas de recaída del 30 al 60%. De esta manera, para este autor lo importante no es trabajar sobre conflictos o estilos de comunicación, sino la restauración de un vínculo emocional resiliente entre los miembros de la pareja que haga que la regulación mutua de las emociones sea una propuesta viable. Los nuevos métodos de terapia de pareja, especialmente la terapia centrada en las emociones (EPT), han integrado estos hallazgos de investigación en su desarrollo conceptual desde el principio y logran tasas de eficacia de más del 80%. En Estados Unidos, la EFT es uno de los enfoques más utilizados para la terapia de pareja, mientras que en Alemania es casi desconocido.

En cuanto a la eficacia en **diferentes patologías,** Barbato y D'Avanzo (2008) hicieron un estudio acerca de la efectividad de la terapia de pareja en pacientes con depresión. Ahí indicaron que los datos de los ensayos clínicos de la terapia de pareja para la depresión nunca han sido sometidos a análisis sistemáticos. Con ello, realizaron un metaanálisis de ocho ensayos controlados con 567 sujetos. No se encontraron diferencias en los síntomas depresivos entre la terapia de pareja y la psicoterapia individual. El malestar en la relación se redujo significativamente en el grupo de terapia de pareja. De esta manera, estos autores concluyen que la terapia de pareja es eficaz como tratamiento para la depresión y añaden que la evidencia de mejora en las relaciones de pareja puede favorecer la elección de la terapia de pareja cuando el malestar relacional es un problema importante.

Por su parte, Bodenmann y Randall (2013) también evaluaron estos temas y concluyeron que la **depresión** afecta a ambos miembros de una relación y que el tratamiento, incluyendo al miembro no diagnosticado, es beneficioso para el paciente deprimido. Estos autores mantienen que la terapia de pareja para el tratamiento de la depresión ha demostrado ser efectiva para aliviar la sintomatología depresiva. Por lo tanto, lo recomiendan como una opción de buen criterio de indicación para tratar la depresión. Finalmente, Clupta *et al.* (2003) indican que los enfoques actuales para el tratamiento de la depresión son bastante prometedores para algunas parejas, pero tienen un amplio margen de mejora, tanto en términos de eficacia como de aplicabilidad y aceptabilidad para una población más amplia. Aunque se ha demostrado que los enfoques conjuntos son eficaces para reducir la angustia de la pareja y también para aliviar la depresión que se da conjuntamente con la angustia de la pareja, los problemas metodológicos dificultan la generalización a partir de los hallazgos publicados. Por lo tanto, según estos autores no está claro que la mayoría de las personas deprimidas puedan beneficiarse de los formatos conjuntos actualmente disponibles. Básicamente, a menudo puede haber obstáculos que impidan o retrasen la participación de la pareja, destacando la necesidad de tratamientos que puedan mejorar el funcionamiento de la relación sin depender de un formato conjunto. Desarrollar un conjunto más flexible de opciones para implementar el tratamiento centrado en la pareja, así como reconsiderar las suposiciones dominantes sobre la depresión, puede ser esencial para extender la viabilidad de la terapia de pareja para la depresión.

En cuanto al **Trastorno de Estrés Postraumático** (TEPT), Fredman *et al.* (2016) han demostrado que los síntomas del TEPT están asociados positivamente con la psicopatología del paciente y la pareja, y asociada negativamente con el paciente y la satisfacción en la relación sentimental. Así, estos autores analizaron a 39 pacientes con TEPT y sus parejas íntimas, sometidos a terapia de pareja. Los resultados apuntaban a que los pacientes que habían realizado terapia de pareja para la resolución del estrés postraumático habían reducido significativamente los síntomas respecto de aquellos que estaban en lista de espera (grupo control) y que aquellos que estaban bajo tratamiento individual. Sin embargo, los resultados fueron bastante similares entre aquellos pacientes que realizaban un tratamiento individual combinado con medicación.

En cuanto al trastorno de **pánico con agorafobia** (PDA), Byrne, Carr y Clark (2004) realizaron una revisión sistemática en la que concluyeron que el trastorno de pánico con agorafobia a veces puede ocurrir junto con problemas de pareja. Estos autores afirman que la terapia de pareja es incluso más afectiva que los tratamientos individuales para PDA. Involucrar a las parejas de pacientes con este trastorno en la terapia puede ser apropiado en aquellos casos en los que hay dificultades matrimoniales. Las intervenciones centradas en la pareja pueden mejorar el mantenimiento de los beneficios del tratamiento al facilitar las interacciones que refuerzan y perpetúan de manera positiva los intentos de las personas con trastorno de pánico y agorafobia de ingresar en situaciones temidas y enfrentarlas de manera efectiva. Los pacientes que tienen buenas relaciones de pareja muestran una mejor respuesta tanto a los programas de tratamiento individuales como a los basados en parejas. En la mayoría de casos, según estos autores, el tratamiento efectivo basado en parejas conduce a una mejora en el ajuste conyugal, así como en la sintomatología del PDA.

Por otro lado, Wang *et al.* (2017) realizaron un metaanálisis con el objetivo de investigar los efectos de las intervenciones basadas en la pareja en la calidad de vida de los **pacientes con cáncer.** Para hacerlo se incluyeron doce ensayos controlados aleatorios. Se observó que en comparación con los grupos de control, las diferencias de medias ponderadas de depresión y ansiedad mejoraron significativamente en los grupos de intervención. Sin embargo, las mejoras en las medidas de salud física y desesperanza no fueron significativas, de modo que concluyeron que las intervenciones basadas en la pareja pueden mejorar la ansiedad y la depresión entre los pacientes con cáncer y sus cónyuges, y las intervenciones psicoeducativas pueden ser un enfoque eficaz.

Por su lado, Jackson, Miller, Oka y Henry (2014) se propusieron probar empíricamente la suposición de que las mujeres experimentan una satisfacción matrimonial menor que los hombres. Un total de 226 muestras independientes con una suma combinada de 101110 participantes se incluyeron en su metaanálisis. Los resultados generales indicaron diferencias de género estadísticamente significativas pero muy pequeñas en la satisfacción conyugal entre esposas y esposos, con esposas ligeramente menos satisfechas que los esposos. Los análisis moderadores, sin embargo, indicaron que esta diferencia se debió a la inclusión de muestras clínicas, con esposas en terapia de pareja con un 51% menos de probabilidades de estar satisfechas con su relación matrimonial que sus esposos. El tamaño del efecto para muestras no clínicas basadas en la comunidad no indicó diferencias de género significativas entre las parejas en la población general. Los análisis moderadores adicionales indicaron que tampoco hubo diferencias de género cuando se compararon los niveles de satisfacción marital de esposos y esposas en la misma relación.

Finalmente, en cuanto a la **infidelidad**, Atkins, Marín, Lo, Klann y Hahlweg (2010) apuntan a que la infidelidad es un problema muy recurrente y uno de los motivos de consulta más frecuentes entre las parejas. Al mismo tiempo afirman que la bibliografía científica es, hasta la fecha, muy limitada en los resultados de la terapia de pareja cuando la infidelidad es un problema. Estos autores realizaron un análisis secundario de una muestra de pacientes en terapia de pareja para resolver el conflicto de la infidelidad producida por uno de los dos miembros. Los resultados de 145 parejas que informaron infidelidad como un problema en su relación se compararon con 385 parejas que buscaron terapia por otras razones. Los análisis basados en modelos jerárquicos lineales revelaron que las parejas con infidelidad estaban significativamente más angustiadas e informaron más síntomas depresivos al comienzo de la terapia, pero continuaron mejorando hasta el final de la terapia y hasta seis meses después de la misma. En la evaluación de seguimiento, las parejas con infidelidad no se diferenciaban estadísticamente de las parejas que no eran infieles. Además, añaden que la insatisfacción sexual no depende de si ha habido o no infidelidad. De esta manera, los hallazgos de este estudio muestran resultados generalmente optimistas para las parejas en las que ha habido una aventura amorosa fuera de la pareja.

También cabe destacar la baja tasa de divorcio observada en el estudio de Snyder, Wills y Grady-Fletcher (1991) entre las parejas que realizaron psicoterapia psicoanalítica (3%), en comparación con las que realizaron terapia conductual (38%). El seguimiento de dichas parejas fue largo: cuatro años. Mientras que en el tratamiento conductual se trabajaban habilidades de comunicación y de resolución de problemas, así como de mejora de la relación, la psicoterapia psicoanalítica enfatizaba la interpretación de dinamismos intra e interpersonales subyacentes que generaban conflictos, interacciones colusivas, expectativas incongruentes y patrones relacionales desadaptativos. Es posible que las terapias centradas en aspectos emocionales faciliten la intimidad de la pareja, y que este aspecto permita generar cambios a más largo plazo. Aunque aquí no queda claro lo que apuntaban Pinsof y Wynne (1995) sobre lo que consideramos éxito en la terapia de pareja. En nuestra práctica clínica no siempre se entiende por éxito que el proceso terapéutico impida o frene el divorcio, sino que en numerosas ocasiones se considera un tratamiento exitoso aquel que ha permitido terminar con la relación de una manera sana y amistosa.

13.2. Nuestra aportación a la investigación

Desde 1998, nuestro Grupo de Investigación de Pareja y Familia (GRPF) ha desarrollado una intensa labor en la investigación de los conflictos de pareja. Muchas son las temáticas tratadas, las publicaciones y las líneas de investigación abiertas, que pueden consultarse en nuestra web: www.grpf.eu.

Nuestro grupo también evaluó la eficacia del tratamiento de pareja que realizábamos en la UAPF. Se realizó un estudio empírico en el cual se evaluó comparativamente el ajuste diádico entre un grupo de parejas inarmoniosas (n=26), que manifestaron tener una relación insatisfactoria y empezaron una Psicoterapia Psicoanalítica de Pareja (PPP) en nuestra Unidad, y un grupo de comparación de parejas armoniosas (n=26), que declararon tener una relación satisfactoria. El Ajuste Diádico se midió mediante la Dyadic Adjustment Scale (DAS) de Spanier (1976), completada con una pregunta dicotómica que valoraba la efectividad del tratamiento (Pérez Testor, Salamero, Castillo & Davins, 2008).

Los resultados obtenidos mediante la comparación de los dos grupos después de un año, en el cual las parejas inarmoniosas fueron tratadas con PPP, indican que las puntuaciones obtenidas por estas parejas aumentaron hasta situarse en valores de buen ajuste diádico. Una vez contrastada la información obtenida con la DAS, concluimos que se estableció un cambio clínicamente significativo en las parejas que habían recibido tratamiento *(Ibid.)*.

Los resultados de esta investigación nos muestran la efectividad de la Psicoterapia Psicoanalítica de Pareja realizada en nuestra Unidad, con una concordancia notable entre la percepción de los pacientes y la de los terapeutas. Nuestro grupo de investigación sigue actualmente comprometido con la investigación de la eficacia y la efectividad de nuestro tratamiento, explorando nuevos datos que nos permitan seguir investigando en esa línea.

13.3. A modo de conclusión

Con estos resultados, nos podríamos preguntar por qué no se trabaja más en terapia de pareja. Intentar responder a esta pregunta, dados los datos que ofrece la investigación, se nos antoja fundamental. La respuesta no es fácil dada la complejidad de motivos y las evidentes causas externas como, por ejemplo, las restricciones económicas que ha vivido la sanidad pública en estos últimos años.

Como ya se ha comentado, este capítulo pretendía dar una visión general de las aportaciones que se han hecho en el marco de la terapia de pareja y también de la terapia familiar y su eficacia en diferentes ámbitos. Hemos procurado recoger los estudios más significativos y amplios con el objetivo de que todo terapeuta pueda extraer sus propias conclusiones y pueda interesarse en el tema.

De este modo, hemos podido comprobar cómo la terapia de pareja puede ser efectiva como tratamiento único, en coterapia en casos graves y en trastornos psicóticos, trastornos de la alimentación, trastornos de personalidad, trastorno de abuso de sustancias, etc.

De la misma manera, pensamos que una buena base familiar y de pareja por parte de los padres es clave para el desarrollo de cualquier niño, de ahí que enfaticemos en este aspecto, entre otras cosas para dar a entender que no se precisa de un trastorno para acudir a consultar a un terapeuta de pareja. Además, la terapia de pareja puede ayudar a parejas que tienen un funcionamiento correcto a mejorar y resolver algunos aspectos y conflictos que no alteran sustancialmente el día a día, pero que pueden ayudar a conocer mejor las dinámicas diádicas y enriquecer a toda la familia con herramientas que les permita afrontar en buenas condiciones situaciones adversas.

Es necesario invertir y prestar más atención a las parejas y familias de los pacientes y a la salud mental comunitaria por parte de las autoridades sanitarias y de las administraciones públicas, dando más solidez a los dispositivos y programas que hay, pero que pueden ser inconsistentes por la falta de recursos.

14. Formación y supervisión
Carles Pérez Testor

14.1. La formación del terapeuta de pareja

Desde sus inicios, la Fundació Vidal i Barraquer (FVB) ha tenido una decidida disposición para organizar trabajos de formación e investigación que se han ido concretando a lo largo de los años en el Departamento de Investigación, donde se han realizado investigaciones en diversos ámbitos de la psicología, entre ellos los de pareja y familia, y en el Departamento de Docencia, donde se imparten diversos seminarios y cursos de posgrado. En el año 2000 los dos Departamentos formaron el Instituto Universitario de Salud Mental de la Universidad Ramon Llull.

Este entorno de vocación universitaria impulsó a los profesionales que trabajaban con parejas a crear un espacio dedicado a la formación e investigación. Con el tiempo, se ha ido configurando el modelo de formación del terapeuta de pareja con unas características específicas que lo diferencian del terapeuta individual y de grupo.

En líneas generales, los terapeutas de la Unidad Asistencial de Pareja y Familia (UAPF) y de la Unidad Docente de Intervención Familiar (UDIF) de la FVB coinciden con Teruel (1974) y Dicks (1967) en las consideraciones más relevantes y necesarias para acceder al trabajo con parejas:

- Haber realizado un tratamiento personal de orientación psicoanalítica. Este supuesto es imprescindible para cualquier profesional de orientación psicoanalítica que quiera trabajar con coherencia y efectividad, ya que el tratamiento ayuda a tener presente la transferencia, entender los movimientos contratransferenciales y favorece la capacidad de *insight* del terapeuta.

- Poseer formación y experiencia supervisada en psicoterapia individual. Pensamos que es necesario que el futuro terapeuta de pareja tenga una buena formación teórica y clínica y que haya seguido previamente un programa de formación como psicoterapeuta psicoanalítico, lo que incluye cursos teóricos, asistencia a sesiones clínicas y supervisión de casos.
- Adquirir experiencia en grupos terapéuticos. En esta línea Teruel y Dicks señalan que es necesario que el terapeuta haya participado como paciente en un grupo terapéutico.

En la actualidad, la formación reglada de psicoterapeuta de pareja está organizada en el Máster de Terapia Familiar de la Universidad Ramon Llull. En efecto, en 2016 la FVB firmó un convenio de colaboración con la Facultat de Psicologia, Ciències de l'Educació i de l'Esport (FPCEE) Blanquerna y con la Escuela de Terapia Familiar del Hospital de Sant Pau de Barcelona para crear un nuevo recurso formativo: el Máster de Terapia Familiar. En este Máster de 90 créditos ECTS y de dos años de duración, el futuro terapeuta se inicia mediante seminarios teóricos, supervisión directa e indirecta con pacientes que consultan en el Hospital de Sant Pau o en la FVB y en el llamado «espacio vivencial».

En la supervisión directa, el futuro terapeuta de pareja participa como coterapeuta junto con profesionales expertos y como observador detrás del espejo unidireccional, formando parte del Equipo Asistencial, observando el trabajo de otros terapeutas en formación y trabajando en equipo. La finalidad del proceso de formación se alcanza cuando el terapeuta está capacitado para atender de forma adecuada la demanda de las parejas que consultan.

14.2. Supervisión

Entendemos por supervisión la revisión de un material terapéutico por parte de un terapeuta experto. Permite comprender los sentimientos suscitados en la situación de tratamiento, los fenómenos que han ocurrido en la sesión y considerar los diferentes tipos de colusión que se produjeron.

Consideramos que es imprescindible para contener las ansiedades de los terapeutas, entender los problemas transferenciales y contratransferenciales y concebir todo el proceso que se va configurando en la situación terapéutica.

En nuestra institución, la supervisión forma parte del espacio dedicado a la formación e investigación. Es imprescindible para el terapeuta novel, ya que le ofrece la posibilidad de aprender del trabajo de los compañeros más habituados (Breunlin, 2016). En el caso del terapeuta experimentado, proporciona una formación continuada necesaria en todo profesional responsable que pretende mantener su trabajo al día, adquiriendo nuevos conocimientos, formándose en el aprendizaje de nuevas técnicas o profundizando en una técnica compleja que ya conoce, practica y desarrolla (Pérez Testor *et al.*, 1994).

Objetivos fundamentales de la supervisión:

- Comprender las emociones del terapeuta.
- Comprender el material de la sesión.
- Profundizar en el aprendizaje práctico de la técnica.

En la UAPF, como en el resto de equipos de la institución, la supervisión puede realizarse individualmente, pero por lo general se aborda de manera conjunta, ya sea en pequeño grupo de 3-4 terapeutas o en un gran grupo en el que participan todos los miembros del equipo. Se efectúa semanalmente para revisar los casos de psicoterapia con los que se trabaja, en un espacio y con un tiempo claramente separados del trabajo terapéutico. En cada sesión, el terapeuta tiene la oportunidad de poder entender un poco más el caso y, al mismo tiempo, puede comprender mejor las ansiedades que se le despiertan y ser más capaz de elaborarlas. Es importante que el terapeuta se coloque en «posición de aprendizaje» (Martínez del Pozo, 1997) y acepte que el supervisor pueda ayudarlo. El supervisor es un terapeuta experimentado, con una profunda formación teórica y técnica reconocida por el supervisado. Está fuera del espacio terapéutico, no conoce a la pareja en tratamiento sino a través del terapeuta, y esto permite que no esté sometido a la presión contratransferencial.

La **formación continuada** es necesaria para todo profesional responsable que pretenda mantener su trabajo al día adquiriendo nuevos conocimientos, formándose en el aprendizaje de nuevas técnicas, o profundizando en una técnica compleja que ya conoce, practica y desarrolla.

> Es un mal asunto —exclamó Eduardo— eso de que ahora uno ya no pueda aprender nada para toda la vida. Nuestros predecesores se atenían a las enseñanzas que habían recibido en su juventud. Pero nosotros, ahora, cada cinco años tenemos que aprender otras concepciones si no queremos salirnos por completo de la moda. (J.W. Goethe, 2018: 32)

Entre los profesionales de la sanidad, la formación continuada siempre ha sido básica. John Shaw Billings escribió en 1894: «La educación del médico que se adquiere tras conseguir la licenciatura es, en último término, la parte más importante» (citado en Godfrey, 1991: 297). Estaríamos de acuerdo en aplicar tanto la frase de Billings como la de Goethe al resto de profesionales de la salud y, en especial, al de los psicoterapeutas.

La formación continuada se ha venido impartiendo corrientemente en sistemas clásicos como, por ejemplo, congresos, cursos, seminarios, sesiones clínicas, etc., técnicas que permiten un tipo de formación determinada. Nosotros pensamos que dentro de la formación continuada la **supervisión** es una herramienta adecuada entre las técnicas fundamentales.

La supervisión es la revisión de un material terapéutico determinado (una sesión, varias sesiones, un fragmento de sesión, etc.) por parte de un terapeuta experto.

La supervisión tiene como objetivos:

1. Contener las ansiedades del terapeuta. Al compartir con otro terapeuta las ansiedades que despierta todo

tratamiento permite pensar de otra manera la experiencia vivida.

2. Hacer visibles los problemas transferenciales y contratransferenciales que al terapeuta, inmerso en la situación terapéutica, le puede costar detectar.

3. Profundizar en el aprendizaje práctico de la técnica.

14.3. Papel del supervisor

Como ya hemos comentado, en nuestra Unidad la supervisión se realiza individualmente o por pequeños grupos. A diferencia de otras escuelas que permiten integrar la supervisión, la observación directa y la posibilidad de la intervención de los supervisores durante la sesión terapéutica, nosotros delimitamos el espacio terapéutico. En las sesiones intervienen los pacientes, ya sea individualmente, en pareja o en familia y el (o los) terapeutas (si trabajan en coterapia).

Y en otro espacio diferenciado interviene el supervisor. Este no conoce a la pareja o a la familia en tratamiento. Es el terapeuta supervisado el que mostrando el material refleja las dificultades y emociones de sus pacientes y sus propias emociones y dificultades. A través de esta información el supervisor puede hacerse cargo de la relación paciente-terapeuta.

El supervisor ha de ser un terapeuta experimentado, con una profunda formación teórica y técnica. Como hemos explicado, el supervisor está fuera del espacio terapéutico y esto permite que no esté sometido a la presión contratransferencial, evitando puntos ciegos y ayudando al terapeuta a pensar. El terapeuta participa intensamente de la dinámica de la relación con la pareja, lo que puede suponerle una presión que le impida en muchos momentos ver con claridad. El supervisor ayuda a observar desde fuera, y esto estimula al terapeuta a pensar.

El supervisor pone el acento sobre aspectos emocionales del terapeuta que este no ha detectado o no ha comprendido en toda su intensidad. Este aspecto emocional, afectivo, tiene tal fuerza que, si es detectado y comprendido en el marco de la supervisión, quedará grabado en el terapeuta supervisado. Habría pues un triple objetivo:

1. Comprensión del material de la sesión.
2. Comprensión de las emociones del terapeuta.
3. Formación del terapeuta.

14.4. Relación supervisor-terapeuta

El supervisor ha de saber ocupar su espacio y no invadir el que no le corresponde. Hay tentaciones que es necesario evitar.

1. Tentación de **imponer el estilo propio**. No respetar el estilo del terapeuta.
2. Tentación de **hacer de terapeuta del terapeuta**. Interpretar conflictos que no le corresponden al supervisor, sino, en todo caso, al tratamiento del propio terapeuta.
3. Dejar de hacer de terapeuta y **dedicarse solo a la supervisión**. Es necesario que el terapeuta experto que dedica parte de su tiempo a la supervisión, siga tratando a pacientes y **sea, a su vez, supervisado**.

Respecto del terapeuta supervisado, sus tentaciones podrían ser:

1. Riesgo de **mimetizar al supervisor**. Puede utilizar palabras, frases del supervisor, que fuera del contexto adecuado, pierden todo su sentido.
2. Deseo de **supervisar todas las sesiones**. Esta sería una fantasía típica del terapeuta novel. Toda situación nueva genera ansiedad; por eso el terapeuta, que puede haber tratado a muchos pacientes individualmente, cuando se enfrenta por primera vez a una pareja o a una familia, siente un aumento de sus ansiedades. En el capítulo 11 mencionábamos ampliamente estos temores típicos: miedo a no tener formación suficiente, a no ser capaz de

entender la dinámica, a aliarse inconscientemente con un miembro de la pareja, a confundirse, a sentirse invadido por ansiedades persecutorias, etc.

La supervisión permite afrontar los temores del terapeuta con garantías. Ayuda a fomentar la observación del grupo familiar y a observarse. Permite integrar la observación de la comunicación verbal y la no verbal, observar lo externo (como síntoma conductual) hacia lo interno o intrapsíquico «del significante verbal y la comunicación conductual y analógica al significado emocional» (Font *et al.*, 1991). La reflexión que provoca la supervisión ayuda a pasar del síntoma conductual individual al síntoma interactivo grupal, permitiendo una comprensión más amplia (evitando la saturación del campo de observación), de la pareja.

14.5. Supervisar en grupo

La supervisión en grupo, como formación, permite la reflexión teórica y la revisión técnica tanto del terapeuta como de todo el equipo, y constituye una útil herramienta para el control de la calidad asistencial.

La utilización del vídeo, si se han filmado las sesiones, permite poder revisar la sesión terapéutica de forma más exacta (Rober, 2017), pero supervisar con los aspectos que han impactado más a cada uno de los miembros del grupo de forma contratransferencial, permite revivir los aspectos emocionales de la sesión.

Se ha postulado que si el grupo no es homogéneo, con diferentes grados de formación, puede generar dificultades en la dinámica relacional grupal. A pesar de esto, nuestra experiencia nos muestra que en grupos formados por terapeutas noveles y terapeutas experimentados puede crearse una dinámica creativa que permite que los más experimentados formen, aportando su experiencia, y que los más jóvenes reactiven el grupo evitando la tendencia al conformismo.

La supervisión grupal convierte al equipo en una verdadera **matriz mental** que contiene y ayuda a crecer a todos sus miembros.

Para profundizar en esta temática aconsejamos consultar la nueva edición en *e-book* de la publicación de Brian Martindale *Supervision and its Vicissitudes* (Martindale, 2018).

14.6. Trabajo en equipo

Como hemos comentado en la introducción, en 1976, en la FVB se constituyó un grupo de trabajo para atender a pacientes que presentaban trastornos relacionados con su vida conyugal. Desde entonces muchos profesionales han formado parte del equipo de terapeutas y actualmente contamos con un grupo especializado en tratamiento de parejas que trabaja en la UAPF. Su actividad comprende seminarios teóricos donde se han revisado y estudiado textos especializados, sesiones clínicas y supervisiones que permiten la aplicación y discusión de los aspectos teóricos y prácticos estudiados.

Todos ellos comparten una misma formación cuyas características son las siguientes:

- Han realizado un tratamiento personal de orientación psicoanalítica.
- Poseen formación y experiencia supervisada en psicoterapia individual.
- Tienen experiencia en grupos terapéuticos.
- Participan en seminarios teóricos, sesiones clínicas y en supervisiones conjuntas.
- Realizan terapias de pareja como terapeutas.
- Compaginan la terapia de pareja con otros trabajos terapéuticos con el fin de evitar la parcialización, tal y como lo considera Dicks (1967).

El trabajo en equipo se realiza en la mayoría de instituciones de nuestro país dedicadas a la salud mental. Para todos nosotros es fundamental que los miembros del equipo sientan que sus ansiedades están contenidas por los compañeros y por la institución, si bien algunas *nubes de tormenta* han aparecido a partir de la crisis de 2010. En efecto, la tentación de «recortar costes superfluos» se ha convertido en una amenaza interna para muchos equipos que trabajan en instituciones. Estamos convencidos de que la supresión de la supervisión y del trabajo en equipo sería el principio del fin del trabajo bien hecho. Si es cierto que las instituciones nacen, crecen y mueren, aquellas instituciones que sepan y puedan mantener la supervisión y el trabajo en equipo serán las únicas que permanecerán.

14.7. Conclusión

El trabajo en equipo, la formación continuada y la supervisión son herramientas fundamentales para el psicoterapeuta de pareja. Gracias a estos instrumentos el terapeuta puede contener las propias ansiedades y propiciar la contención de las ansiedades de las parejas que acuden para resolver sus conflictos.

Epílogo

El 22 de abril de 2019 decidimos dar por terminado este libro. Seguramente la mayoría de los autores hubiésemos deseado seguir introduciendo pequeños cambios o matizar algunas observaciones, dado que siempre es difícil dar por finalizado un trabajo como este, que siempre se encuentra en constante evolución.

Las diferentes investigaciones que tenemos en marcha se encuentran en diversas fases de desarrollo y en breve empezarán a dar sus frutos. También tenemos nuevas propuestas que esperamos desarrollar muy pronto. Seguro que dentro de unos años disponemos de material suficiente como para escribir un nuevo libro sobre el complejo y apasionante mundo de los conflictos de pareja y de su tratamiento.

Deseamos que este haya estimulado a los terapeutas noveles a introducirse en la psicoterapia de pareja y que a los terapeutas expertos les haya dado una visión suficientemente completa de nuestro trabajo en la Fundació Vidal i Barraquer.

Gracias a todos.

Carles Pérez Testor

Bibliografía

Abraham, K. (1913). Sobre la exogamia neurótica. Una contribución al estudio de las semejanzas entre la vida psíquica de los neuróticos y la del hombre primitivo. En K. Abraham (1993). *Estudios sobre psicoanálisis y psiquiatría,* 46-48. Buenos Aires: Hormé.

Acevedo, B. P.; Aron, A.; Fisher, H. E. & Brown, L. L. (2012). Neural correlates of long-term intense romantic love. *Social Cognitive and Affective Neuroscience,* 7:145-159. doi: 10.1093/scan/nsq092

Agencia Europea de los Derechos Fundamentales (2014). *Violencia de género contra las mujeres. Una encuesta a escala de la* UE. Viena: FRA. Recuperado de: https://fra.europa.eu/sites/default/files/fra-2014-vaw-survey-at-a-glance oct14_es.pdf

Aiquipa Tello, J. J. (2015). Dependencia emocional en mujeres víctimas de violencia de pareja. *Revista de Psicología* PUCP, *33*(2), 411-437.

Alberdi, I. (1999). *La nueva familia española.* Madrid: Taurus.

Alexander, R.; Feeney, J.; Hohaus, L. & Noller, P. (2005). Attachment style and coping resources as predictors of coping strategies in the transition to parenthood. *Personal relationships, 8*(2), 137-152. doi: 10.1111/j.1475-6811.2001.tb00032.x

Alexander, R. & Van der Heide, N. P. (1997). Rage and aggression in couples therapy. An intersubjective approach. En F. M. Solomon y J. P. Siegel (eds.), *Countertransference in couples therapy,* 238-250. Nueva York: W. W. Norton & Co.

Alkolombre, P. (2014). El deseo del hijo en las parentalidades actuales. Infertilidad y técnicas reproductivas. *Revista Argentina de Psiquiatría, 25,* 382-386.

Allen, E. S.; Atkins, D. C.; Baucom, D. H.; Snyder, D. K.; Gordon, K. C. & Glass, S. P. (2005). Intrapersonal, interpersonal and contextual factors in engaging in and responding to extramarital involvement. *Clinical psychology: Science and practice, 12*(2), 101-130.

Allen, E. S. & Baucom D. H. (2004). Adult attachment and patterns of extradyadic involvement. *Family Process, 43,* 467-488.

Álvarez, M. (1994). Objetivo del tratamiento. En A. Bobé & C. Perez Testor. *Conflictos de pareja: diagnóstico y tratamiento.* Barcelona: Paidós

Amadei, E. A.; Johnson, Z. V.; Jun Kwon, Y.; Shpiner, A. C.; Saravanan, V.; Mays, W. D. & Liu, R. C. (2017). Dynamic corticostrial activity biases social bonding in monogamous female prairie voles. *Nature, 546*(7657), 297-301. doi: 10.1038/nature22381

Amato, P. R. & Keith, B. (1991). Parental divorce and the well-being of children. A meta-analysis. *Psychological-Bulletin, 110*(1), 26-46.

Amato, P. R. & Booth, A. (1995). Changes in gender role attitudes and perceived marital quality. *American Sociological Review, 60,* 58-66.

Amato, P. R. & Previti, D. (2003). People's reasons for divorcing. Gender, social class, the life course and adjustment. *Journal of Family Issues, 24*(5), 602-626.

Amor, P. J.; Echeburúa, E.; de Corral, P.; Sarasua, B. & Zubizarreta, I. (2001). Maltrato físico y maltrato psicológico en mujeres víctimas de violencia en el hogar. Un estudio comparativo. *Revista de Psicopatología y Psicología Clínica, 6,* 167-178.

Amor, P. J.; Echeburúa, E.; de Corral, P.; Sarasua, B. & Zubizarreta, I. (2002). Repercusiones psicopatológicas de la violencia doméstica en la mujer en función de las circunstancias del maltrato. *International Journal of Clinical and Health Psychology, 2*(2), 227-246.

Amor, P.; Bohórquez, I. A. & Echeburúa, E. (2005). ¿Por qué y a qué coste físico y psicológico permanece la mujer junto a su pareja maltratadora? *Acción Psicológica, 4*(2), 129-154.

Anderson, C. W. (2000). Challenges to science teacher education. *Journal of Research of Science Teaching, 37*(4), 293-294.

Andrés, J. M.; Coca, M. R. & Romagosa, A. (1994). La formación del terapeuta de pareja. En A. Bobé & C. Pérez Testor (comps.), *Conflictos de pareja. Diagnóstico y tratamiento.* Barcelona: Paidós.

Apfel, R. J. & Keyor, R. G. (2002). Psychoanalysis and infertility. Myths and realities. *International Journal of Psychoanalysis, 83,* 85-104.

Aramburu, I.; Pérez Testor, C.; Davins, M.; Cabré, V. & Salamero, M. (2011). La infidelidad en las películas de Woody Allen. *Aloma, 29,* 309-324.

Aramburu, I. (2014). *Factores de riesgo y de protección en la adopción internacional* (tesis doctoral). Barcelona: Universitat Ramon Llull.

Aramburu, I.; Salamero, M.; Mercadal, J.; Aznar Martínez, B.; Mirabent, V.; Davins, M. & Pérez Testor, C. (2017). Comunicación familiar en torno a la adopción. Su impacto en la salud mental del adolescente. En F. Loizaga, *Adopción en la adolescencia y en la juventud*. Bilbao: Mensajero.

Armant, C. (1994). Fundamentos teóricos. En A. Bobé, A. & C. Pérez (comps.), *Conflictos de pareja. Diagnóstico y tratamiento*. Barcelona: Paidós.

Armant, C. & Bobé, A. (1994). Técnicas de Tratamiento 2. Entrevista a cuatro *(foursome)*. En A. Bobé & C. Pérez Testor (comps.), *Conflictos de pareja. Diagnóstico y tratamiento*. Barcelona: Paidós.

Atkins, D. C.; Marín, R. A.; Lo, T. T.; Klann, N. & Hahlweg, K. (2010). Outcomes of couples with infidelity in a community-based sample of couple therapy. *Journal of Family Psychology, 24*(2), 212-216.

Ato, E.; Galián, M. D. & Cabello, F. (2009). Investigación familiar en niños con trastornos del lenguaje. Una revisión. *Electronic Journal of Research in Educational Psychology, 7*(3), 1419-1448.

Aznar Martínez, B. (2012). *La alianza terapéutica en psicoterapia psicoanalítica de pareja. Análisis y diferenciación de la alianza y otros elementos de la relación terapéutica* (tesis doctoral). Barcelona: Universitat Ramon Llull.

Aznar Martínez, B.; Pérez Testor, C.; Davins, M.; Aramburu, I. & Salamero, M. (2014). La alianza terapéutica en tratamiento conjunto de parejas. Evaluación de la alianza y análisis de los factores influyentes en el triángulo terapéutico. *Subjetividad y procesos cognitivos, 18*(1), 17-52.

Aznar Martínez, B.; Pérez Testor, C.; Davins, M. & Aramburu, I. (2016). Couple psychoanalytic psychotherapy as the treatment of choice. Indications, challenges, and benefits. *Psychoanalytic Psychology, 33*(1), 1-20. doi: 10.1037/a0038503

Balint, M. (1957). *El médico, el paciente y la enfermedad*. Buenos Aires: Paidós, 1971.

Baniel, A.; Cowlishaw, G. & Huchard, E. (2017). Male violence and sexual intimidation in a wild primate society. *Current Biology, 27*, 2163-2168. doi: 10.1016/j.cub.2017.06.013

Barbato, A. & D'Avanzo, B. (2008). Efficacy of couple therapy as a treatment for depression. A meta-analysis. *Psychiatric Quarterly, 79*(2), 121-132.

Barthes, J.; Crochet, P.-A. & Raymond, M. (2015). Male homosexual preference. Where, when, why? *PlosOne, 10*(8), e0134817.

Baucom, D. H. (1998). Forgiveness and marriage. Preliminary support for a measure based on a model of recovery from a marital betrayal. *The American Journal of Family Therapy, 31*, 179-199.

Beam, C. R.; Marcus, K.; Turkheimer, E. & Emery, R. E. (2018). Gender differences in the structure of marital quality. *Behavior Genetics, 48*(3), 209-223. doi: 10.1007/s10519-018-9892-4

Benedek, T. (1952). Infertility as a psychosomatic defense. *Fertility & Steritity, 3*, 527-541.

Benedek, T. & Rubenstein, B. B. (1942). *The Sexual Cycle in Women. The Relation Between Ovarian Function and Psychodynamic Processes.* Washington DC: National Research Council.

Benghozi, P. (2006). Le travail de ritualisation du Pardon en TFP et la réparation transgénérationnelle des liens. En *The ancestors' share. The transgenerational in psychoanlytical couple and family therapies.* Second International Congress for Psychoanalytic Family Therapy. Montreal.

Benyamini, Y.; Gozlan, M. & Kokia, E. (2005). Variability in the difficulties experienced by women undergoing infertility treatments. *Fertility&Sterility, 83*, 275-283.

Beramendi, A. (2003). Adopción. Imaginario social y legitimación del vínculo. *Revista de la Asociación Argentina de Psicología y Psicoterapia de Grupo, 26*(1), 1-10.

Berenstein, I. & Puget, J. (1990). Nuevas aportaciones al psicoanálisis de pareja y de familia. *Terapia Familiar, 13*(20), 9-18.

Bertoni, A. & Giuliani, C. (2004). La prevenzione. Ridurre il rischio o promuovere le competenze? En G. Bodenmann & A. Bertoni, *Promuovere le competenze della coppia.* Roma: Carocci.

Bhat, A. & Byatt, N. (2016). Infertility and perinatal loss. When the bough breaks. *Current Psychiatry Reports, 18*(3), 31.

Bion, W.R. (1963). *Elements of Psycho-Analysis.* Londres: William Heinemann.

Bischoff, M. & Bessero, S. (2009). Terapias familiares y conyugales/ Terapias sistémicas. Recuperado de: http://www.europeanfamilytherapy.eu/wp-content/uploads/2012/10/arguments-fr.pdf

Bleichmar, H. (2010). Una reformulación del duelo patológico. Múltiples tipos y enfoques terapéuticos. *Aperturas de psicoanálisis,* 035.

Blow, A. & Hartnett, K. (2005). Infidelity in committed relationships I. A methodological review. *Journal of Marital and Family Therapy, 31*(2), 183-216.

Blumstein-Bond, S. (2005). Predicting the emocional variables in a clinical population of discordant couples with a history of conjugal violence. *Dissertations Abstracts International Section A: Humanities and Social Sciences, 66*(1-A), 345.

Bobé, A. & Pérez Testor, C. (1994). *Conflictos de pareja: diagnóstico y tratamiento.* Barcelona: Paidós.

Bobé, A. (1994). Mecanismos inconscientes de elección de pareja. En A. Bobé & C. Pérez Testor, *Conflictos de pareja. Diagnostico y tratamiento.* Barcelona: Paidós.

Bodenmann, G. & Shantinath, S. D. (2005). The Couples Coping Enhancement Training (CCET). A new approach to prevention of marital distress based upon stress and coping. En G. Rossi, *Interventi a favore della conyugalità e della genitorialità.* Milán: Vita e Pensiero.

Bodenmann, G. & Randall, A. (2013). Marital therapy for dealing with depression. En M. Power (ed.), *The Wiley Blackwell handbook of mood disorders* (pp. 215-227). John Wiley & Sons.

Bogaert, A. F.; Skorska, M. N.; Wang, C.; Gabrie, J.; MacNeil, A. J.; Hoffarth, M. R. [...]; Blanchard, R. (2018). Male homosexuality and maternal immune responsivity to the Y-linked protein NLG-N4Y. *Proceedings of the National Academy of Sciences, 115*, 302-306. doi: 10.1073/pnas.1705895114

Bolognini, S. (2017). Prefacio. En E. D. Scharff & E. Palacios, *Familiy and couple psychoanalysis. A global perspective.* Londres: Karnac Books.

Bordin, E. S. (1976). The generalization of the psychoanalytic concept of the working alliance. *Psychotherapy: Theory, Research and Practice, 16,* 252-260.

Borgia, F. (1999). La psicoanalisi della coppia tra passato e futuro. Un internista con Andreas Giannakoulas. En A. M. Nicolò, *Curare la relazione: saggi sulla psicoanalisi e la coppia.* Milán: Franco Angeli.

Bowlby, J. (1949). The study and reduction of group tensions in the family. *Human Relations, 2,* 123-128.

Bowlby, J. (1968). *El vínculo afectivo.* Buenos Aires: Paidós.

Bowlby, J. (1969). *La separación afectiva.* Buenos Aires: Paidós.

Bowlby, J. (1980). *Attachment and Loss,* Vol. III. Londres: The Hogarth Press.

Bowlby, J. (1988a). *Una base segura: aplicaciones clínicas de una teoría del apego.* Barcelona: Paidós.

Bowlby, J. (1988b). Developmental Psychiatry Comes of Age. *The American Journal of Psychiatry, 145*(1), 1-10.

Bretherton, I. & Munholland, K. A. (1999). Internal working models in attachment relationships. A construct revisited. En J. Cassidy

& P. R. Shaver (eds.), *Handbook of attachment: theory, research, and clinical applications* (pp. 89-111). Nueva York: Guilford.

Breunlin, D. C. (2016). Advancing training and supervision of family therapy. En T. L. Sexton & J. Lebow, *Handbook of Family Therapy*. Nueva York: Routledge.

Brodzinsky, D. (2006). Family structural openness and communication openness as predictors in the adjustment of adopted children. *Adoption Quarterly, 9*(4), 1.

Bueno, M. (1994). Psicoterapia de la pareja y de la familia. En A. Ávila & J. Poch (comps.), *Manual de técnicas de psicoterapia*. Madrid: Siglo XXI.

Burns, L. H. & Covington, S. H. (1999). Psychology of Infertility. En L. H. Burns & S. H. Covington (eds.), *A comprehensive Handbook for Clinicans* (pp. 3-25). Nueva York: Pathenon.

Butzer, B. & Campbell, L. (2008). Adult attachment, sexual satisfaction, and relationship satisfaction. A study of married couples. *Personal Relationships, 15,* 141-154.

Bychowski, G. (1956). Schizofrenic marriage. En V. W. Eisenstein (ed.), *Neurotic interaction in marriage*. Nueva York: Basic Books.

Byrne, M.; Carr, A. & Clark, M. (2004). The efficacy of behavioral couples therapy and emotionally focused therapy for couple distress. *Contemporary Family Therapy, 26*(4), 361-387.

Cabré, V. (2002). *Escenoterapia*. Barcelona: Paidós.

Cacioppo, S.; Bianchi-Demicheli, F.; Frum, C.; Pfaus, J. G. & Lewis, J. W. (2012). The common neural bases between desire and love. A multilevel kernel density fMRI analysis. *The Journal of Sexual Medicine, 9*(4), 1048-1054. doi: 10.1111/j.1743-6109.2012.02651.x.

Cancrini, L. (1991). *La psicoterapia. Gramática y sintaxis*. Barcelona: Paidós.

Caplan, G. (1993). Prevención de los trastornos psicológicos en los hijos de padres divorciados. En G. Caplan, *Aspectos preventivos en salud mental.* Barcelona: Paidós.

Caso, B.; Grinblat, S. & Fermepin, E. (2001). Incidencia de lo prenatal en el vínculo materno-filial. Reflexiones en torno a la adopción y a la fertilización asistida. *Psicoanálisis (APdeBA), 23,* 565-581.

Castellví, P. (1994). Tratamiento de pareja. En A. Bobé & C. Pérez Testor (comps.), *Conflictos de pareja. Diagnóstico y tratamiento*. Barcelona: Paidós.

Castillo, J. A.; Pérez Testor, C.; Davins, M. & Mirabent, V. (2006). Adopción y parentalidad. Aportaciones de la investigación. *Revista de psicopatología y salud mental del niño y del adolescente, 8,* 55-64.

Castillo, J. A. & Medina, P. (2007). Maltrato en la relación de pareja. Apego, intimidad y cambios sociales. En A. Talarn (comp.), *Globalización y salud mental* (pp. 393-416). Barcelona: Herder.

Choi, K.; Catania, J. A. & Dolcini, M. M. (1994). Extramarital sex and HIV risk behavior among US adults. Results from the National AIDS behavioral survey. *American Journal of Public Health, 84*, 2003-2007.

Ciani, A. C.; Battaglia, U. & Zanzotto, G. (2015). Human homosexuality. A paradigmatic arena for sexually antagonistic selection? *Cold Spring Harbor Perspectives in Biology, 7*(4): a017657. doi: 10.1101/cshperspect.a017657

Clemens, B.; Junger, J.; Pauly, K.; Neulen, J.; Neuschaefer-Rube, C.; Frölich, D. [...]; Habel, U. (2017). Male-to male gender dysphoria. Gender-specific differences in resting-state networks. *Brain and Behavior, 7*(5): e00691. doi:10.1002/brb3.691.

Clulow, C. (1996). Preventing marriage breakdown. Towards a new paradigm. *Sexual and Marital Therapy, 11*(4), 343-351.

Clupta, M.; Coyne, J. C.; Beach, S. R. H.; Lask, J. & Vetere, A. (2003). Couples treatment for major depression. Critique of the literature and suggestions for some different directions. *Journal of Family Therapy, 25*(4), 317-346.

Coderch, J. (1987). *Teoría y técnica de la psicoterapia psicoanalítica.* Barcelona: Herder.

Coderch, J. (1995). *La interpretación en psicoanálisis. Fundamentos y teoría de la técnica.* Barcelona: Herder.

Cogoni, C.; Carnaghi, A. & Silani, G. (2018). Reduced empathic responses for sexually objectified women. An fMRI investigation. *Cortex, 99*, 258-272. doi: 10.1016/j.cortex.2017.11.020.

Corominas, R. (2002). *La pareja en conflicto: su abordaje psicoanalítico.* Valencia: Promolibro.

Craparo, G.; Gori, A.; Petruccelli, I.; Cannella, V. & Simonelli, C. (2014). Intimate partner violence. Relationship between alexithymia, depression, attachment styles, and coping strategies of battered women. *The Journal of Sexual Medicine, 11*(6), 1484-1494.

Creasey, G. & Hesson-McInnis, M. (2001). Affective responses, cognitive appraisals, and conflict tactics in late adolescent romantic relationships. Associations with attachment orientations. *Journal of Counselling Psychology, 48*, 85-96.

Cudmore, L. (2005). Becoming parents in the context of loss. *Sexual and Relationship Therapy, 20*, 299-308.

Cusinato, M. (1992). *Psicología de las relaciones familiares*. Barcelona: Herder.

Davins, M.; Pérez Testor, C. & Castillo, J. A. (2002). Ruptura vincular y el duelo. *Revista de psicoterapia, 13*, 133-141.

Davins, M. (2005). Maltractament en les relacions de parella: conseqüències psicològiques en la dona. *Aloma, 17*, 225-244.

Davins, M.; Bartolomé, D.; Salamero, M. & Pérez Testor, C. (2010). Mujeres maltratadas y calidad de la relación de pareja. *Aloma, 27*, 265-278.

Davins, M.; Hernández, V.; Aznar Martínez, B.; Pérez Testor, C. & Aramburu, I. (2014a). ¿Por qué no se separan? Aplicando la teoría de Fairbairn al caso de una mujer maltratada. *Temas de Psicoanálisis, 7*.

Davins Pujols, M.; Salamero, M.; Aznar Martínez, B.; Aramburu Alegret, I. & Pérez Testor, C. (2014b). Acts of intimate partner violence and feelings of danger in battered women seeking help in a spanish specialized care unit. *Journal of Family Violence, 29*(7), 703-712.

De Boer, A.; van Buel, E. M. & Ter Horst, G. J. (2012). Love is moret than just a kiss. A neurobiological perspective on love and affection. *Neuroscience, 201*, 114-124. doi: 10.1016/j.neuroscience.2011.11.017.

De Jonghe, F.; Rijnierse, P. & Janssen, R. (1991). Aspects of the analytic relationship. *The International Journal of Psychoanalysis, 72*(4), 693-707.

Del Giudice, M. (2011). Sex differences in romantic attachment. A meta-analysis. *Personality and Social Psychology Bulletin, 37*(2) 193-214. doi: 10.1177/0146167210392789

Del Zotto, M. & Pegna, A. J. (2017). Electrophysiological evidence of perceived sexual attractiveness for human female bodies varying in waist-to-hip ratio. *Cognitive, Affective & Behavioural Neuroscience, 17*(3), 577-591. doi: 10.3758/s13415-017-0498-8.

Deutsch, H. (1945). *Psychology of Women*, Vol. II. Motherhood. Nueva York: Grune & Stratton.

Diamond, R.M.; Brimhall, A.S. & Elliott, M. (2017). Attachment and relationship satisfaction among first married, remarried, and post-divorce relationships. *Journal of Family Therapy, 40*, S111–S127. doi: 10.1111/1467-6427.12161

Dicks, H. V. (1967). *Tensiones matrimoniales*. Buenos Aires: Hormé, 1973.

Dillard, J. R. & Westneat, D. F. (2016). Disentangling the correlated evolution of monogamy and cooperation. *Trends in Ecology and Evolution, 31*, 503-512.

Dilillo, D. (2001). Interpersonal functioning among women reporting a history of childhood sexual abuse: empirical findings and methodological issues. *Clinical Psychology Review, 21*(4), 553-576.

Doumas, D. M.; Pearson, C. L.; Elgin, J. E. & McKinley, L. L. (2008). Adult attachment as a risk factor for intimate partner violence. The «mispairing» of partners' attachment styles. *Journal of Interpersonal Violence, 23*, 616-634.

Dunbar, R. I. M. (2018). The anatomy of friendship. *Trends in Cognitive Sciences, 22*, 32-51.

Edwards, S. & Self, D. W. (2006). Nucleus accumbens dopamine differentially mediates the formation and maintenance of monogamous pair bonds. *Nature neuroscience, 9*, 133-139.

Ehrensaft, M. K.; Cohen, P.; Brown, J.; Smailes, E.; Chen, H. & Johnson, J. G. (2003). Intergenerational transmission of partner violence. A 20-year prospective study. *Journal of Consulting and Clinical Psychology, 71*(4), 741-753.

Eisenstein, V. W. (1956). *Neurotic Interaction in Marriage*. Nueva York: Basic Books.

El-Bassel, N.; Witte, S. S.; Wada, T.; Gilbert, L. & Wallace, J. (2004). Correlates of partner violence among female street-based sex workers. Substance abuse, history of childhood abuse, and HIV risks. *AIDS Patient Care and STDs, 15*(1), 41-51. doi: 10.1089/108729101460092

Espina, A. (1995). Aportaciones psicoanalíticas y sistémicas a la terapia de pareja en los trastornos psicosomáticos. En M. Garrido & A. Espina, *Terapia familiar. Aportaciones psicoanalíticas y transgeneracionales*. Madrid: Fundamentos.

Espina, A. (2005). Apego y violencia familiar. En C. Pérez Testor & E. Alomar (comps.), *Violencia en la familia*. Barcelona: Edebé.

Estada, M. C. (2011). Clínica de la bella y la bestia. En Asociación Análisis Freudiano (ed.), *La violencia sobre las mujeres*. Madrid: Catriel.

Fairbairn, W. R. D. (1940). Schizoid factors in the personality. En *Psychoanalytic studies of the personality*, 3-27. Londres: Routledge & Kegan Paul.

Falloon, I. R. H. (2003). Intervenciones familiares en los trastornos mentales. Eficacia y efectividad. *World Psychiatry, 1*(1), 20-28.

Family Discussion Bureau (1962). *The Marital Relationship as a Focus for Casework*. Londres: Codicote Press.

Farooqi, S. R. (2014). The construct of relationship quality. *Journal of Relationships Research, 5*, 1-11. doi: 10.1017/jrr.2014.2

Feeney, J. & Noller, P. (2001). *Apego adulto.* Bilbao: Desclée de Brouwer.

Feeney, J. A. & Karantzas, G. C. (2017). Couple conflict: insights from an attachment perspective. *Current Opinion in Psychology, 13,* 60–64. doi: 10.1016/j.copsyc.2016.04.017

Fekkes, M.; Buitenijk, S. E.; Verrips, G. H. W.; Braat, D. D. M.; Brewaeys, A. M. A.; Dolfing, J. G. [...]; Macklon, N. S. (2003). Health-related quality of life in relation to gender and age in couples planning IVF treatment. *Human Reproduction, 18,* 1536-1543.

Felmlee, D. H. (2001). From appealing to appalling. Disenchantment with a romantic partner. *Sociological Perspectives, 44*(3), 263-280.

Fido, A. & Zahid, M. A. (2004). Coping with infertility among Kuwaiti women. Cultural perspectives. *International Journal of Social Psychiatry, 50*(4), 294-300.

Fiorillo, A.; Del Vecchio, V.; Luciano, M.; Samponga, G.; De Rosa, C. & Malangona, C. (2014). Efficacy of psychoeducational family intervention for bipolar I disorder. A controlled, multicentric, real-world study. *Journal of Affective Disorders, 172,* 291-299.

Fischbach, R. L. & Herbert, B. (1997). Domestic violence and mental health. Correlates and conundrums within and across cultures. *Social Science & Medicine, 45*(8), 1161-1176. doi: 10.1016/S0277-9536(97)00022-1

Flaquer, L. & Garriga, A. (2009). Marital disruption in Spain. Class selectivity and deterioration of economic conditions. En H. J. Andrew & D. Hummelsheim (eds.), *When marriage ends. Economic and Social Consequences of Partnership Dissolution.* Cheltenham: Edward Elgar.

Flores, N.; Jenaro, C. & Moreno Rosset, C. (2008). Terapia de pareja en infertilidad. *Papeles del psicólogo, 29*(2), 205-221.

Fonagy, P. (2004). *Teoría del apego y psicoanálisis.* Barcelona: Espaxs.

Font, J. (1976). Definició de salut. En DD.AA., *Funció social de la medicina.* X Congrés de Metges i Biòlegs de Llengua Catalana (Perpiñán). Barcelona: Academia de Ciencies Mediques de Catalunya i Balears. Societat Catalana de Biologia, 1976.

Font, J.; Aguilar, J.; Cabré, V.; Camon, R.; García, C.; Pérez Testor, C. [...]; Suris, S. (1991). Formación en escenoterapia. Observadores y supervisión. *XIV Congrés Internacional de Psicoterapia.* Lausana.

Font, J. (1994). Psicopatología de la pareja. En A. Bobé & C. Pérez Testor (comps.), *Conflictos de pareja. Diagnóstico y tratamiento*. Barcelona: Paidós.

Font, J. & Pérez Testor, C. (2006). Psicopatología de la pareja. En C. Pérez Testor (comp.) *Parejas en conflicto* (pp. 81-115). Barcelona: Paidós.

Fontanil, Y.; Ezama, E.; Fernández, R.; Gil, P.; Herrero, F. J. & Paz, D. (2005). Prevalencia del maltrato en la pareja contra las mujeres. *Psicothema 17*(1), 90-95.

Forste, R. & Tanfer, K. (1996). Sexual exclusivity among dating, cohabiting and married women. *Journal of marriage & the family, 58*(1), 33-47.

Franke, K.; Hagemann, G.; Schleussner, E. & Gaser, C. (2015). Changes of individual *BrainAGE* during the course of the menstrual cycle. *Neuroimage, 115*, 1-6.

Fredman, S. J.; Pukay-Martin, N. D.; Macdonald, A.; Wagner, A. C.; Vorstenbosch, V. & Monson, C. M. (2016). Partner accommodation moderates treatment outcomes for couple therapy for posttraumatic stress disorder. *Journal of Consulting Clinical Psychology, 84*(1), 79-87.

Freud, S. (1910). Sobre un tipo particular de elección de objeto en el hombre. En S. Freud, *Obras Completas*, Tomo 2 (pp. 1625-1630). Madrid: Biblioteca Nueva, 1973.

Freud, S. (1912). Sobre la más generalizada degradación de la vida amorosa. En S. Freud, *Obras Completas*, Tomo 2 (pp. 1710-1717). Madrid: Biblioteca Nueva, 1973.

Freud, S. (1914). Una introducción al narcisismo. En S. Freud, *Obras Completas*, Tomo 2 (pp. 2017-2033). Madrid: Biblioteca Nueva, 1973.

Freud, S. (1917). *Duelo y melancolía*. Madrid: Biblioteca Nueva, 1973.

Freud, S. (1918). Contribuciones a la psicología del amor. En S. Freud. *Obras Completas*. Buenos Aires: Amorrortu.

Freud, S. (1920). Beyond the pleasure principle. En J. Strachey (ed.). Nueva York: W W Norton & Co, 1961.

Friedlander, M. L.; Escudero, V. & Heatherington, L. (2006). *Therapeutic alliances in Couple and Family Therapy: An Empirically Informed Guide to Practice*. Washington: Hardcover.

Gabb, J. & Fink, J. (2018). *Couple relationships in the 21st century: Research, policy, practice*. Estocolmo: Springer.

Galli, J. & Viero, F. (2007). *El fracaso de la adopción. Prevención y reparación*. Madrid: Grupo 5.

Garma, A. (1985). *Más allá de la adopción*. Buenos Aires: Epsilon.

Garrido Fernández, M.; Marcos Sierra, J. A.; López Jiménez, A. & Ochoa de Alda, I. (2016). Multi-family therapy with a reflecting team. A preliminary study on efficacy among opiate addicts in methadone maintenance treatment. *Journal of Marital Family Therapy*, *43*(2), 338-351.

Gavrilets, S. (2012). Human origins and the transition from promiscuity to pair-bonding. *Proceedings of the National Academy of Sciences, 109*, 9923-9928.

Gerhardt, S. (2008). *El amor maternal*. Barcelona. Albesa.

Giberti, E. (1994). *Adoptar hoy*. Buenos Aires. Paidós.

Glass, S. P. & Wright, T. L. (1985). Sex differences in type of extramarital involvements and marital dissatisfaction. *Sex roles, 12*, 1101-1120.

Glezerman, M. (2017). *Gender Medicine*. Londres: Duckworth Overlook.

Godfrey, R. G. (1991). All change? *Lancet, 338*(8762): 297-299.

Goethe, J. W. (1809). *Las afinidades electivas/Hermann y Dorotea*. Barcelona: Austral, 2018.

Gola, M.; Miyakoshi, M. & Sescousse, G. (2015). Sex, impulsivity, and anxiety. Interplay between ventral striatum and amygdala reactivity in sexual behaviors. *The Journal of Neuroscience, 35*, 15227-15229.

Golano, M. & Pérez Testor, C. (2013). Mentalització i vincle. La mentalització parental. *Revista Catalana de Psicoanàlisi, 30*.

Golding, J. M. (1999). Intimate partner violence as a risk factor for mental disorders. A meta-analysis. *Journal of Family Violence, 14*(2), 99-132.

Goldklank, S. (2009). «The shoop shoop song». A guide to psychoanalytic-systemic couple therapy. *Contemporary Psychoanalysis, 45*(1), 3-25.

Gomis, A. (1994). Profilaxis y prevención de la vida de la pareja. En A. Bobé & C. Pérez Testor (comps.), *Conflictos de pareja. Diagnóstico y tratamiento*. Barcelona: Paidós.

González, M. J. & Jurado, T. (2009). ¿Cuándo se implican los hombres en las tareas domésticas? Un análisis de la Encuesta de Empleo del Tiempo. *Panorama Social, segundo semestre*, 65-81.

Gottman, J. & Gottman, J. (2017). The natural principles of love. *Journal of Family Theory & Review, 9*(1), 7-26. doi: http://dx.doi.org/10.1111/jftr.12182

Greil, A. L (1997). Infertility and psychological distress. A critical review of literature. *Social Science and Medicine, 45*, 1670-1704.

Gracia Sifuentes, M. E. & Rojas Hernández, M. C. (2015). Las posibilidades de una intervención clínica con mujeres maltratadas: estatuto de víctima y fantasía masoquista. *Trivium-Estudos Interdisciplinares, 7*(1).

Greil, A. L.; Shreffler, K. M.; Schmidt, L. & McQuillan, J. (2011). Validation in distress among women with infertility. Evidence from a population-based sample. *Human reproduction, 26*, 2101-2112.

Greil, A.; J., McQuillan, J.; Lowry, M. & Shreffler, K. M. (2011). Infertility treatment and fertility-specific distress. A longitudinal analysis of a population-based sample of U.S. women. *Social Science & Medicine, 73*, 87-94.

Gross, M. (2017). Paraphilia or perversion? *Current Biology, 244* (17), R778-R780.

Günther, C. (2017). *La alianza terapéutica en terapia familiar con progenitores separados en conflicto. Un modelo del proceso de cambio intrasistema* (tesis doctoral). Universitat Ramon Llull, Barcelona.

Günther, K. B. (2018). Grundlagen und praxis der psychoanalytischen objektbeziehung theoretischen paartherapie. *Zeitschrift für Individualpsychologie, 43*(1), 5-32.

Hadden, B. W.; Smith, C. V. & Webster, G. D. (2014). Relationship duration moderates associations between attachment and relationship quality: Meta-analytic support for the temporal adult romantic attachment model. *Personality and Social Psychology Review, 18*(1), 42-58. doi: 10.1177/1088868313501885

Hall, S. S. (2015). Working models of marriage. An application of attachment theory. *Marriage & Family Review, 51*(8), 713-729. doi: 10.1080/01494929.2015.1068252

Hashikawa, K.; Hashikawa, Y.; Tremblay, R.; Zhang, J.; Feng, J. E.; Sabol, A. [...]; Lin, D. (2017). Esr1+ cells in the ventromedial hypothalamus control female aggression. *Nature Neuroscience, 20*, 1580-1590.

Hays, S. (1998). *The cultural contradiction of motherhood.* New Haven: Yale University Press.

Hernández, V. (2008). *La psicosis. Fundamentos psicodinámicos y concepción clínica.* Barcelona: Paidós.

Heatherington, L. & Friedlander, M. L. (1990). Couple and family therapy alliance scales. Empirical considerations. *Journal of Marital and Family Therapy, 16*, 299-306.

Hirsch, A. & Hirsch, S. (1989). The effect of infertility on marriage and self-concept. *Journal of Obstetric, Gynecologic& Neonatal Nursing, 18*, 13-20.

Hoekzema, E.; Barba-Müller, E.; Pozzobon, C.; Picado, M.; Lucco, F.; García-García, D. [...]; Vilarroya, O. (2017). Pregnancy leads to long-lasting changes in human brain structure. *Nature Neuroscience, 20*, 287-296.

Hoffman, L. W. (1983). Imagery and metaphor in couples therapy. *Family Therapy, 10*(2), 141-156.

Holtzworth-Munroe, A. & Meehan, J. C. (2004). Typologies of men who are martially violent. Scientific and clinical implications. *Journal of Interpersonal Violence, 19*, 1369-1389.

Iafrate, R. & Bertoni, A. (2005). Percorsi di promozione e arricchimento familiare. En G. Rossi, *Interventi a favore della conyugalità e della genitorialità*. Milán: Vita e Pensiero.

Instituto de la Mujer, Ministerio de Igualdad. (2010). *Conciliación de la vida familiar y la vida laboral. Situación actual, necesidades y demandas*. Recuperado de: http://www.inmujer.gob.es/observatorios/observIgualdad/estudiosInformes/docs/007-conciliacion.pdf

Instituto Nacional de Estadística (2007). *Indicadores sociales, familia y relaciones sociales (edición 2006)*. Recuperado de: http://www.ine.es.

Jackson, J. B.; Miller, R. B.; Oka, M. & Henry, R. G. (2014). Gender differences in marital satisfaction. A meta-analysis. *Journal of Marriage and Family, 76*(1), 105-129.

Jarne, A. & cols. (1997). A descriptive preliminary study of the long term effects of divorce on the psychological adjustment process of children. En S. Redondo, V. Garrido & cols. (eds.), *Advances in Psychology and law. International Contributions*. Nueva York: Walter de Gruyter.

Jarne, A. & Talarn, A. (coords.), (2000). *Manual de psicopatología clínica*. Barcelona: Paidós (2.ª ed. 2015, Barcelona, Herder).

Jeong, G. J.; Bollman, S. R. & Schumm, W. R. (1992). Self-reported marital instability as correlated with the Kansas Marital Satisfaction Scale for a sample of midwestern wives. *Psychological-Reports, 70*(1), 243-246.

Jessee, A.; Mangelsdorf, S. C.; Wong, M. S.; Schoppe-Sullivan, S. J. & Brown, G. L. (2017). The role of reflective functioning in predicting marital and coparenting quality. *Journal of Child and Family Studies, 27*(1), 187-197. doi: 10.1007/s10826-017-0874-6

Johnson, S. M. & Greenberg, L. S. (1985). Differential effects of experiential and problem solving interventions in resolving marital conflict. *Journal of Consulting and Clinical Psychology, 53,* 175-184.

Johnson, M. P. (1995). Patriarchal terrorism and common couple violence. Two forms of violence against women. *Journal of Marriage and Family, 57*(2), 283-294.

Johnson, D. W.; Maruyama, G.; Johnson, R.; Nelson, D. & Skon, L. (1999). Effects of cooperative, competitive and individual goal structure on achievement. A metaanalysis. *Psychological Bulletin, 89,* 47-62.

Johnson, M. P.; Leone, J. M. & Xu, L. (2014). Intimate terrorism and situational couple violence in general surveys. *Violence against women, 20*(2).

Josephs, L. (2010). The evolved function of the oedipal conflict. *The international journal of psychoanalysis, 91*(4), 937-958.

Judson, O. (2003). *Consultorio sexual para todas las especies.* Barcelona: Ares y Mares.

Juri, L. (2011). *Teoría del apego para psicoterapeutas.* Madrid: Psimática.

Karney, B. & Bradbury, T. (1995). The longitudinal course of marital quality and stability. A review of theory, method, and research. *Psychological Bulletin, 118,* 3-34.

Kalina, E. (1970). En I. Berenstein & cols., *Psicoterapia de pareja y grupo familiar con orientación psicoanalítica.* Buenos Aires: Galerna.

Kaplan, H. S. (1978). *La nueva terapia sexual.* Madrid: Alianza.

Karney B. R. & Bradbury, T. N. (1995). The longitudinal course of marital quality and stability. A review of theory, method, and research. *Psychological Bulletin, 118*(1), 3-34.

Kernberg, O. (1976a). Impedimentos de la capacidad de enamorarse y de mantener vínculos amorosos duraderos. En O. Kernberg, *La teoría de las relaciones objetales y el psicoanálisis clínico.* México: Paidós.

Kernberg, O. (1976b). La madurez en el amor. Condiciones previas y características. En Kernberg, O., *La teoría de las relaciones objetales y el psicoanálisis clínico.* Ciudad de México: Paidós.

Kernberg, O. (1993a). The couple's constructive and destructive superego functions. *Journal of the American Psychoanalytic Association, 41*(3), 653-677.

Kernberg, O. (1993b). Aggression and love in the relationship of the couple. *Journal of the American Psychoanalytic Association, 39*(1), 45-70.

Kernberg, O. (1995). *Relaciones amorosas. Normalidad y patología.* Barcelona: Paidós.

Kernberg, O. (2017). Aplicación de la psicoterapia focalizada en la transferencia a los conflictos de pareja. *Revista de Psicopatología y Salud Mental del Niño y del Adolescente, 30,* 9-16.

Kitzmann, K. M.; Gaylord, N. K.; Holt, A. R. & Kenny, E. D. (2003). Child witnesses to domestic violence: A meta-analytic review. *Journal of Consulting and Clinical Psychology, 71*(2), 339-352. doi: 10.1037/0022-006X.71.2.339

Klein, M. (1934). Una contribución a la psicogénesis de los estados maníaco-depresivos. En M. Klein, *Contribuciones al psicoanálisis. Obras completas.* Tomo II. Buenos Aires: Paidós, 1975.

Klein, M. (1937). Amor, culpa y reparación. En M. Klein, *Obras Completas 1: Amor, culpa y reparación.* Barcelona: Paidós, 1989.

Klein, M. (1952). Algunas conclusiones teóricas sobre la vida emocional del bebé. En M. Klein, *Envidia y gratitud y otros trabajos, Obras Completas.* Tomo III. Barcelona: Paidós, 1988.

Kluwer, E. S. (2010). From partnership to parenthood. A review of marital change across the transition to parenthood. *Journal of Family Theory & Review, 2*(2), 105-125. doi: 10.1111/j.1756-2589.2010.00045.x

Knobloch-Fedders, L.; Pinsof, W. & Mann, B. (2004). The formation of the therapeutic alliance in couple therapy. *Family Process, 43*(4), 425-442.

Konrath, S. H.; Chopik, W. J.; Hsing, C. K. & O'Brien, E. (2014). Changes in adult attachment styles in American college students over time: A meta-analysis. *Personality and Social Psychology Review, 18*(4) 326–348. doi: 10.1177/108886831453051

Kreuder, A. K.; Scheele, D.; Wassermann, L. & Wollseifer, M. (2017). How the brain codes intimacy. The neurobiological substrates of romantic touch. *Human Brain Mapping, 38,* 4525-4534.

Kriz, J. (1990). *Corrientes fundamentales en psicoterapia.* Buenos Aires: Amorrortu.

Kubie, L. S. (1956). Pshycoanalysis and marriage. En V. W. Eisenstein (ed.), *Neurotic Interaction in Marriage.* Nueva York: Basic Books.

Kuijpers, K. F.; van der Knaap, L. M. & Winkel, F. W. (2012). Risk of revictimization of intimate partner violence. The role of attachment, anger and violent behavior of the victim. *Journal of Family Violence, 27*(1), 33-44. doi: 10.1007/s10896-011-9399-8.

Lapastora, M. (2008). La idoneidad y la evaluación de psicopatología parental en la adopción. *Monografías de psiquiatría, 20,* 30-36.

Le Moëne, O. & Agmo, A. (2018). The neuroendocrinology of sexual attraction. *Frontiers in Neuroendocrinology, 51*, 46-67. doi: 10.1016/j.yfrne.2017.12.006

Lee, A. J.; Dubbs, S. L.; Von Hippel, W.; Brooks, R. C. & Zietsch, B. P. (2014). A multivariate approach to human mate preferences. *Evolution and Human Behavior, 35*, 193-203.

Lee, A. J.; Brooks, R. C.; Potter, K. J. & Zietsch, B. P. (2015). Pathogen disgust sensitivity and resource scarcity is associated with mate preference for different waist-to-hip ratios, shoulder-to-hip ratios, and body mass index. *Evolution and Human Behavior, 36*, 480-488.

Lemaire, J. G. (1974). *Terapia de parejas.* Buenos Aires: Amorrortu.

Lemaire, J. G. (1977). La relación terapéutica en el tratamiento de pareja. En *Anales de psicoterapia 6, La pareja enferma.* Madrid: Fundamentos.

Lemaire, J. G. (1980). *Terapias de pareja.* Buenos Aires: Amorrortu.

Lemaire, J. G. (1998). *Les mots du couple.* París: Editions Payot.

Leone, J. M.; Lape, M. E. & Xu, Y. (2014). Women's decisions to not seek formal help for partner violence. A comparison of intimate terrorism and situational couple violence. *Journal of Interpersonal Violence, 29*(10).

Li, T. & Chan, D. K. S. (2012). How anxious and avoidant attachment affect romantic relationship quality differently. A meta-analytic review. *European Journal of Social Psychology, 42*, 406-419. doi: 10.1002/ejsp.1842

Lim, M. M.; Wang, Z.; Olazábal, D. E.; Ren, X.; Terwillinger, E. F. & Young, L. J. (2004). Enhanced partner preference in a promiscuous specie by manipulating the expression of a single gene. *Nature, 429*, 754-757.

Livingston, M. S. (1995). A self psychologist in couplesland. Multisubjective approach to transference and countertransference-like phenomena in marital relationships. *Family Process, 34*, 427-439.

Llavona, L. M. (2008). El impacto psicológico de la infertilidad. *Papeles del psicólogo, 29*, 158-166.

López Mondéjar, L. (2001). Una patología del vínculo amoroso. El maltrato a la mujer. *Revista de la Asociación Española de Neuropsiquiatría, 77*, 7-26.

López Soler, C. (2008). Las reacciones postraumáticas en la infancia y adolescencia maltratada. El trauma complejo. *Revista de Psicopatología y Psicología Clínica, 13*(3). doi: 10.5944/rppc.vol.13.num.3.2008.4057

López, M. T.; Barrera, M. I.; Cortés, J. F.; Guines, M. & Jaime, L. M. (2011). Funcionamiento familiar, creencias e inteligencia emocional en pacientes con trastorno obsesivo-compulsivo y sus familiares. *Salud Mental, 34,* 111-120.

Loubat, M.; Ponce, P. & Salas, P. (2007). Estilo de apego en mujeres y su relación con el fenómeno del maltrato conyugal. *Terapia psicológica, 25*(2), 113-121.

Luborsky, L. (1976). Helping alliances in psychotherapy. En J. L. Cleghorn (ed.), *Successful psychotherapy* (pp. 92-116). Nueva York: Brunner/Mazel.

Mamodhousen, S.; Wright, J.; Tremblay, N. & Poitras-Wright, H. (2005). Impact of marital and psychological distress on therapeutic alliance in couples undergoing couple therapy. *Journal of Marital and Family Therapy, 31*(2), 159-69.

Manzouri, A. & Savic, I. (2017). Cerebral sex dimorphism and sexual orientation. *Human Brain Mapping, 39*(3), 1175-1186. doi: 10.1002/hbm.23908

Maragall, J. (1918). Nodreix l'amor de pensaments i absència. En *Obres completes d'En Joan Maragall-Poesies II* (1918).djvu/309. Recuperado en: https://ca.wikisource.org/wiki/P%C3%A0gina:Obres_completes_d%27En_Joan_Maragall_-_Poesies_II_(1918).djvu/309

Marcinkowska, U. M.; Galbarczyk, A. & Jasienska, G. (2018). La donna è mobile? Lack of cyclical shifts in facial symmetry, and facial and body masculinity preferences-A hormone based study. *Psychoneuroendocrinology, 88,* 47-53. doi: 1 0.1016/j.psyneuen.2017.11.007

Marcos, J. A. & Garrido, M. (2009). La Terapia Familiar en el tratamiento de las adicciones. *Apuntes de Psicología, 27*(2-3), 339-362.

Markman, H. J.; Floid, F. J.; Hahlweg, K. & Blumberg, S. (1991). Prevention of divorce and marital distress. En L. E. Beutler & M. Crago, *Psychotherapy Research.* Washington: A.P.A.

Marrone, M. (2001). *La teoría del apego. Un enfoque actual.* Madrid: Psimática.

Martin, P. A. (1983). *Manual de terapia de pareja.* Buenos Aires: Amorrortu.

Martindale, B. (2018). *Supervision and its Vicissitudes.* Londres: Routledge. doi: 10.4324/9780429480522

Martínez del Pozo, M. (1997). On the process of supervision in psychoanalytic psychotherapy. En B. Martindale, *Supervision and its Vicissitudes.* Londres: Routledge (2018). doi: 10.4324/9780429480522

Martínez Pampliega, A.; Aguado, V.; Corral, S.; Cormenzana, S.; Merino, L. & Iriarte, L. (2015). Protecting children after a divorce. Efficacy of Egokitzen—An intervention program for parents on children's adjustment. *Journal of Child and Family Studies*, 1-11. doi: 10.1007/s10826-015-0186-7

Mateu Martínez, C.; Vilaregut Puigdesens, A.; Campo López, C.; Artigas Miralles, L. & Escudero Carranza, V. (2014). Construcción de la Alianza Terapéutica en la terapia de pareja. Estudio de un caso con dificultades de manejo terapéutico. *Anuario de Psicología/The UB Journal of Psychology*, *44*(1), 95-115.

Matorras, R. (2011). *Libro Blanco sociosanitario. La infertilidad en España. Situación actual y perspectivas.* Recuperado de: https://www.sefertilidad.net/docs/biblioteca/libros/libroBlanco.pdf

Matsubayashi, H.; Hosaka, T.; Izumi, S-I.; Suzuki, T. & Makino, T. (2001). Emotional distress of infertile women in Japan. *Human Reproduction, 16*, 966–969.

Mattinson, J. & Sinclair, I. (1979). *Mate and Stalemate.* Oxford: Blackwell.

Mc Collum, E. E. & Stith, S. M. (2008). Couples treatment for interpersonal violence. A review of outcome research literature and current clinical practices. *Violence and Victims, 23*(2), 187-201.

McDaniel, B. T.; Galovan, A. M.; Cravens, J. D. & Drouin, M. (2018). «Technoference» and implications for mothers' and fathers' couple and coparenting relationship quality. *Computers in Human Behavior, 80*, 303-313. doi: 10.1016/j.chb.2017.11.019

McDougall, J. (1991). *Teatros del cuerpo.* Madrid: Julián Yébenes.

McQuillan, J.; Greil, A. L.; White, L. & Jacob, M. C. (2003). Frustrated fertility. Infertility and psychological distress among women. *Journal of Marriage & Family, 65*, 1007-1018.

Medina, P.; Castillo, J. A. & Davins, M. (2006). La calidad de la relación de pareja: aportaciones de la investigación. En C. Pérez Testor (comp.), *Parejas en conflicto* (pp. 31-60). Barcelona: Paidós.

Meindl, R. S.; Chaney, M. E. & Lovejoy, C. O. (2018). Early hominids may have been weed species. *Proceedings of the National Academy of Sciences, 115*, 1244-1249.

Meissner, W. W. (1996). *The Therapeutic Alliance.* New Haven & Londres: Yale University Press.

Meissner, W. W. (2007). Therapeutic alliance. Theme and variations. *Psychoanalytic Psychology, 24*(2), 231-254.

Meltzer, D. & Harris, M. (1989). *El paper educatiu de la família.* Barcelona: Espaxs.

Mendelsohn, R. (2014). Five Types of «Couple Object-Relations» Seen in couple therapy. Implications for theory and practice. *The Psychoanalytic Review, 101*(1), 95-128.

Merino, L.; Iriarte, L.; Aguado, V.; Corral, S.; Cormenzana, S. & Martínez, A. (2017). A psycho-educational group program for divorced parents in Spain. A pilot study. *Contemporary Family Therapy, 39*(3), 230-238.

Mikulincer, M. & Shaver, P. R. (2007). *Attachment in Adulthood: Structure, Dynamics, and Change.* Nueva York: Guilford.

Mirabent, V.; Aramburu, I.; Davins, M. & Pérez Testor, C. (2009). La familia adoptiva. Influencia de los duelos en la formación de vínculos. *Revue Internationale de Psychanalyse du Couple et de la Famille, 1*(5), 31-55.

Mirabent, V. & Ricart, E. (2010). El espacio imaginario y simbólico de la familia biológica en el seno de la familia adoptiva. En F. Loizaga, *Adopción hoy.* Bilbao: Mensajero.

Mirabent, V. & Ricart, E. (comps.) (2012). *Adopción y vínculo familiar. Crianza, escolaridad y adolescencia en la adopción internacional.* Barcelona. Herder.

Mirabent, V. (2017). Los padres de los adolescentes adoptados en el trabajo clínico. Fantasías, inquietudes y conflictos. *Cuadernos de psiquiatría y psicoterapia del niño y del adolescente, 63* (1.ᵉʳ semestre), 49-62.

Mittelman, B. (1948). The concurrent analysis of married couples. *The Psychoanalytic Quarterly, 17,* 182-197.

Mittelman, B. (1956). Analysis of reciprocal neurotic patterns in family relationships. En V. Eisenstein, *Neurotic interaction in marriage.* Nueva York: Basic Books.

Moguillansky, R. (2019). *La pareja y el amor. Bienestares y malestares del amor en la pareja.* Beau-Bassin: Editorial Académica Española.

Monga, M.; Alexandrescu, B.; Katz, S.; Stein, M. & Ganiats, T. (2004). Impact of infertility on quality of life, marital adjustment, and sexual function. *Urology, 63,* 126-130.

Moreno Rosset, C. (2009). *Infertilidad y reproducción asistida. Guía práctica de intervención psicológica.* Madrid: Pirámide.

Moreno Rosset, C. (2000). Ansiedad y Depresión. Principales trastornos asociados a la infertilidad. *Informació Psicològica. Revista Cuatrimestral del Col.legi Oficial de Psicòlegs del País Valencià 73,* 12-19.

Moreno Rosset, C.; Núñez, R. & Caballero, P. (1999). Sexualidad y reproducción humana. ¿Querer es poder? *Informació Psicològi-*

ca, *Revista Cuatrimestral del Col.legi Oficial de Psicòlegs del País Valencià, 69*, 38-41.

Moriguchi, Y.; Touroutoglou, A.; Dickerson, B. C. & Barrett, L. F. (2015). Sex differences in the neural correlates of affective experience. *Social cognitive and affective neurosciences, 9*(5), 591-600. doi: 10.1093/scan/nst030

Murphy, C. M. & Blumenthal, D. R. (2000). The mediating influence of interpersonal problems on the intergenerational transmission of relationship aggression. *Personal Relationships, 7*, 203-218.

Muñoz, M. (2002). Adopción. *Cuadernos de psiquiatría y psicoterapia del niño y el adolescente, 33/34*, 115-134.

Nicolò, A. M. (1995). Capacidad de reparación y parentalidad. En M. Garrido & A. Espina, *Terapia familiar: aportaciones psicoanalíticas y transgeneracionales*. Madrid: Fundamentos.

Nicolò, A. M. (1999). Essere in coppia. Funzione mentale e construzione relazionale. En A. M. Nicolò, *Curare la relazione. Saggi sulla psicoanalisi e la coppia*. Milán: Franco Angeli.

Ngun, T. C. & Vilain, E. (2014). The biological basis of human sexual orientation: is there a role for epigenetics? *Advances in Genetics, 86*, 167-184.

Novo, M.; Herbón, J. & Amado, B. G. (2016). Género y victimización. Efectos en la evaluación de la violencia psicológica sutil y manifiesta, apego adulto y tácticas de resolución de conflictos. *Revista Iberoamericana de Psicología y Salud, 7*(2), 89-97.

Oberndorf, C. P. (1938). Psychoanalysis of married couples. *Psychoanalytic Review, 25*, 453-475.

Okhovat, M.; Berrio, A.; Wallace, G.; Ophir, A. G. & Phelps, S. M. (2015). Sexual fidelity trade-offs promote regulatory variation in the prairie vole brain. *Science, 350*, 1371-4.

Ordóñez Camblor, N.; Fonseca Pedrero, E.; Paino, M.; García Álvarez, L.; Pizarro Ruiz, J. P. & Lemos Giráldez, S. (2016). Evaluación de experiencias traumáticas tempranas en adultos. *Papeles del Psicólogo, 37*(1), 36-44.

Ortman, D. (2005). Post-infidelity stress disorder. *Journal of psychosocial nursing, 43*(10), 46-54.

Pasch, L. A. & Christensen, A. (2000). Couples facing fertility problems. En K. B. Schmaling & T. G. Sher (eds.), *The Psychology of Couples and Illness. Theory, Research, & Practice* (pp. 241-267). Washington DC: American Psychological Association.

Pérez Testor, C. (1994a). Perturbación de la función sexual. En A. Bobé & C. Pérez Testor (comps.), *Conflictos de pareja. Diagnóstico y tratamiento*. Barcelona: Paidós.

Pérez Testor, C. (1994b). La família com a marc del desenvolupament humà. *FORUM Revista d'informació i investigació socials, 0*, 33-39.

Pérez Testor, C.; Bobé, A. & Font, J. (1994). La supervisión como formación continuada del psicoterapeuta familiar. *Actas del Congreso de las XV Jornadas Nacionales de Terapia Familiar*, 219-223.

Pérez Testor, C. & Botella, L. (1995). Programa de prevención de trastornos de pareja. *Libro de Actas de las XVI Congreso Nacional de Terapia Familiar* (pp. 395-401), Valencia.

Pérez Testor, C. (comp.) (2001). *La familia. Nuevas aportaciones.* Barcelona: Edebé.

Pérez Testor, C. (2002). La familia. Agent de mediació de l'aprenentatge. En A. J. Riart (comp.), *La mediació en l'aprenentatge*. Barcelona: Edebé.

Pérez Testor, C.; Castillo, J. A. & Palacín, C. (2002a). El divorcio. En C. Pérez Testor (comp.), *La familia. Nuevas aportaciones*. Barcelona: Edebé.

Pérez Testor, C.; Castillo, J. A. & Davins, M. (2002b). Ruptura vincular y duelo. *Revista de Psicoterapia, 13* (49), 133-141.

Pérez Testor, C. (2005). Taller de parejas. Una propuesta de prevención. En G. Rossi. *Interventi a favore della conyugalita e della genitorialità*. Milán: Vita e Pensiero.

Pérez Testor, C. (comp.) (2006). La elección de pareja. En C. Pérez Testor, *Parejas en conflicto*. Barcelona: Paidós.

Pérez Testor, C. & Font, J. (2006). Psicopatología de la pareja. En C. Pérez Testor (comp.), *Parejas en conflicto*. Barcelona: Paidós.

Pérez Testor, C.; Castillo, J. A. & Davins, M. (2006). El divorcio. En C. Pérez Testor (comp.), *Parejas en conflicto*. Barcelona: Paidós.

Pérez Testor, C.; Castillo, J. A., Davins, M., Salamero, M. & San-Martino, M. (2007a). Personality profiles in a group of battered women. Clinical and care implications. *Journal of Family Violence, 22*(2), 73-80.

Pérez Testor, C.; Castillo, J. A.; Davins, M. & Valls, C. (2007b). El divorcio desde la perspectiva del proceso de duelo. *Letras de Deusto, 37* (115), 21-34.

Pérez Testor, C.; Pérez Testor, S.; Salamero, M.; Castillo, J. A. & Davins, M. (2008). Evaluación de la efectividad de la psicoterapia psicoanalítica de pareja. *Psicoanálisis & Intersubjetividad, 3*, 1-14. Recuperado de: https://www.intersubjetividad.com.ar/numero-3/evaluacion-de-la-efectividad-de-la-psicoterapia-psicoanalitica-de-pareja/

Pérez Testor, C.; Davins, M.; Valls, C., & Aramburu, I. (2009a). El divorcio. Una aproximación psicológica. *La Revue du REDIF, 2*, 39-46.

Pérez Testor, C.; Salamero, M.; Castillo, J. A. & Davins, M. (2009b). Psicoterapia psicoanalítica de pareja. Teoría y práctica clínica. *Apuntes de Psicología, 27*, 197-217.

Pérez Testor, C.; Aramburu, I.; Davins, M. & Aznar, B. (2010). La prevención de los conflictos de pareja. *Revista «Familia», 40*, 11-31.

Pérez Testor, C.; Davins, M.; Aramburu, I., Aznar, B. & Salamero, M. (2014). Infidelity in the couple relationship. One form of relationship suffering. En A. M. Nicolò, P. Benghozi, D. Lucarelli. *Families in Transformation. A Psychoanalytic Approach*. Londres: Karnac.

Pérez Testor, C.; Davins, M.; Aramburu, I.; Aznar, B.; D'Agata, E. & Salamero, M. (2015). L'infedeltà nella relazione di coppia. Una forma di sofferenza del legame. En A. M. Nicolò, P. Benghozi & D. Lucarelli. *Famiglie in trasformazione*. Milán: Franco Angeli.

Pérez Testor, C. (2017). Diagnóstico de los trastornos de pareja. En V. Cabré; J. A. Castillo y C. Nofuentes. *Casos clínicos. Evaluación, diagnóstico e intervención en salud mental*. Barcelona: Herder.

Pinsof, W. B. & Catherall, D. (1986). The integrative psychotherapy alliance. Family, couple and individual therapy scales. *Journal of marital and Family Therapy, 12*, 137-151.

Pinsof, W. B. (1994). An integrative systems perspective on the therapeutic alliance. Theoretical, clinical and research implications. En A. O. Horvath & L. S. Greenberg (eds.), *The Working Alliance. Theory, Research and Practice* (pp. 173-195). Nueva York: Wiley.

Pinsof, W. M. & Wynne, L. C. (1995). The efficacy of marital and family therapy. An empirical overview, conclusions and recommendations. *Journal of Marital and Family Therapy, 21*(4), 585-613.

Poeppl. T. B.; Langguth, B.; Rupprecht, R.; Laird, A. R. & Eickhoff, S. B. (2016). A neural circuit encoding sexual preference in humans. *Neuroscience and Biobehavioral Reviews, 68*, 530-536.

Proulx, C. M.; Ermer, A. E. & Kanter, J. B. (2017). Group-based trajectory modeling of marital quality. A critical review. *Journal of Family Theory & Review, 9*(3), 307-327. doi: 10.1111/jftr.12201

Quaglia M. & Debieux, M. (2008). Em busca de novas abordagens para a violencia de género. A deconstrucçao de la víctima. *Revista Mal-estar e Subjectividade, 8*(4), 1047-1076.

Raghanti, M. A.; Edler, M. K.; Stephenson, A. R.; Munger, E. L., Jacobs, B.; Hof, P. R. [...]; Lovejoy, C. O. (2018). A neurochemical hypothesis for the origin of hominids. *Proceedings of the National Academy of Sciences, 115* (6), E1108-E1116.

Rait, D. S. (2000). The therapeutic alliance in couples and family therapy. *Journal of Clinical Psychology, 56*(2), 211-24.

Rienecke, R. D. (2015). Family-based treatment of eating disorders in adolescents. Current insights. *Adolescent Healt, Medicine and Therapeutics, 8,* 69-79.

Rihm, A.; Sharim, D.; Barrientos, J.; Araya, C. & Larraín, M. (2017). Experiencias subjetivas de intimidad en pareja. Un dilema social contemporáneo. *Psykhe, 26*(2), 1-14. doi: 10.7764/psykhe.26.2.1017

Ripol Millet, A. (1994). *Separació i divorci. La mediació familiar.* Barcelona: Generalitat de Catalunya.

Rober, P. (2006). Les liens de couple. *Revue de psychothérapie psychanalytique de groupe, 45,* 159-166.

Rober, P. (2017). Addressing the person of the therapist in supervision. The therapist's inner conversation method. *Family Process, 56* (2), 487-500. doi: /10.1111/famp.12220

Robles, Z. & Romero, E. (2011). Programas de entrenamiento para padres de niños con problemas de conducta. Una revisión de su eficacia. *Anales de Psicología, 27*(1), 86-101.

Rodríguez, B.; Bayon, C.; Franco, B.; Cañas, F.; Graell, M. & Salvador, M. (1993). Parental rearing and intimate relations in women's depression. *Acta Psychiatrica Scandinavica, 88*(7), 193-207.

Roesler, C. (2015). Die begrenzte Wirksamkeit bisheriger Paartherapien verlangt neue Methoden. Paarinteraktions-und Wirkungsforschung und die Konsequenzen für die Praxis. *Familiendynamik, 40*(4), 336-345.

Romero, A.; Rivera, S. & Díaz, R. (2007). Desarrollo del inventario multidimensional de infidelidad (IMIN). *Revista Iberoamericana de Diagnóstico y Evaluación Psicológica, 1*(23), 121-147.

Ruiz, P. (2006). *El maltrato a la mujer. Enfoque psicoanalítico a través de su historia y su clínica.* Madrid: Síntesis.

Ruiz, O. (2007). La infertilidad enigmática (aspectos de la transmisión psíquica transgeneracional y de la filiación). *Revue Internationale de psychanalyse du couple et de la famille, 1,* 114-123.

Rygaard, N. P. (2008). *El niño abandonado. Guía para el tratamiento de los trastornos de apego.* Barcelona: Gedisa.

Sabatelli, R. M. (1988). Measurement issues in marital research. A review and critique of contemporary survey instruments. *Journal of Marriage and the Family, 50*(4), 891-915. doi: 10.2307/352102

Salinas, P. (2007). *Razón de amor.* Madrid: Alianza.

Salvador, G. (2009). *Familia. Experiencia grupal básica.* Barcelona: Paidós.

Sami-Ali, M. (1974). *L' espace imaginaire.* París: Gallimard.

Sánchez, V.; Muñoz, N. & Ortega, R. (2017). Romantic relationship quality in the digital age. A study with young adults. *The Spanish Journal of Psychology, 20,* 1-10. doi: 10.1017/sjp.2017.20

Sandberg, J. G.; Bradford, A. B. & Brown, A. P. (2017). Differentiating between attachment styles and behaviors and their association with marital quality. *Family Process, 56*(2), 518-531. doi: 10.1111/famp.12186

Sanders, A. R.; Beecham, G. W.; Guo, S.; Dawood, K.; Rieger, G.; Badner, J. A. & Martin, E. R. (2017). Genome-wide association study of male sexual orientation. *Scientific Reports, 7,* 16950.

Sanmartín Esplugues, J. (2011). *Maltrato infantil en la familia en España.* Madrid: Ministerio de Sanidad, Política Social e Igualdad.

Sarasua, B.; Zubizarreta, I.; Echeburúa, E. & Corral, P. (2007). Perfil psicopatológico diferencial de las víctimas de violencia de pareja en función de la edad. *Psicotherma, 19*(3), 459-466.

Scabini, E. & Cigoli, V. (2000). *Il famigliare. Legami, simboli e transizioni.* Milán: Raffaello Cortina Editore.

Scharff, D. E. & Scharff, J. S. (2016). *Terapia de pareja según las relaciones objetales.* Londres: Karnac Books.

Scharff, E. D. & Palacios, E. (2017). *Familiy and couple psychoanalysis. A global perspective.* Londres: Karnac Books.

Scharff, J. S. & Scharff, D. E. (2004). Guest editorial, special issue. Object relations couple and family therapy. *International Journal of Applied Psychoanalytic Studies, 1*(3), 211-213.

Schmidt, C.; Morris, L. S.; Kvamme, T. L.; Hall, P.; Birchard, T. & Voon, V. (2017). Compulsive sexual behavior. Prefrontal and limbic volume and interactions. *Human Brain Mapping, 38,* 1182-1190.

Scott, N.; Prigge, M.; Yizhar, O. & Kimichi, T. (2015). A sexually dimorphic hypothalamic circuit controls maternal care and oxytocin secretion. *Nature, 525,* 519-522.

Searles, H. F. (1955). Escritos sobre la esquizofrenia. En L. Cancrini (1991), *La psicoterapia. Gramática y sintaxis.* Barcelona: Paidós.

Secretaría de Políticas Sociales, Empleo y Seguridad Social Gabinete Técnico Confederal (2018). *Situación del empleo en España 2.°*

semestre de 2017. Recuperado de: http://www.ugt.es/Publicaciones/20180130%20Situaci%C3%B3n%20Empleo%20Espa%-C3%B1a-Ene%202018%20VF.pdf

Seedall, R B. & Wampler, K. S. (2016). Couple emotional experience. Effects of attachment anxiety in low and high structure couple interactions. *Journal of Family Therapy, 38*(3), 340-363. doi: 10.1111/1467-6427.12113

Seibel, M. M. & Taymor, M. L. (1982). Emotional aspects of infertility. *Fertility & Sterility*, 37(2), 137-45.

Sesemann, E. M.; Kruse, J.; Gardner, B. C.; Broadbent, C. L. & Spencer, T. A. (2017). Observed attachment and self-report affect within romantic relationships. *Journal of Couple & Relationship Therapy, 16*(2), 102-121. doi: 10.1080/15332691.2016.1238794

Shackelford, T. K.; Leblanc, G. J. & Drass, E. (2000). Emotional reactions to infidelity. *Cognition and emotion, 14*(5), 643-659.

Shadish, W. R.; Montgomery, L. M.; Wilson, P.; Wilson, M. R.; Bright, I. & Okwumabua, T. (1993). Effects of family and marital psychotherapies. A meta-analysis. *Journal of Consulting and Clinical Psychology,* 61 (6), 992-1002. doi: 10.1037/0022-006X.61.6.992

Shaver, P. R. & Hazan, C. (1988). A biased overview of the study of love. *Journal of Social and Personal Relationships, 5,* 473–501.

Shaver, P. R. & Mikulincer, M. (2002). Attachment-related psychodynamics. *Attachment and Human Development, 4,* 133-161.

Shaw, D. (1991). The Effects of divorce on children's adjustment. *Behavior Modification, 15*(4), 456-485.

Sherrod, R. A. (1992). Helping infertile couples explore the option of adoption. *Journal of Obstetric, Gynecologic, & Neonatal Nursing, 21*(6), 465-470.

Skinner, A. C. R. (1976). *One Flesh, Separate Persons. Principles of Family and Marital Psychotherapy.* Londres: Constable and Robinson.

Snyder, D. K. & Willis, R. M. (1989). Behavioral versus insight-oriented marital therapy. Effects on individual and interspousal functioning. *Journal of Consulting and Clinical Psychology, 57*(1), 39-46.

Snyder, D. K.; Wills, R. M. & Grady-Fletcher, A. (1991). Long-term effectiveness of behavioral versus insight-oriented marital therapy. A 4-year follow-up study. *Journal of Consulting and Clinical Psychology, 59*(1), 138-141.

Soler, M. (1996). Aspectos psicopatológicos del divorcio. *Revista de Psiquiatría Infanto-Juvenil, 4,* 253-262.

Sommantico, M. & Boscaino, D. (2006). Le couple thérapeutique dans la consultation de couple. *Le Divan Familiale, 17,* 151-162.

Sommantico, M. (2016). A couple's unconscious communication. Dreams. *British Journal of Psychotherapy, 32*(4), 456-474.

Spanier, G. B. (1976). Measuring dyadic adjustment. New scales for assessing the quality of marriage and similar dyads. *Journal of Marriage and Family,* 38, 15-28. http://dx.doi.org/10.2307/350547

Spivacow, M. A. (2005). *Clínica psicoanalítica con parejas. Entre la teoría y la intervención.* Buenos Aires: Lugar.

Soulé, M. & Noel, J. (1993). La adopción. En S. Lebovici, R. Diatkine & M. Soulé, *Tratado de psiquiatría del niño y del adolescente.* Madrid. Biblioteca Nueva.

Stein, M. H. (1981). The unobjectionable part of the transference. *Journal of the American Psychoanalytic Association, 29*(4), 869-892.

Stine, J. J. (2005). The use of metaphors in the service of the therapeutic alliance and therapeutic communication. *Journal of the American Academy of Psychoanalysis and Dynamic Psychiatry, 33*(3), 531-545.

Stith, S. M. & Mc Collum, E. (2011). Conjoint treatment of couples who have experienced intimate partner violence. *Aggression and Violent Behavior, 16*(4), 312-318.

Stolorow, R. D.; Brandchaft, B. & Atwood, G. E. (1987). *Psychoanalytic treatment. An intersubjective approach.* Hillsdale: Analytic Press.

Strauss, M. A. (2011). Gender symmetry and mutuality in perpetration of clinical-level partner violence. Empirical evidence and implications for prevention and treatment. *Aggression and Violent Behavior, 16*(4), 279-288. doi: 10.1016/j.avb.2011.04.010

Surís, J. C.; Parera, N. & Puig, C. (1998). Estudi psicosocial dels fills de pares separats. *Pediatria Catalana, 58,* 4-8.

Swain. J. E. (2011). The human parental brain. In vivo neuroimaging. *Progress in Neuropsychopharmacology & Biology Psychiatry, 35,* 1242-1254.

Symonds, D. & Horvath, A. (2004). Optimizing the alliance in couple therapy. *Family Process, 43*(4), 443-55.

Talarn, A. (2000). Trastornos de la sexualidad. En A. Jarne & A. Talarn (coords.). *Manual de psicopatología clínica.* Barcelona: Paidós. (2.ª ed. 2015, Barcelona, Herder).

Target, M. (2007). The interface between attachment and intersubjectivity. *Psychoanalytic Inquiry, 26*(4), 617.

Teruel, G. (1970). Nuevas tendencias en el diagnóstico y tratamiento del conflicto matrimonial. En I. Berenstein & cols., *Psicoterapia de pareja y grupo familiar con orientación psicoanalítica*. Buenos Aires: Galerna.

Teruel, G. (1974). *Diagnóstico y tratamiento de parejas en conflicto. Psicopatología del proceso matrimonial*. Buenos Aires: Paidós.

Thabrew, H.; Sylva, S. & Romans S. (2012). Evaluating childhood adversity. En G. A. Fava, N. Sonino & T. N. Wise (eds.), *The Psychosomatic Assessment, Strategies to Improve Clinical Practice*. (pp. 35-57). Basilea: Karger

Thomas, A. (1956). Simultaneous psychotherapy with marital partners. *American Journal of Psychotherapy, 10*, 716-727.

Thomas, J. (1994). Comunicación personal.

Tizón, J. (2004). *Pérdida, pena, duelo*. Barcelona: Herder (2013).

Torok, M. (1970). The significance of penis envy in women. En J. Chasseguet-Smirgel (ed.), *Female sexuality* (pp. 135-170). Ann Arbor: University of Michigan.

Tubert, S. (1991). *Mujeres sin sombra. Maternidad y tecnología*. Madrid: Siglo XXI.

Tucker, P. & Aron, A. (1993). Passionate love and marital satisfaction at key transition points in the family life cycle. *Journal of Social and Clinical Psychology, 12*, 135-147.

Turkle, S. (2017). *En defensa de la conversación: el poder de la conversación en la era digital*. Barcelona: Ático de los Libros.

Urbano Contreras, A.; Martínez González, R. A. & Iglesias García, M. T. (2017). Parenthood as a determining factor of satisfaction in couple relationships. *Journal of Child and Family Studies, 27*(5), 1492-1501. doi: 10.1007/s10826-017-0990-3

Valls, C.; Alomar, E.; Aramburu, I. & Pérez Testor, C. (2009). El impacto del divorcio parental en los jóvenes adultos. Resultados preliminares en una muestra de Barcelona. En A. Pampliega (ed.), *Divorcio y monoparentalidad. Retos de nuestra sociedad ante el divorcio*. Bilbao: Universidad de Deusto.

Velotti, P.; Balzarotti, S.; Tagliabue, S.; English, T.; Zavattini, G. C. & Gross, J. J. (2015). Emotional suppression in early marriage. Actor, partner, and similarity effects on marital quality. *Journal of Social and Personal Relationships, 33*(3), 277-302. doi: 10.1177/0265407515574466

Verhaak, C. M.; Smeenk, J. M.; Evers, A. W.; Kremer, J. A.; Kraainmaat, F. W. & Braat, D. D. (2007). Women's emotional adjustment to IVF: a systematic review of 25 years of research. *Human Reproduction Update, 13,* 27-36.

Vinyoli, J. (1977). *Llibre d'amic.* Barcelona: La Gaya Ciencia.

Vilaregut Puigdesens, A.; Artigas Miralles, L.; Mateu Martínez, C. & Feixas Viaplana, G. (2018). The construction of the therapeutic alliance in couple therapy in two contrasting cases with depression. *Anuario de psicologia/The UB Journal of Psychology,* 48(2), 64-74.

Vivona, J. M. (2000). Toward autonomous desire. Women's worry as post-oedipal transitional object. *Psychoanalytic Psychology, 17*(2), 243-263. doi: 10.1037/0736-9735.17.2.243

Volgsten, H.; Skoog, A. & Olsson, P. (2010). Unresolved grief in women in men in Sweden three years after undergoing unsuccessful in vitro fertilization treatment. *Acta Obstetrica Gynecologica Scandinavica, 89,* 1290-1297.

Wallerstein, J. & Kelly, J. B. (1980). Effects of divorce on the visiting father-child relationship. *American Journal of Psychiatry, 137*(12), 1534-1539.

Wallerstein, J. (1986). Children of divorce. The psychological tasks of divorce of the child. En R. Moos (ed.), *Coping with life crisis. An integrated approach* (pp. 35-48). Nueva York: Plenum Press.

Wallerstein, J. (1990). The long-term effects of divorce on children. A Review. *Journal of American Academy Children Adolescent Psychiatry, 30*(3), 349-360.

Wallerstein, J. (1992). Separation, divorce and remarriage. En M. D. Levine, W. B. Carey & A. C. Crocker (eds.), *Developmental-Behavioral Pediatrics* (2.ª ed.). Filadelfia: Saunders.

Wallerstein, J. & Blakeslee, S. (1995). *The Good Marriage. How and Why Love Lasts.* Nueva York: Houghton Mifflin.

Wallerstein, J. & Resnikoff, G. (1997). Parental divorce and developmental progression. An inquiry into their relationship. *International Journal of Psycho-Analysis, 78,* 135-154.

Wang, K.; Li, J.; Zhang, J. X.; Zhang, L.; Yu, J. & Jiang, P. (2007). Psychological characteristics and marital quality of infertile women registered for in vitro fertilization-intracytoplasmic sperm injection in China. *Fertility & Sterility, 87,* 792-798.

Wang, H.; Duclot, F.; Liu, Y.; Wang, Z. & Kabbaj, M. (2013). Histone deacetylase inhibitors facilitate partner preference formation in female prairie voles. *Nature neuroscience, 16,* 919-924.

Wang, F.; Luo, D.; Fu, L.; Zhang, H.; Wu, S.; Zhang, M. & Chen, X. (2017). The efficacy of couple-based based interventions on health-related quality of life in cancer patients and their spouses. A meta-analysis of 12 randomized controlled trials. *Cancer Nursing, 40*(1), 39-47.

Weiss, R. (1979). *Going it alone.* Nueva York: Basic Books.

Willi, J. (1978). *La pareja humana: relación y conflicto.* Madrid: Morata.

Willi, J. (2004). *Psicología del amor. El crecimiento personal en la relación de pareja.* Barcelona: Herder.

Winch, R. F. (1958). *Mate selection.* Nueva York: Harper.

Wing, J. K. & Brown, G. W. (1970). Institutionalism and schizophrenia. Cambridge: University Press.

Winter, G. (2000). A comparative discussion of the notion of «validity» in qualitative and quantitative research. *The Qualitative Report, 4*(3), 1-14.

Whisman, M.; Gordon, K. & Chatav, Y. (2007). Predicting sexual infidelity in a population-based sample of married individuals. *Journal of family psychology, 21*(2), 320-324.

Wischmann, T.; Korge, K.; Scherg, H.; Strowitzki, T. & Verres, R. (2012). A 10-year follow-up study of psychosocial factors affecting couples after infertility treatment. *Human Reproduction, 11,* 3226-3232.

Wischmann, T. & Thorn, P. (2013). (Male) infertility: what does it mean to men? New evidence from quantitative and qualitative studies. *Reproductive Biomedicine Online, 27,* 236-243.

Wright, J.; Sabourin, S.; Mondor, J.; McDuff, P. & Mamodhoussen, S. (2007). The clinical representativeness of couple therapy outcome research. *Family Process, 46* (3), 301-316.

Young L. J. & Wang, Z. (2004). The neurobiology of pair bonding. *Nature neuroscience, 7,* 1048-1054.

Young, M.; Riggs, S. & Kaminski, P. (2017). Role of marital adjustment in associations between romantic attachment and coparenting. *Family Relations, 66*(2), 331-345. doi: 10.1111/fare.12245

Zeki, S. (2007). The neurobiology of love. *FEBS Letters, 581,* 2575-2579.